本书获得 贵州大学社科学术出版基金 经费资助
　　　　 贵州大学学科建设

中国革命ゆかりの地を巡る旅

- 中日对照 -

砥砺征途：
革命历史景点故事

主　编　王晓梅
副主编　文　莹
编　者　何　薇　杨梅竹
　　　　王晓云　赵成昊
　　　　戴　晨　林辛琼

南京大学出版社

图书在版编目(CIP)数据

砥砺征途：革命历史景点故事：汉文、日文／王晓梅主编．－－南京：南京大学出版社，2025.1.
ISBN 978－7－305－28703－9

Ⅰ．K201

中国国家版本馆 CIP 数据核字第 2024QP4227 号

出版发行	南京大学出版社
社　　址	南京市汉口路 22 号　　邮　编 210093
书　　名	砥砺征途(中日对照)：革命历史景点故事 DILI ZHENGTU(ZHONGRI DUIZHAO)：GEMING LISHI JINGDIAN GUSHI
主　　编	王晓梅
责任编辑	官欣欣
照　　排	南京紫藤制版印务中心
印　　刷	盐城市华光印刷厂
开　　本	718 mm×1000 mm　1/16　印张 14.75　字数 253 千
版　　次	2025 年 1 月第 1 版　2025 年 1 月第 1 次印刷
ISBN 978－7－305－28703－9
定　　价	75.00 元

网　　址：http://www.njupco.com
官方微博：http://weibo.com/njupco
官方微信：njupress
销售咨询热线：(025)83594756

＊ 版权所有，侵权必究
＊ 凡购买南大版图书，如有印装质量问题，请与所购图书销售部门联系调换

贵州省一流专业日语专业建设成果；

贵州省哲学社科重点项目"讲好中国故事"背景下贵州省优化少数民族文化对外传播策略研究（项目号：20GZZD34）的阶段性成果。

目　录

第一章　上海：开天辟地　党的创立 ……………………… 1
 第一节　历史回眸 ……………………………………………… 1
 第二节　红色故事 ……………………………………………… 9
 第三节　红色景点 ……………………………………………… 23
 专栏1　伟大建党精神 …………………………………………… 32

第二章　江西：革命摇篮　军旗升起 ……………………… 35
 第一节　历史回眸 ……………………………………………… 35
 第二节　红色故事 ……………………………………………… 41
 第三节　红色景点 ……………………………………………… 52
 专栏2　井冈山精神与苏区精神 ………………………………… 67

第三章　长征：伟大壮举　革命奇迹 ……………………… 69
 第一节　历史回眸 ……………………………………………… 70
 第二节　红色故事 ……………………………………………… 75
 第三节　红色景点 ……………………………………………… 87
 专栏3　长征精神 ………………………………………………… 99

第四章　遵义：历史转折　出奇制胜 ……………………… 100
 第一节　历史回眸 ……………………………………………… 101
 第二节　红色故事 ……………………………………………… 106
 第三节　红色景点 ……………………………………………… 121
 专栏4　遵义会议精神 …………………………………………… 139

第五章　延安:革命圣地　抗战中枢 ··· 140
第一节　历史回眸 ··· 140
第二节　红色故事 ··· 154
第三节　红色景点 ··· 163
专栏 5　延安精神与伟大抗战精神 ··· 177

第六章　重庆:艰苦斗争　红岩精神 ··· 179
第一节　历史回眸 ··· 180
第二节　红色故事 ··· 184
第三节　红色景点 ··· 188
专栏 6　红岩精神 ··· 195

第七章　西柏坡:人民胜利　日出东方 ··· 196
第一节　历史回眸 ··· 197
第二节　红色故事 ··· 206
第三节　红色景点 ··· 210
专栏 7　西柏坡精神 ··· 222

参考文献 ··· 223

后记 ··· 225

目　录

第一章　上海：党の誕生　新天地を切り開く大きな出来事 ……………… 1
　第一節　歴史の回顧 ………………………………………………… 1
　第二節　革命物語 …………………………………………………… 9
　第三節　紅色観光スポット ………………………………………… 23
　コラム1　偉大な建党精神 …………………………………………… 32

第二章　江西：革命の揺籃の地　軍旗が上がった所 ……………… 35
　第一節　歴史の回顧 ………………………………………………… 35
　第二節　革命物語 …………………………………………………… 41
　第三節　紅色観光スポット ………………………………………… 52
　コラム2　井岡山精神とソビエト区精神 ………………………… 67

第三章　長征：偉大な壮挙　革命の奇跡 ……………………………… 69
　第一節　歴史の回顧 ………………………………………………… 70
　第二節　革命物語 …………………………………………………… 75
　第三節　紅色観光スポット ………………………………………… 87
　コラム3　長征精神 …………………………………………………… 99

第四章　遵義：歴史的転換　奇兵で敵を制す ……………………… 100
　第一節　歴史の回顧 ………………………………………………… 101
　第二節　革命物語 …………………………………………………… 106
　第三節　紅色観光スポット ………………………………………… 121
　コラム4　遵義会議精神 …………………………………………… 139

第五章　延安：革命の聖地　抗戦の中枢 ………………… 140
　第一節　歴史の回顧 …………………………………… 140
　第二節　革命物語 ……………………………………… 154
　第三節　紅色観光スポット …………………………… 163
　コラム5　延安精神と偉大な抗戦精神 ………………… 177

第六章　重慶：刻苦奮闘　紅岩精神 …………………… 179
　第一節　歴史の回顧 …………………………………… 180
　第二節　革命物語 ……………………………………… 184
　第三節　紅色観光スポット …………………………… 188
　コラム6　紅岩精神 ……………………………………… 195

第七章　西柏坡：人民が勝利を勝ち取り　日が東方より出る ……… 196
　第一節　歴史の回顧 …………………………………… 197
　第二節　革命物語 ……………………………………… 206
　第三節　紅色観光スポット …………………………… 210
　コラム7　西柏坡精神 …………………………………… 222

第一章　上海：开天辟地　党的创立

第一章　上海：党の誕生
新天地を切り開く大きな出来事

　　1921年7月的一个夜晚,中国共产党第一次全国代表大会在上海法租界一座二层居民小楼中秘密召开。这次会后,一个以马克思列宁主义为行动指南的、完全新式的无产阶级政党诞生了。这是中国历史上开天辟地的大事变。从此,长期在黑暗中探索的中国人民有了指路明灯,谋求民族独立、人民解放和国家富强、人民幸福的斗争就有了主心骨,中国历史开启了新的一页。

　1921年7月のある夜、中国共産党第一次全国代表大会は上海フランス租界内のある二階建ての民居で秘密に開かれた。この大会後、マルクス・レーニン主義を行動指針とした、全く新しいプロレタリア政党が誕生した。これは中国の歴史において新天地を切り開く大きな出来事であった。この時から、長期に亘って暗闇の中で模索する中国人民は進路を照らしてくれる灯台を持つようになり、民族の独立と人民の解放、国家の富強と人民の幸福を求める中国人民の闘争に大黒柱が生まれ、中国の歴史はここより新たな一ページを開いた。

第一节　历史回眸

第一節　歴史の回顧

近代中国的民族危机和各种探索

　　中华民族有着五千多年连绵不断的文明历史,创造了璀璨的中华文化,

为人类的文明进步作出了不可磨灭的贡献，成为世界上最伟大的民族。近代以来，西方列强对中国进行了多次侵略战争，如1840年至1842年的鸦片战争，1856年至1860年的第二次鸦片战争，1894年至1895年的中日甲午战争，1900年八国联军侵略中国，强迫清政府割地、赔款，签订了一系列不平等条约，攫取了在华的种种特权。中国逐渐沦为半殖民地半封建社会，国家蒙辱、人民蒙难、文明蒙尘，中华民族遭受了前所未有的劫难。

近代中国の民族危機と度重なる模索

中華民族は5 000余年に亘る連綿と続く文明の歴史を有しており、輝かしい中華文明を築き上げ、人類文明の進歩に不滅の貢献をし、世界で最も偉大な民族の一つとなった。しかし、近代以降、西側列強は中国への侵略戦争を相次いで起こした。例えば、1840年から1842までのアヘン戦争、1856年から1860年にかけての第二次アヘン戦争、1894年から1895年までの中日甲午戦争、1900年のイギリス、アメリカ、ドイツ、フランス、ロシア、日本、イタリア、オーストリアの八つの国からなった八カ国連合軍の中国侵略戦争など。列強は清政府に巨額の賠償金と領土の割譲を強要し、一連の不平等条約を押し付け、中国におけるさまざまな特権を獲得した。中国は次第に半植民地・半封建社会となり、国が恥辱を、人民が苦難を、文明が埋没を被り、中華民族はかつてない災禍に見舞われた。

近代以来，实现中华民族伟大复兴成为全民族最伟大的梦想；争取民族独立、人民解放和实现国家富强、人民幸福，成为中国人民的历史任务。为拯救民族危亡，无数仁人志士奔走呐喊，进行了各种各样的探索。可是，历次反对外国侵略的战争也好，太平天国的农民起义也好，"中体西用"的洋务运动也好，试图变法图强的戊戌维新也好，起自社会下层并有着广泛群众基础的义和团运动也好，由于没有科学的理论、正确的道路和可依靠的社会力量，一次又一次地失败了。

近代以降、中華民族の偉大な復興の実現が中国人民と中華民族の最も偉大な夢となり、民族の独立と人民の解放を勝ち取り、国家の富強と人

民の幸福を実現することに努めることは、中国人民の歴史的任務となった。民族を存亡の危機から救うため、無数の愛国志士たちが奔走して喊声をあげ、様々な模索を続けていた。しかし、度重なる反侵略戦争にせよ、太平天国の農民運動にせよ、「中体西用」論（中国の伝統的思想・文化・制度を根幹に据え、運用の面では西洋文明の科学技術を導入しようとする考え方）を主張した洋務運動にせよ、変法自強を図る戊戌維新運動にせよ、下層社会に始まり、広範な民衆的基盤を持つ義和団運動にせよ、科学的理論、正確な道路および頼りになる社会的力がないため、その都度失敗を繰り返した。

1911年10月10日爆发的辛亥革命一举推翻了统治中国两千多年的君主专制制度。1912年元旦，孙中山在南京就任中华民国临时大总统，中华民国成立。然而，袁世凯在帝国主义和国内反动势力的支持下窃取了临时大总统的职位，政权落入腐败的北洋军阀手中。中国半殖民地半封建的社会性质和中国人民的悲惨命运没有改变，迫切需要新的思想引领救亡运动，迫切需要新的组织凝聚革命力量。

1911年10月10日に勃発した辛亥革命は中国を二千年も統治してきた君主専制制度を一挙に覆した。1912年の元旦、孫文が南京で中華民国臨時大統領に就任し、中華民国が誕生した。しかし、袁世凱が帝国主義と国内反動勢力の支持の下で臨時大統領の座を盗み取り、政権が腐りきった北洋軍閥の手に握られるようになった。中国の半植民地・半封建社会の性格と中国人民の悲惨な運命を変えることはできず、救国運動を導く新たな思想、革命の力を結束させる新たな組織が早急に求められていた。

五四运动和马克思主义在中国的传播

十月革命一声炮响，给中国送来了马克思列宁主义。1917年，俄国发生了十月革命，建立了世界上第一个社会主义国家。中国先进分子从十月革命的光辉实践中找到了马克思列宁主义这一锐利的思想武器，从马克思列宁主义的科学真理中看到了解决中国问题的出路。

五四運動とマルクス主義が中国での広がり

十月革命の砲声が轟き、中国にマルクス・レーニン主義が送り届けられた。1917年、ロシアで十月革命が勃発し、世界史上に初めての社会主義国家が樹立された。中国の先進的な者たちはロシア革命の輝かしい実践の中からマルクス・レーニン主義という鋭い思想武器を見つけ、マルクス・レーニン主義の科学的真理の中から中国を救う道を見出した。

1918年,德国战败,第一次世界大战结束。1919年,英、法、美、日等国在巴黎召开"巴黎和会",中国作为战胜国之一也参加了巴黎和会。会上,中国代表提出从德国收回山东主权的要求,但这个合理的要求却被会议拒绝,列强决定把德国在山东的主权转交给日本,强迫中国代表签字。

1918年、ドイツが敗戦し、第一次世界大戦が終わった。1919年、イギリス、フランス、アメリカ、日本などの国がパリで「パリ講和会議」を開いた。中国は勝利国の一つとして会議にも参加した。会議で、中国代表がドイツから山東省の主権を回収することを持ち出したが、この合理的な要求は会議に拒絶された。列強はドイツが山東省での特権を日本に渡すことを決定し、中国代表に調印を迫った。

消息传到国内,中国人民积蓄已久的反帝爱国情绪终于像火山一样爆发了。1919年5月4日,北京大学等13所大专学校3 000多人在天安门前集会,高喊"还我青岛""取消二十一条""打倒卖国贼"等口号抗议示威,震惊中外的五四运动拉开序幕。翌日,北京的大学生开始罢课,他们走上街头向群众进行爱国讲演和宣传,山东、天津、上海等地的学生也纷纷起来声援。反动的北洋政府逮捕了近千名学生,激起了全国人民更大的愤怒。

会議の結果が国内に伝わると、中国人民の積み重なった反帝国主義の感情はついに火山のように爆発した。1919年5月4日、北京大学など13校の3 000余人の学生が天安門に集まり、「青島を返せ」「二十一カ条を撤廃しろ」「売国賊を打倒しろ」などのスローガンを掲げてデモ行進し、世界を震撼させた五四運動の幕が開けた。翌日、北京の大学生はストラ

イキを始め、街頭に行き、民衆に愛国を呼びかける講演と宣伝を行った。山東、天津、上海などの学生も次々と声援を送った。反動的な北洋政府は千人近くの学生を逮捕し、全国人民の更なる怒りを買った。

6月5日,上海工人率先举行罢工,支持学生的爱国行为。随后,北京、唐山、汉口、南京、长沙等地的工人也相继举行罢工,许多城市的商人举行罢市,罢课、罢工、罢市的"三罢"斗争迅速扩展到全国。与此同时,在巴黎参加和会的中国代表团收到了几千份全国各界群众要求他们拒签和约的通电。在巨大的压力面前,北洋政府不得不释放被捕学生,并撤了卖国贼曹汝霖、章宗祥、陆宗舆的官职。6月28日,中国代表拒绝在巴黎和约上签字,五四运动取得了胜利。

6月5日、上海の労働者たちが真っ先にストライキを開始し、学生たちの愛国行為を支持した。その後、北京、唐山、漢口、南京、長沙など各地の労働者も相次いでストライキを開始し、多くの都市で商人によるストライキも始まった。大学スト、労働者スト、商人ストの「三スト」闘争がたちまち全国に広がった。それと同時に、パリで講和会議に参加している中国代表団のところに、全国各地からの調印を拒否するようと要求する電報が数千通も届いた。大きな圧力を前に、北洋政府は学生たちを釈放せざるをえなかった。そして、売国賊の曹汝霖、章宗祥、陸宗輿が罷免された。6月28日に、中国代表はベルサイユ条約調印を拒否した。五四運動が成功を収めた。

五四运动是近代中国革命史上具有划时代意义的事件,新民主主义革命由此开始。五四运动中,中国无产阶级开始作为独立的政治力量登上历史舞台,显示出巨大的能量。五四运动的意义不仅仅体现在外交方面。在运动发生前的几年中,以民主与科学为主要诉求的新思想、新文化在以北京大学为中心的知识界迅速传播。五四运动促进了马克思主义在中国的广泛传播,促进了马克思主义与中国工人运动的结合,为中国共产党的建立作了思想上和干部上的准备。

五四運動は近代中国革命史において画期的な意義を持つ事件であり、新民主主義革命はここに始まった。五四運動期間中、中国のプロレタリア階級は独立した姿勢で政治の舞台にデビューし、強大な力を示した。五四運動の意義は外交の面に限らない。運動が始まる前の数年間、民主と科学を基調とする新思想、新文化が北京大学を中心とする知識界で急速に広がった。五四運動は中国におけるマルクス主義の広がりを一層促進し、マルクス主義と中国の労働運動との結合を促進し、中国共産党の誕生に思想面と幹部面の基礎を築き上げた。

中国共产党早期组织的建立

五四运动后,具有初步共产主义思想的知识分子主张以马克思主义为指导,依靠工人阶级,通过革命的方式来推翻旧制度,建立新社会。中国共产党的早期组织是在工人阶级最为密集的上海首先成立的。1920年8月,陈独秀、李达、李汉俊等在上海发起成立了中国第一个共产党早期组织。10月,李大钊、邓中夏等在北京成立了共产党早期组织。1920年秋至1921年春,董必武、陈潭秋、包惠僧等在武汉,毛泽东、何叔衡等在长沙,王尽美、邓恩铭等在济南,谭平山、谭植棠等在广州,成立了共产党早期组织。在日本、法国的中国留学生和华侨中也成立了共产党早期组织。1920年8月,陈望道翻译的《共产党宣言》中文全译本出版,成为马克思主义在中国传播史上的一件大事。

中国共産党の早期組織の成立

五四運動後、初歩的な共産主義思想を持つ知識階層はマルクス主義の指導のもとで、労働者階級に頼り、革命という方式で旧制度を打ち倒して、新たな社会を作ることを主張した。中国共産党の早期組織は労働者階級が最も多い上海でいち早く創立された。1920年8月、陳独秀、李達、李漢俊らが上海で中国初の共産党組織を創立した。10月、李大釗、鄧中夏らが北京で共産党の早期組織を創立した。1920年の秋から1921年の春にかけて、董必武、陳潭秋、包恵僧らが武漢で、毛沢東、何叔衡らが長沙で、王尽美、鄧恩銘らが済南で、譚平山、譚植棠らが広州で、共産党の早期組織が全国各地で相次いで創立された。日本やフランスの中

国人留学生と華僑の間にも共産党の早期組織が作られた。1920年8月、陳望道による中国初の『共産党宣言』の全訳本が出版され、中国におけるマルクス主義の伝播史においてきわめて重要な出来事となった。

中国共产党的成立

1921年7月23日,中国共产党第一次全国代表大会在上海法租界望志路106号(今兴业路76号)开幕。参加会议的代表有13位:上海的李达、李汉俊,北京的张国焘、刘仁静,长沙的毛泽东、何叔衡,武汉的董必武、陈潭秋,济南的王尽美、邓恩铭,广州的陈公博,旅日的周佛海;包惠僧受陈独秀派遣出席了会议。他们代表着全国各地的50多名党员。共产国际代表马林和尼克尔斯基列席了会议。中国共产党的创始人陈独秀和李大钊因事务繁忙未出席会议。

中国共産党の成立

1921年7月23日、中国共産党第一次全国代表大会は上海フランス租界内の望志路106号（現在の興業路76号）で開催された。全国各地からの代表者13名と、コミンテルンからの代表2名が会議に参加した。詳しくは下記の通りである。上海代表：李達、李漢俊；北京代表：張国濤、劉仁静；長沙代表：毛沢東、何叔衡；武漢代表：董必武、陳潭秋；済南代表：王尽美、鄧恩銘；広州代表：陳公博；留日代表：周仏海。包惠僧が陳独秀の代理で会議に参加した。彼らは全国各地の50数名の共産党員を代表している。また、コミンテルンの代表マーリンとニコリスキーも会議に列席した。中国共産党の創始者メンバーである陳独秀と李大釗は仕事の都合で出席しなかった。

会议进行到7月30日时,会场受到暗探的注意和法租界巡捕的搜查。为了安全,代表们离开上海,最后一天的会议转移到距离上海100公里左右的浙江省嘉兴南湖的一条画舫上继续举行。此次会议讨论通过了中国共产党的纲领,规定党的奋斗目标是:革命军队必须与无产阶级一起推翻资本家阶级的政权;承认无产阶级专政,直到消灭社会的阶级区分;消灭资本家私有制;联合第三国际。这次会议后,一个以马克思列宁主义为行动指南的、

完全新式的无产阶级政党诞生了。在中国的政治舞台上，正式出现了一支崭新的力量——中国共产党，给灾难深重的中国人民带来了光明和希望。

　　会議が7月30日まで開かれたが、会場が密偵に目を付けられ、フランス租界の警察の捜査を受けた。安全のため、代表達は上海を離れた。会議の最終日は、上海から約100キロ離れた浙江省嘉興南湖に会場を移し、湖面に停泊した画舫（絵を描いたり彩色を施したりした遊覧船）で会議が続けられた。会議では、中国共産党の綱領が討議を経て可決され、中国共産党の奮闘の目標を次のように規定した。即ち、革命軍隊がプロレタリア階級と一緒に資本家階級の政権を覆さなければならないこと、プロレタリア階級の独裁を認め、最終的に階級の差をなくすこと、資本家階級の私有制を廃止すること、そしてコミンテルンと連携すること。この大会後、マルクス・レーニン主義を行動指針とした、全く新しいプロレタリア政党が誕生した。中国社会の政治的舞台に、中国共産党という新たな勢力が現れた。災難をたくさん味わった中国人民に光と希望をもたらした。

　　习近平总书记在庆祝中国共产党成立100周年大会上的重要讲话中指出:"中国产生了共产党,这是开天辟地的大事变,深刻改变了近代以后中华民族发展的方向和进程,深刻改变了中国人民和中华民族的前途和命运,深刻改变了世界发展的趋势和格局。中国共产党一经诞生,就把为中国人民谋幸福、为中华民族谋复兴确立为自己的初心使命。一百年来,中国共产党团结带领中国人民进行的一切奋斗、一切牺牲、一切创造,归结起来就是一个主题:实现中华民族伟大复兴。"

　　習近平総書記が中国共産党創立100周年祝賀大会における重要演説の中でこう述べた。「中国に共産党が誕生したことは新天地を切り開く大きな出来事であった。近代以降における中華民族の発展の方向と道筋が大きく変わり、中国人民と中華民族の前途と運命が大きく変わり、世界の発展の趨勢と構図が大きく変わった。中国共産党は創立当初から、中国人民の幸福の追求、中華民族の復興の追求を自らの初心・使命とし

第一章　上海：开天辟地　党的创立

た。それから100年、中国共産党は、中国人民を団結させ率いて、奮闘し、献身し、創造してきた。そのすべては、詰まるところ、一つの目標を目指していた。中華民族の偉大な復興の実現である。」①

第二节　红色故事

第二節　革命物語

党的生日为什么不是7月23日？

历史材料清楚地记录着：中国共产党成立于1921年7月23日。既然党的一大正式召开的时间是1921年7月23日，但每年为什么要把7月1日而不是7月23日作为中国共产党成立的纪念日呢？其实，7月23日作为党的一大开幕的时间，是后来党史工作者考证的结果。至于党的一大具体是在哪天召开的，很长一段时间，大家并不是很清楚。

中国共産党の誕生日はなぜ7月23日ではないのか。

中国共産党が1921年7月23日に創立されたことは、史料に明確に記録されている。しかし、中国共産党第一次全国代表大会が1921年7月23日に正式に開催されたのに、なぜ7月23日ではなく、7月1日を中国共産党の創立記念日とするのだろうか。実は、中国共産党第一次全国代表大会の開幕の日を7月23日としたのは、多くの党史研究者が後になって考証した結果なのだ。中国共産党第一次全国代表大会が具体的にどの日に開催されたかは、長期にわたってはっきりしていなかった。

把7月1日作为党成立的纪念日，有据可查者最早见于1938年5月毛泽东在延安抗日战争研究会所作的《论持久战》的讲演。毛泽东说："今年七月一日，是中国共产党建立的十七周年纪念日。"中共中央第一次正式将每年7月1日确定为党成立的纪念日是1941年6月。

---

① 习近平.在庆祝中国共产党成立100周年大会上的讲话[EB/OL].[2022-02-26].中国社会科学院日本研究所（cssn.cn）. http://ijs.cssn.cn/xsyj/yanjiu/makesizhuyiwenzhang/202107/t20210708_5346193.shtml.

·9·

7月1日を中国共産党の創立記念日としたことについて、参照できる最も早い時期の証左は、毛沢東が1938年5月に延安抗日戦争研究会で行った講演『持久戦論』にある。毛沢東は「今年の7月1日は中国共産党の創立17周年の記念日だ」と言った。一方、中国共産党中央が毎年の7月1日を党創立の記念日と初めて正式に定めたのは1941年6月のことである。

　1941年6月30日,中共中央发布毛泽东起草的《关于中国共产党诞生二十周年抗战四周年纪念指示》,明确指出:"今年七一是中共产生的二十周年,七七是中国抗日战争的四周年,各抗日根据地应分别召集会议,采取各种办法,举行纪念,并在各种刊物出特刊或特辑。"这是全党第一次大规模地纪念党的生日,也是中央文件中正式规定"七一"是党的诞生纪念日。

　1941年6月30日に中国共産党中央は毛沢東が起草した『中国共産党誕生二十周年と抗戦四周年記念に関する指示』を発表した。この指示の中には「今年の7月1日は中国共産党誕生二十周年であり、7月7日は中国抗日戦争四周年である。各抗日根拠地ではそれぞれ会議を開き、さまざまな方法で記念行事を行い、そして各種の刊行物は特別号または特集号を発行するべきだ。」と明確に記述している。これは、中国共産党が党の誕生日を初めて大規模に記念する記載であり、7月1日を党の創立記念日と正式に定めた最初の中央文献でもある。

　根据中共中央的指示精神,各根据地在这年7月1日前后开展了各种形式的庆祝中国共产党成立二十周年活动。这年的7月1日,中共中央机关报《解放日报》发表《纪念中国共产党廿周年》的社论,并且刊发《中国共产党二十周年纪念特刊》。中国共产党在重庆公开发行的党报《新华日报》也特地刊发了《祝中国共产党成立二十周年》社论。从这个时候起,每年的7月1日就成了中国共产党成立的纪念日。

　中国共産党中央の指示の精神に基づき、各根拠地では1941年7月1日前後に、さまざまな形式による中国共産党創立二十周年の記念祝賀活動が行われた。また、同年7月1日、中国共産党中央の機関紙『解放日報』に

は「中国共産党創立二十周年を記念する」と題する社説が発表され、『中国共産党創立二十周年記念特別号』も発刊された。更に、中国共産党が重慶で公開発行する『新華日報』にも、『中国共産党創立二十周年を祝す』と題する社説が掲載された。その時から、毎年の7月1日は中国共産党の創立記念日になったのだ。

李大钊：铁肩担道义　妙手著文章①

李大钊是中国共产党的主要创始人之一。1889年，生于河北省乐亭县大黑坨村。1913年，李大钊东渡日本，就读于东京早稻田大学，在那里接触到社会主义思想和马克思主义学说。当日本提出旨在灭亡中国的"二十一条"后，李大钊积极参加留日学生总会的爱国斗争，起草了《警告全国父老书》，呼吁全国人民团结一致，保卫锦绣河山。

李大釗：鉄肩で道義を担い、妙手で文章を著す

李大釗は中国共産党の主な創立者の一人である。1889年に河北省楽亭県大黒坨村で生まれ、1913年に日本へ渡り、東京の早稲田大学に入学し、そこで社会主義思想とマルクス主義に出会った。日本が中国を滅亡させる「二十一カ条の要求」を提出すると、李大釗は留日学生総会の愛国闘争に積極的に参加し、『警告全国父老書（全国の父老に告げる書）』を起草し、全国人民が一致団結して、祖国の美しい山河を守ろうと呼びかけた。

1916年初，李大钊回国，任北京大学图书馆主任兼经济学教授，并参加《新青年》杂志编辑部的工作。他积极投身新文化运动，宣传民主、科学精神，抨击旧礼教、旧道德，成为新文化运动的一员主将。他在《新青年》第二卷第一号上发表了《青春》一文，号召青年"冲决历史之桎梏，涤荡历史之积秽，新造民族之生命，挽回民族之青春"。

1916年初頭、李大釗は中国に戻り、北京大学の図書館長兼経済学教授

---

① 铁肩担道义,妙手著文章.[EB/OL].[2022-02-27].共产党员网（12371.cn）https://www.12371.cn/2021/11/12/ARTI1636673717750459.shtml.

を務め、『新青年』雑誌の編集にも参加した。彼は積極的に新文化運動に身を投じ、民主と科学の精神を提唱し、旧い封建的礼儀や道徳を強く批判し、新文化運動の指導者として活躍していた。李大釗は『新青年』第2巻第1号で『青春』という文章を発表し、青年に「歴史の桎梏を打ち破り、歴史の汚濁を清め、民族の生命を新たに創造し、民族の青春を取り戻せ」と呼びかけた。

俄国十月革命的胜利令李大钊备受鼓舞,他连续发表了《法俄革命之比较观》《庶民的胜利》《布尔什维主义的胜利》等文章,从一个爱国的民主主义者转变为一个马克思主义者,进而成为我国最早的马克思主义传播者。1919年五四运动后,他更加致力于马克思主义的宣传,在《新青年》上发表《我的马克思主义观》,比较全面地介绍了马克思主义理论。李大钊推动了马克思主义在中国的广泛传播,为中国共产党的创建准备了思想条件。

ロシア十月革命の勝利に鼓舞され、李大釗は『フランス革命とロシア革命との比較』『庶民の勝利』『ボルシェビズムの勝利』など一連の文章を発表し、愛国的民主主義者からマルクス主義者に変貌し、中国におけるマルクス主義の最初の提唱者となった。1919年の五四運動以降、李大釗はマルクス主義の紹介に一層力を注ぎ、『新青年』に『私のマルクス主義観』を発表し、マルクス主義の理論を比較的全面に紹介した。李大釗は、マルクス主義が中国における普及を推進し、中国共産党の創立のための思想的条件を用意した。

1920年秋,李大钊领导建立了北京的共产党早期组织和北京社会主义青年团,积极推动建立全国范围的共产党组织。中国共产党成立后,李大钊代表党中央指导北方的工作,在北方广大地区宣传马克思主义,开展工人运动,建立党的组织。1922年至1924年,他受党的委托,奔走于北京、上海、广州之间,帮助孙中山改组国民党,为第一次国共合作的实现作出重大贡献。

1920年秋、李大釗は北京で共産党早期組織と北京社会主義青年団を設立し、全国的な共産党組織の設立を積極的に推し進めた。中国共産党の

創立後、李大釗は党中央の代表として中国北方での活動を指導し、広大な北方地域でマルクス主義の普及、労働運動の展開、党組織の設立に力を尽くした。1922年から1924年にかけて、李大釗は党の委託を受け、北京、上海、広州間を奔走し、孫文の国民党改組に協力し、第一次国共合作の実現に多大な貢献を果たした。

1927年4月6日,李大钊在北京被捕入狱。在狱中,他备受酷刑,始终严守党的秘密,坚贞不屈、大义凛然。4月28日,李大钊英勇就义,时年38岁。"铁肩担道义,妙手著文章",是李大钊光辉一生的真实写照。李大钊开创的伟大事业和留下的思想遗产永远不可磨灭,他播撒的革命种子已经在中国大地上生根、开花、结果。

1927年4月6日、李大釗は北京で逮捕され、投獄された。監獄で過酷な拷問を受けながらも、李大釗は終始一貫して党の秘密を守り、たとえ命を犠牲にしようとも決して屈服せず、揺るぎなく正義を貫いた。4月28日、李大釗は38歳の若さで雄々しくも革命に命を捧げた。「鉄肩担道義、妙手著文章（強靭な意志で社会道義を背負い、巧みに文章を著す）」という言葉はまさに李大釗の輝かしい人生の真実の姿を描写していると言える。李大釗が切り開いた偉大な事業及び後世に残した思想的遺産は決して忘れ去られることはない。彼が蒔いた革命の種は、既に中国の大地に根を下し、花を咲かせ、豊かな実を結んでいる。

真理的味道非常甜：陈望道翻译《共产党宣言》
近代中国,积贫积弱。随着帝国主义的侵略,民族危机日益加深,一批先进知识分子开始转向西方寻求救国之道,陈望道便是其中之一。最初,他主张"实业救国"和"科学救国",希望到欧美留学。1915年,由于费用问题,陈望道的留学目标由欧美改为日本。他先后在早稻田大学、东洋大学、中央大学和东京夜校学习,完成了经济、法律、物理、哲学与文学的课程,毕业于中央大学法科,获法学学士学位。

真理の味がとても甘い：陳望道と『共産党宣言』の翻訳
近代中国は極めて貧弱な国であった。帝国主義の侵略につれて、中国

の民族危機が深まりつつある中で、一部の先進的な知識人たちは、国を救う方法を求めるため、西洋諸国に目を向け始めた。陳望道もその中の一人である。彼は最初に「実業救国」と「科学救国」を主張し、欧米への留学を希望していたが、1915年、経費不足のため、留学先を欧米から日本に変更し、早稲田大学、東洋大学、中央大学、東京夜間学校などで学び、経済学、法学、物理学、哲学、文学などの科目を履修し、中央大学法学部を卒業して法学士の学位を取得した。

1919年夏,五四运动爆发,陈望道回国投身运动。一日,陈望道接到《民国日报》经理邵力子的来信。邵力子在信中称,《星期评论》周刊主编戴季陶约请陈望道翻译《共产党宣言》,译文将在该刊连载。精通日语英语、汉语功底深厚、具有扎实的马克思主义理论基础,这三个缺一不可的条件,让陈望道成为《共产党宣言》汉译本翻译者的最佳人选。

1919年夏、五四運動が勃発すると、陳望道は日本から帰国し、五四運動に身を投じた。ある日、陳望道は『民国日報』の責任者である邵力子からの手紙を受け取った。邵氏は手紙の中で、週刊誌『星期評論』の編集長戴季陶が陳望道に『共産党宣言』を中国語に翻訳してほしい、そしてその訳文を同誌に連載させようと言った。『共産党宣言』を中国語に翻訳するには、日本語と英語に精通し、中国語の造詣が深く、更にしっかりとしたマルクス主義理論の基礎を有するという三つの条件が必要不可欠なのだ。この三つの条件を同時に備えている陳望道は、『共産党宣言』中国語訳の最適な人選となった。

为了能专心致志地译书,陈望道的一日三餐都是陈母送到柴房。一盏昏暗的煤油灯、《英汉词典》《日汉词典》《共产党宣言》的日译本和英译本分摊在书桌上,陈望道每天字斟句酌地埋头苦译。陈母见他夜以继日地工作,整个人都瘦了一圈,就用糯米包了几个粽子,让他进补身体。母亲将粽子端至柴房时还放了一碟红糖水。过了一会儿,母亲在屋外高声问他是否还需要添些红糖时,他说:"够甜了,够甜了。"而当母亲进来收拾碗碟时,看见陈望道嘴边都是墨汁,红糖水却没有动。原来,他只顾全神贯注工作,把墨汁当做红糖水还全然不知。

第一章　上海：开天辟地　党的创立

　　翻訳に集中できるように、陳望道は薪小屋で作業を進め、一日三食も全部母が持ってきてくれるのだった。灯油ランプ1つだけの薄暗い部屋に、『英中辞典』『日中辞典』及び『共産党宣言』の和訳本と英訳本が机に広げられ、陳望道は毎日机に向かって1字1句推敲を重ねながら翻訳に苦心していた。夜に日をついで翻訳に取り組んでいる息子の痩せた姿を見て、母はとても心配し、栄養を補充させようと、もち米で粽を包んだ。粽を部屋に持ち込んだ時、母は黒糖水を一皿つけた。しばらくすると、母が外で「黒糖水がもう少し入る？」と大きな声で聞いてみたら、陳望道は「甘かったよ。とても甘かった。」と答えた。しかし、母が食器を片付けに部屋に入ってみたところ、陳望道の口元は黒い墨汁だらけで、黒糖水に全く手をつけていなかった。翻訳に没頭するあまり、陳望道は黒糖水と墨汁を間違えて、墨汁をつけたことに全然気付かなかったのだ。

　　1920年4月底，陈望道带着《共产党宣言》译稿到上海，准备在《星期评论》连载，但因《星期评论》被迫停刊未能按原计划刊发。陈独秀与共产国际代表维经斯基商议，决定建立"又新印刷所"，以"社会主义研究社"的名义出版此书。经李汉俊、陈独秀校稿，1920年8月，《共产党宣言》由上海社会主义研究社列为"社会主义研究小丛书"的第一种，首次刊行问世。初版1000册，封面上的书名"共产党宣言"错印成"共党产宣言"，但仍然立刻被抢购一空。9月再版时改正了书名，封面马克思的肖像也从原来的红色改为蓝色。至1926年5月，该书已相继印行17版，传播之广可见一斑。

　　1920年4月の末、陳望道は『共産党宣言』の中訳本を携えて上海に行き、『星期評論』にそれを連載させようとした。しかし、同誌が休刊にさせられたため、予定通りに刊行することができなかった。陳独秀は、コミンテルンからの代表ヴォイチンスキー（Grigori Naumovich Voitinsky）と相談した結果、「又新印刷所」を設立して「社会主義研究社」の名義で『共産党宣言』の中訳本を出版することにした。1920年8月、李漢俊と陳独秀の校稿を経て、『共産党宣言』が上海社会主義研究社に「社会主義研究小叢書」の第一種として初めて出版された。初版の印刷部数は

1 000部で、表紙にある書名『共産党宣言』を『共党産宣言』に誤植されたにもかかわらず、直ちに売り切れてしまった。9月に再版されたとき、書名を訂正し、表紙に使われたマルクスの肖像画も元の赤から青に変えた。1926年5月までに、『共産党宣言』が相次いで17版も増刷を重ね、伝播の広がりの一端を窺い知れる。

　　陈望道翻译的《共产党宣言》，是中国共产党成立前后在中国传播最早、影响最大的马克思主义著作，为中国共产党的建立和党的早期理论建设做了重要的思想准备。1936年，在陕北保安的窑洞里，毛泽东对美国记者斯诺说："有三本书特别深地铭刻在我的心中。"①其中一本，便是陈望道翻译的《共产党宣言》。"真理的味道非常甜。"习近平总书记多次讲述了陈望道在翻译《共产党宣言》时"蘸着墨汁吃粽子、还说味道很甜"的故事。

　陳望道が翻訳した『共産党宣言』は、中国共産党創立前後の中国において、伝播時期が最も早く、影響力が最も大きいマルクス主義の著作であり、中国共産党の創立と党の初期理論の構築に重要な思想的準備を行った。1936年、陝西省北部の保安県の窰洞（山崖に掘って作った洞穴式住居）で、毛沢東はアメリカ人ジャーナリストのエドガー・スノー（Edgar Snow）に「私の心の中に特に深く刻まれている本が三冊ある」と述べ、陳望道が翻訳した『共産党宣言』はその一つなのだ。一方、習近平総書記も陳望道が『共産党宣言』を翻訳する時のこのエピソードを何度も語った。「真理の味がとても甘い。」「墨汁をつけて粽を食べてしまったのに、味がとても甘いと言った」。

缺席一大会议的"南陈北李"去了哪里？
　　"南陈北李"指的是中国共产党的主要创始人陈独秀和李大钊。建党时期，陈独秀在上海、广东，而李大钊则在北京从事活动。陈独秀被称为"五四运动的总司令"，他发起创办了《新青年》并作为主要编辑宣传新文化和新思想。李大钊是中国共产主义运动的先驱、杰出的无产阶级革命家和中国最早的马克思主义传播者。

---

① 埃德加·斯诺.红星照耀中国[M].董乐山，译.北京：人民文学出版社，2018：121.

「南陳北李」はなぜ中国共産党第一次全国代表大会に欠席したか？

「南陳北李」は、中国共産党の主要な創始者である陳独秀と李大釗を指している。中国共産党創立の過程において、陳独秀は上海、広東を中心に活動し、李大釗は北京を中心に活動していた。陳独秀は「五四運動の総司令官」と呼ばれ、『新青年』を創刊し、そして主な編集者として新文化と新思想の普及に力を注いだ。一方、李大釗は中国共産主義運動の先駆者で、傑出したプロレタリア革命家であり、マルクス主義を中国に初めて体系的に紹介した人物でもある。

陈独秀和李大钊传播马克思主义，发动和组织工人，积极开展建党工作。1920年，陈独秀和李大钊相约分别在上海和北京开展活动，筹建中国共产党。然而，1921年7月在上海召开的的中国共产党第一次代表大会中，却没有两位同志的身影。作为建党的两个关键人物，为什么会缺席了这个有着开天辟地历史意义的会议呢？

陳独秀と李大釗はマルクス主義の普及と、労働者の動員・組織化を行いながら、中国共産党の創立に積極的に取り組んでいた。1920年、陳独秀と李大釗は、それぞれ上海と北京を中心に活動し、中国共産党創立の準備を進めることを約束した。しかし、1921年7月に上海で開かれた中国共産党第一次全国代表大会には、二人の姿が見られなかった。共産党の設立にとってコアメンバーであるこの二人は、なぜこの新天地を切り開く画期的な会議に欠席したのだろうか。

原来那时陈独秀正忙于筹款，而李大钊则忙于"讨薪"。陈独秀身为广东政府教育委员会的委员长，正在争取一大笔款项来建设一所大学，公务繁忙很难抽出时间。李大钊除了担任北京大学图书馆主任、教授外，还兼任北京国立大专院校教职员代表联席会议主席。由于北洋军阀政府财政困难，停发了北京八所高校教职员工的薪金，李大钊作为八所高校"索薪委员会"的重要成员，忙于追讨北京八所高校教职员工的工资，也无法亲自前往上海出席会议。

実は、当時、陳独秀は資金調達に奔走し、李大釗は未払い給与の請求に奔走していたのである。詳しく言えば、広東省政府教育委員会委員長である陳独秀は、大学建設のために多額の資金の調達に努めている最中で、公務多忙のため、なかなか時間が取れなかった。一方、李大釗は北京大学の図書館長や教授の職分にあるほか、北京国立大学教職員代表合同会議の主席も兼任していた。北洋軍閥政府の財政難により、北京八大学の教職員は給与を遅延された。八大学の「給与請求委員会」の中心メンバーとして、李大釗は給与の請求につとめ、上海に赴いて会議に参加することができなかったのである。

　尽管"南陈北李"都没有参加一大，但这无损于他们作为中国共产党主要创始人的卓越贡献。1936年，毛泽东在陕北保安的窑洞里与来访的美国记者埃德加·斯诺谈话时说："1921年5月，我到上海去出席共产党成立大会。在这个大会的组织上，起领导作用的是陈独秀和李大钊，他们两个人都是中国最有才华的知识界领袖。我在李大钊手下在国立北京大学图书馆当助理员的时候，就迅速地朝着马克思主义的方向发展。陈独秀对于我在这方面的兴趣也是很有帮助的。我第二次到上海去的时候，曾经和陈独秀讨论我读过的马克思主义书籍。陈独秀谈他自己的信仰的那些话，在我一生中可能是关键性的这个时期，对我产生了深刻的印象。"[1]毛泽东等一大代表没有忘记"南陈北李"，全中国人民也将永远铭记他们的伟大功绩。

　「南陳北李」はともに中国共産党第一次全国代表大会には出席しなかったが、彼らの中国共産党の主要な創始者としての卓越した貢献が損なわれたわけではない。1936年、毛沢東は陝西省北部の保安県の窰洞で、来訪のアメリカ人ジャーナリスト、エドガー・スノーとの会談の中で、こう語った。「1921年5月、私は共産党創立大会に出席するために上海に行った。この大会の組織では、指導的役割を果たしたのは陳独秀と李大釗で、彼ら二人は共に最も優れた才能を持つ中国知識人のリーダーであった。私は李大釗のもとで国立北京大学の図書館の司書補として働いていたとき、マルクス主義への関心が急速に高まってきた。また、陳独秀も

---

[1] 埃德加·斯诺.红星照耀中国[M].董乐山,译.北京：人民文学出版社,2018：122.

私のマルクス主義への理解を大いに助けてくれた。上海を二回目に訪れたとき、私は自分が読んだマルクス主義の著作について陳独秀と討論したことがある。陳独秀が自分の信仰について語った話は、私の人生の中で最も肝心とも言えるこの時期に、深い印象を残してくれた。」毛沢東をはじめとする中国共産党第一次全国代表大会の代表たちは、「南陳北李」を忘れることなく、すべての中国人民も彼らの偉大な功績をいつまでも銘記するだろう。

"此面被上海法捕房没收去了"

《共产党》月刊于1920年11月7日在上海创刊,是上海共产主义小组主办的理论刊物,由李达主编。该刊是中国共产党的第一个党刊,在中国历史上第一次喊出了"共产党万岁""社会主义万岁"的口号。刊物为16开本,每期约50页,半公开编辑出版,最高发行量达5 000余份,一年后停刊,共出版发行了6期。这份杂志选定11月7日为创刊之日,是经过仔细考虑的。三年前,即1917年11月7日,正是俄国劳工农民推倒资本家和军阀,组织苏维埃共和国的成功日,也就是十月革命纪念日。选择十月革命三周年的纪念日作为《共产党》月刊的创刊日,就是希望中国革命走俄国革命的道路。

「このページは上海フランス租界の警察署に没収された」

『共産党』は1920年11月7日に上海で創刊された月刊理論誌であり、主宰は上海共産主義グループで、編集長は李達が務めた。同誌は中国共産党初の機関誌で、中国の歴史において、「共産党万歳！」「社会主義万歳！」のスローガンを初めて叫んだ。雑誌は16Kの用紙サイズで、毎号約50ページ、内部刊行物の形で編集・発行され、最大発行部数が5 000部を超え、1年後に廃刊となるまで、合計で6号発行された。11月7日を創刊日として選んだのは、慎重に検討した結果である。3年前の1917年11月7日は、ロシアの労働者と農民が資本家と軍閥を打倒し、ソビエト共和国の樹立に成功した日で、即ち十月革命の記念日なのだ。十月革命3周年の記念日を『共産党』の創刊日として選んだのは、中国革命がロシア革命の道を歩んでほしいと望んだからである。

《共产党》月刊是一份既秘密又公开的新杂志。说它秘密,是因为这份新杂志的编辑部地址保密,杂志上所有文章一律署化名,杂志的印刷、发行者也保密。说它公开,则因为这份杂志的要目广告,公开刊登在《新青年》杂志上,也就使这份新杂志广为人知。《共产党》月刊在1920年12月出版了第二期,因经费困难,直到1921年4月才出版了《共产党》月刊的第三期。第三期全文发表了第三国际第二次代表大会通过的《加入第三国际大会的条件》这个重要的历史文件,系统地论述了列宁的建党思想,指出列宁的建党思想正是治疗中国痼疾的灵丹妙药。然而,这一期《共产党》月刊一开篇就开了个大"天窗",刊物的第一页没有文章的原文,而是印了12个大号铅字"此面被上海法捕房没收去了"。这是为什么呢?

月刊『共産党』は、秘密的である一方、公開発行の新しい雑誌でもあった。その秘密性というのは、同誌の編集部のアドレスが秘密にされ、雑誌記事がすべて仮名で署名され、更に印刷や発売の担当者も秘密にされていたからである。それに対し、公開性を持つというのは、同誌に刊行予定の文章の広告が公開発行の雑誌『新青年』に掲載されたため、この新しい雑誌の存在が広く知れ渡っていたからである。1920年12月、『共産党』の第2号が発行され、第3号が財政難により、1921年4月になってやっと発行されたのである。第3号では、コミンテルン第二次大会で採択された『コミンテルンへの加入条件』という重要な歴史文書を全文掲載し、レーニンの共産党創立思想を体系的に論じ、そしてこの思想こそが、中国の痼疾を治す特効薬であると指摘した。しかし、第3号の最初のページには、記事原文の代わりに、「此面被上海法捕房没收去了(このページは上海フランス租界の警察署に没収された)」という12個の大きな活字が印刷されており、まるで紙面に大きな「天窓」が開いているように見える。それは一体何故だろうか。

原来,第三期《共产党》月刊在出版印刷时,遭到法租界巡捕房的干扰,原计划刊登的文章《告中国的农民》被当时的法国巡捕房收走了。当原文被法国巡捕房收走后,编辑部商量决定照常开印,留一页空白开天窗,以此告知读者,这是反动势力没收该刊稿件的有力证明,也表达了刊物对此的强烈抗议。

第一章　上海：开天辟地　党的创立

　　実は、『共産党』第3号が発行・印刷された時、フランス租界の警察署に妨害され、掲載予定の文章『告中国的農民（中国の農民に告げる）』が警察に持ち去られたのである。原文がフランス租界の警察署に持ち去られた後、編集部は協議の結果、予定通りに印刷することに決めた。ただし、空白ページを一枚残すことによって、反動勢力が同誌の原稿を無理に没収した有力な証拠を読者に伝えると同時に、編集部の強い抗議の意思も表明した。

　　《共产党》月刊虽然只出版了六期,但它通过对俄国共产党的发展历程、俄国社会主义制度的介绍,以及在驳斥无政府主义、机会主义的过程中,旗帜鲜明地回答了"建设什么样的党""如何建设党""半殖民地半封建的中国社会往何处去"等一系列问题。可以说,《共产党》月刊是为了完成建立中国共产党这一光荣的历史任务而创办的,它为建党所做的宣传,为将全国各地的共产主义小组组成一个统一的党作出了不可磨灭的贡献,为党的建立提供了充足的理论准备。

　　『共産党』は、わずか6号しか発行されなかったが、ロシア共産党の発展の道のりやロシア社会主義体制の紹介、及び無政府主義や日和見主義への反駁などを通じて、「どのような党を建設するのか」「どのように党を建設するのか」「半植民地・半封建の中国社会はどこへ向かうべきか」など、一連の問題に旗幟鮮明に答えていた。月刊『共産党』は、正に中国共産党の創立という輝かしい歴史的任務を果たすために創刊されたと言えよう。同誌が共産党創立のために行った宣伝は、全国各地の共産主義グループを一つの党として結成するうえで、不滅な貢献をしたと同時に、共産党の創立に充分な理論的準備を提供した。

"红船"的故事

　　1921年7月23日,中国共产党第一次全国代表大会在上海法租界望志路106号秘密召开。7月30日晚,大会第六次会议刚刚开始,法租界巡捕突然闯入,会议被迫中断。这时,一大代表李达的夫人王会悟女士提出能否转移到嘉兴,代表们以游客的身份一边游南湖一边开会的建议,这个建议得到

了代表们的认可。

「紅船」の話

1921年7月23日、上海のフランス租界にある望志路106号で、中国共産党第一次全国代表大会が極秘裏に開催された。7月30日夜、6回目の会議が始まったばかりのところに、フランス租界の警察が突然乱入してきて、会議は中断を余儀なくされた。この時、大会代表者李達の夫人、王会悟が「嘉興に移動して、観光客として南湖を遊覧しながら船の中で会議をしたらどうか」と提案した。この妙案は、代表たちに受け入れられた。

1921年8月1日,部分代表与王会悟先行来到嘉兴,住在市内张家弄的鸳湖旅馆内,并委托旅馆账房在嘉兴南湖租下一艘用于开会的画舫船,而其余代表则于第二天乘坐早班火车到达嘉兴。8月2日代表们从嘉兴东门的狮子汇渡口摆渡登上湖心岛,来到烟雨楼观测地形,最终选取了烟雨楼东南方向200米处的僻静水域,一边游湖一边开会。

1921年8月1日、王会悟は一部の代表を連れて先に嘉興に到着し、市内の張家弄の鴛湖旅館に宿泊してから、旅館の帳場に頼んで嘉興南湖の遊覧船をチャーターし、会議の準備を行った。一方、残りの代表たちは翌朝の列車で嘉興に向かった。8月2日、代表たちは嘉興市東門の獅子匯渡口から遊覧船に乗って湖心島に渡り、煙雨楼で地形を観察してから、最終的に煙雨楼の東南200メートルの人目につかない水域を選び、湖を遊覧しながら会議を行うことにした。

会议从上午11点一直持续到下午6点,审议通过了中国共产党的第一个纲领和第一个决议,并以无记名投票的方式选举产生了党的领导机构——中央局。会议结束时,与会代表全体起立,坚定地举起右手,庄严地宣告中国共产党诞生。"共产党万岁！第三国际万岁！共产主义万岁！"中国革命的航船自此扬帆起航。这艘中共一大用过的小船,后来被称作"红船"。

第一章　上海：开天辟地　党的创立

　　会議は午前11時から午後6時まで行われ、中国共産党初の綱領（『中国共産党綱領』）と初の決議（『当面の実際活動に関する決議』）が討議・採択され、そして無記名投票の方式で党の最高指導機関である中央局が選出された。会議の最後に、代表者全員が立ち上がり、右手をしっかりと上げ、「共産党万歳！コミンテルン万歳！共産主義万歳！」と、中国共産党の誕生を厳粛に宣言した。これにより、中国革命の船は帆を揚げて、出航した。中国共産党第一次全国代表大会に使用されたこの小舟が後に「紅船」と呼ばれるようになった。

第三节　红色景点

第三節　紅色観光スポット

中国共产党第一次全国代表大会纪念馆

　　中国共产党第一次全国代表大会纪念馆,简称中共一大纪念馆,位于上海市黄浦区黄陂南路。1952 年 9 月,中国共产党第一次全国代表大会会址被改建为纪念馆。1961 年 3 月,被国务院列为第一批全国重点文物保护单位。1997 年 6 月成为全国爱国主义教育示范基地。2016 年 9 月入选中国第一批 20 世纪建筑遗产名录。2021 年 6 月 3 日,经过修缮和改造的中国共产党第一次全国代表大会纪念馆全新开放。

图 1-1　中国共产党第一次全国代表大会纪念馆

中国共産党第一次全国代表大会記念館

　中国共産党第一次全国代表大会記念館（略称「中共一大記念館」）は上海市黄浦区黄陂南路に位置する。1952年9月、中国共産党第一次全国代表大会会址が修復され、記念館として一般公開された。1961年3月、国務院によって第一陣全国重点文物保護単位に指定された。1997年6月、全国愛国教育示範基地となり、2016年9月、第一陣中国20世紀建築遺産リストに登録された。2021年6月3日、中国共産党第一次全国代表大会記念館が修繕・改装され、新しい姿で公開された。

中共一大会址

　　中共一大会址位于上海原法租界望志路106号（今兴业路76号），建于1920年秋。此楼坐北朝南,一楼一底,使用沿街砖木结构,是一幢典型的上海石库门风格建筑。建成后不久,即被李汉俊及其兄李书城租用为寓所。1921年7月23日,中国共产党第一次全国代表大会就在楼下一间18平方米的客厅内召开。

图 1-2　中国共产党第一次全国代表大会会址

中国共産党第一次全国代表大会会址

　中国共産党第一次全国代表大会会址は、かつての上海フランス租界内の望志路106号（現興業路76号）に位置し、1920年の秋に建てられた建物である。この二階建ての建築は南向きで、通り沿いに建てられ、レン

ガと木材を使った典型的な上海石庫門式①の建物である。完成後間もなく、李漢俊とその兄の李書城がそれを住居として借りた。1921年7月23日、中国共産党第一次全国代表大会は、一階の18平方メートルの応接間で開かれた。

会址还原了一大召开时的实景。客厅正中是一张长方形的西式大餐桌,桌上摆放着茶具、花瓶和紫铜烟缸。客厅内的餐桌、圆凳、茶几、椅子等家具陈设均按有关当事人的回忆照原样仿制,使观众有身临其境之感。其中陈列室内还按照历史资料开辟了一个蜡像室,形象地刻画出当年出席中共"一大"会议的15位出席者(包括两位共产国际代表)围桌而坐、热烈讨论的生动场景。栩栩如生的蜡像人物增强了陈列的直观性和历史感染力,成为参观中的新热点。

会址には中国共産党第一次大会が開催された当時の様子がリアルに再現されている。応接間の真ん中には長方形の洋式テーブルがあり、その上には、ティーセットや花瓶、紫銅製の灰皿などが置かれている。入場者に臨場感を与えるため、応接間のテーブルや丸いスツール、ローテーブル、椅子などの家具や用品はすべて当事者の回想によって実物通りに復元され、陳列されている。また、展示ホールには、文献史料に基づいて開設された蝋人形室があり、15人の出席者（うちコミンテルンより派遣された代表2人）がテーブルを囲んで活発に議論している様子が生々しく再現されている。本人そっくりの蝋人形は、展示の直感性と歴史的感染力を高め、入場者に注目される新たなホットスポットとなった。

中共一大纪念馆

2021年6月3日,在庆祝建党百年之际,中共一大纪念馆新馆经过600多个日日夜夜的精心建设,终于以崭新的风貌展现在世人面前。一大纪念馆和一大会址隔街相望,交相辉映。新馆展陈面积约3 700平方米,包括基本陈列展厅、报告厅、观众服务中心等设施,提供了更丰富、更完备、更充足的展陈空间。新馆从馆藏12万件(套)文物和近年来从国际国内新征集的

---

① 石庫門:19世紀半ばから20世紀後半まで上海で普及していた中洋折衷型の建築様式である。

砥砺征途(中日对照)：革命历史景点故事

档案史料中精挑细选612件文物展品，加上各类图片、艺术展项等展品，展品总量1 168件，其中包含国家一级文物30多件。

中国共産党第一次全国代表大会記念館

中国共産党創立100周年を迎えるにあたり、中国共産党第一次全国代表大会記念館新館は、工事開始から600余日に及ぶ毎日毎晩丹精を込めた建築工事により、2021年6月3日に新しい姿で公開された。一大記念館と一大会址は、道路を挟んで聳えており、互いに照り映えて渾然一体となっている。新館の延べ床面積は約3 700平方メートルで、常設展示ホール、レクチャーホール、サービスセンターなどからなっており、より豊富で整備された展示スペースを提供している。また、館所蔵の12万点（セット）の文物と、近年新たに国内外から求め集めた文書や史料から展示品612点を厳選し、さらに各種の写真や美術品などを加えると総計1 168点に達し、その中には国家一級文物が30点以上含まれている。

走进新馆，映入眼帘的首先是三幅巨大的瓷板画。其创作历时九个月，由《日出东方》《民族脊梁》《中流砥柱》三幅作品组成，以祖国雄伟壮丽的自然山川、凝练文化精神的历史景观、见证奋斗征程的革命旧址艺术性地诠释党领导人民自强不息、砥砺奋进的光辉历程。

新館に入ると、まず目に映ったのは9カ月もの創作期間を費やした三枚の巨大な瓷板画①である。三枚の瓷板画のテーマはそれぞれ「東方の日出」「民族の脊梁」及び「中流の砥柱」で、祖国の雄大壮麗な山河、文化精神に凝縮した歴史的景観、奮闘の道程を見守った革命旧址などを通して、中国共産党の指導のもとで、中国人民が努力してやまず、錬磨と奮進の輝かしい歴史を芸術的に表現している。

三幅画相互呼应，形成空间整体，将艺术画作与党史历程和精神相结合，不仅使参观者了解到我们党从"小小红船"到"巍巍巨轮"、从九死一生到蓬勃兴旺的奋斗历程，更从中感悟到我们党"不忘初心、牢记使命、永远奋

---

① 瓷板画：陶器の上に特殊な顔料で絵を描き、釉をかけて焼き上げた工芸品である。

斗"的精神。

　三つの作品が互いに呼応して渾然一体の空間をなしている。更に絵画作品を共産党の歴史と精神と結びつけることによって、入場者に中国共産党が「眇々たる紅船」から「巍巍たる巨船」、九死一生の窮境から繁栄興隆の局面を迎えた奮闘の歴史を実感させると同時に、中国共産党の「初心を忘れず、使命を胸に刻み、永遠に奮闘する」精神を感じさせる。

　　　中共一大纪念馆新馆地下一层是《伟大的开端——中国共产党创建历史陈列》基本陈列展厅。展览以"初心使命"贯穿全篇,共分为序厅、"前仆后继、救亡图存""民众觉醒、主义抉择""早期组织,星火初燃""开天辟地、日出东方""砥砺前行、光辉历程"和尾厅七个板块,综合采用文物实物、图片图表、动态视频、油画雕塑、实景还原、多媒体声像等多种展示手段,全面、系统、生动地展示了中国共产党的诞生和发展历程。从新文化运动,到五四运动、马克思主义早期传播、共产党早期组织的成立、中共一大会议及代表,乃至中共二大、第一次工人运动高潮等建党前后的珍贵文献、照片、实物,甚至不少平日难得一见的小众红色文物,都一一被挖掘展示出来。

　中共一大記念館新館の地下一階は『偉大な始まり——中国共産党創建の歴史の展示』というテーマの常設展示ホールである。展示は序章、「前僕後継、救亡図存（犠牲を恐れず、民族の存続をはかる）」、「民衆覚醒、主義抉択（民衆の目覚め、主義の選定）」、「早期組織、星火初燃（早期組織の成立、最初の火花）」、「開天辟地、日出東方（新天地を切り開き、日が東から出る）」、「砥砺前行、光輝歴程（錬磨と奮進の輝かしい道程）」及び終章という七つのセクションからなっており、全章に「初心使命」のテーマを貫いている。更に実物や写真・図表、動画、油彩画・彫刻、場面再現、マルチメディア・オーディオビジュアルなど様々な展示手段を総合的に利用し、中国共産党の誕生とその発展の歩みを生き生きとした形式で、全面的かつ系統的に示している。新文化運動、五四運動、マルクス主義の早期伝播、共産党の早期組織の結

成、中国共産党第一次全国代表大会とその代表者、中国共産党第二次全国代表大会、第一次労働者運動の高まりなど、中国共産党創立前後の諸事件に関する貴重な文献資料、写真、実物のほかに、普段なかなか目にすることのできないユニークな革命文物まで、多数発掘・展示されている。

嘉兴南湖红船

1921年8月初,中国共产党第一次全国代表大会由上海转移到嘉兴南湖的一艘画舫上继续举行,庄严宣告了中国共产党的诞生。这艘画舫因而获得了一个永载中国革命史册的名字——红船,成为中国革命源头的象征。

嘉興南湖の紅船

1921年8月の初め、中国共産党第一次全国代表大会は上海から嘉興に会場を移し、南湖に浮かぶある画舫（遊覧船）で会議を続け、中国共産党の誕生を厳粛に宣言した。それ故、この画舫が「紅船」と呼ばれ、中国の革命史に永遠に残り、中国革命の原点の象徴となっている。

1921年8月初的一天,在烟波浩渺的南湖上,停泊着一艘中型画舫,十多位外地青年从中午11时开始,一直在舫中开会到傍晚6时左右。他们在船上通过了《中国共产党党纲》以及《关于当前实际工作的决议》,选举产生了中央领导机构,庄严宣告了中国共产党的诞生。面对满天风雨阴霾,会议闭幕时他们轻呼出时代的强音:共产党万岁！世界劳工万岁！第三国际万岁！共产主义万岁！一湖烟波,有幸见证了这阴霾中"开天辟地大事变"。

1921年8月初頭のある日、煙波縹渺の南湖の水面に一隻の中型画舫が停泊している。外地からの若者十数人が午前11時から夕方6時までこの画舫の中で会議を続けていた。船上で、『中国共産党綱領』と『当面の実際活動に関する決議』が採択され、党の最高指導機関である中央局が選出され、中国共産党の誕生が厳粛に宣言された。どんよりとした空の下、代表たちは「共産党万歳！世界労働者万歳！コミンテルン万歳！共産主義万歳！」という力強い時代の声をそっと叫んで閉会した。湖に広

がった霧にかすんだ水面は、どんよりとした陰気な天気の中でこの「新天地を切り開く大きな出来事」を幸運にも目撃した。

多年以后,毛泽东这样评价"红船"上的这一幕历史:"自从有了共产党,中国革命的面貌就焕然一新了。"迄今为止,"红船"已接受 2 200 多万人次瞻仰。世界上,能像它一样享有如此尊誉的船,只有打响了"十月革命"第一炮的阿芙乐尔号巡洋舰。正是它的一声炮响,给中国送来了马克思列宁主义。

数年後、毛沢東は「紅船」におけるこの歴史の一幕についてこう評価した。「中国に共産党が生まれてから、中国革命の様相が一新した。」これまで、「紅船」を見学した人は既に2 200万人を超えた。世界中には、これほど高い栄誉を持つ船は、「紅船」をおいて、十月革命の号砲を撃った巡洋艦の「アヴローラ」のみだ。正にこの「アヴローラ」の砲声が中国にマルクス・レーニン主義を送り届けたのだ。

南湖革命纪念馆

为纪念中国共产党第一次全国代表大会在嘉兴南湖胜利闭幕这一重大历史事件,党中央和浙江省委决定成立嘉兴南湖革命纪念馆。1959年10月1日,纪念馆正式成立,在建党90周年前夕,南湖革命纪念馆新馆正式落成。

图 1-3 嘉兴南湖革命纪念馆

砥砺征途(中日对照):革命历史景点故事

南湖革命記念館

　中国共産党第一次全国代表大会が嘉興の南湖で勝利裏に閉幕したという重要な歴史事件を記念するために、中国共産党中央委員会と中国共産党浙江省委員会は嘉興南湖革命記念館の設立を決定した。南湖革命記念館は1959年10月1日に正式に設立され、中国共産党創立90周年を迎えるにあたり、新館が正式に落成された。

　　南湖革命纪念馆新馆由"一主两副"三幢建筑组成,呈"工"字造型,建筑面积19 633平方米,展陈面积达7 794平方米,具有陈列展览、文物库房、多媒体演示、学术报告厅等功能。

　新館は1主棟と2副棟の3つの建物で構成され、片仮名「エ」の形になっている。建築面積は19 633平方メートルで、展示面積は7 794平方メートルである。展示陳列、文物倉庫、マルチメディア展示、レクチャーホールなどの機能を備えている。

　　南湖革命纪念馆新馆展陈内容将分两大篇章:一是"开天辟地",讲述伴随世界资本主义的兴起和对外侵略,鸦片战争以后中国逐步沦为半殖民地半封建社会,中华民族的苦难、抗争,志士仁人救国图存的艰辛探索,主要展示中国共产党早期领导人和"一大"代表们的经历及会议概况,使广大党员、人民群众、社会各界明白中国共产党的诞生和发展壮大是中国近现代史发展的必然结果。

　南湖革命記念館新館の常設展示は二つのセクションに分けている。一つ目は「開天辟地（新天地を切り開く）」と題する展示で、世界資本主義の台頭と対外侵略、アヘン戦争後の中国が次第に半植民地・半封建社会となる過程、中華民族の苦難と闘争、愛国志士たちが祖国を存亡の危機から救うために万難を排して行ったさまざまな模索を語り、主に中国共産党の早期指導者と中国共産党第一次全国代表大会の代表者たちの履歴および大会の概略を展示している。この展示を見ることによって、共産党員、人民大衆、及び社会各界の人々に、中国共産党の誕生と発展が

中国近代史の発展の必然的結果であることを理解させる。

　　二是"光辉历程",以中国共产党建党以后的重要史实为节点,展示党带领全国各族人民艰苦奋斗取得的光辉成就。让参观者能迅即饱览党领导的波澜壮阔、气势磅礴的革命、建设、改革历程,深刻感受到社会主义基本政治制度、中国特色社会主义道路就是中国各族人民的正确选择,是实现民族复兴的必由之路。

　二つ目は「光輝歴程（輝かしい道程）」と題する展示で、中国共産党創立以来の重要な歴史事件を節目とし、党が全国各民族の人民を率いて、困難に満ちた闘争の末に勝ち取った輝かしい業績を展示している。これを通して、見学者に中国共産党の指導のもとでの波瀾万丈で、気勢雄大な革命・建設・改革の歴史を短時間のうちに心ゆくまで見させ、社会主義の基本的政治制度と中国の特色ある社会主義路線こそが、中国各民族人民の正しい選択であり、中華民族の復興を実現するための唯一の正しい道であることを認識させる。

　　整个展陈以"开天辟地——中国共产党诞生"这一历史事件为核心,以党的"一大"为重点,向前延伸至中国近代史,向后延伸至中国当代史。除了照片、文字这些传统的展陈手法之外,新馆更多地运用了雕塑、场景复原、油画、三维立体影像、多媒体系统、触摸屏等新手法进行展陈,生动展示了中国革命的磅礴气势和艰苦卓绝,富有历史的震撼力。

　展示全体は、「開天辟地（新天地を切り開く）——中国共産党の誕生」という歴史事件を中心に、中国共産党第一次全国代表大会を重点とし、前には中国近代史へ、後には中国当代史へと広がっている。新館では、写真や文字などの伝統的な展示方式のほか、彫刻、場面再現、油彩画、3Dホログラム、マルチメディア展示、タッチパネルなどの新方式を併用し、歴史的迫力に満ちた中国革命の波瀾万丈で艱難辛苦の道程を生き生きと示している。

专栏 1：伟大建党精神①

2021年7月1日，习近平总书记在庆祝中国共产党成立100周年大会上的重要讲话中指出："一百年前，中国共产党的先驱们创建了中国共产党，形成了坚持真理、坚守理想，践行初心、担当使命，不怕牺牲、英勇斗争，对党忠诚、不负人民的伟大建党精神，这是中国共产党的精神之源。一百年来，中国共产党弘扬伟大建党精神，在长期奋斗中构建起中国共产党人的精神谱系，锤炼出鲜明的政治品格。历史川流不息，精神代代相传。我们要继续弘扬光荣传统、赓续红色血脉，永远把伟大建党精神继承下去、发扬光大！"

コラム1：偉大な建党精神②

2021年7月1日に、習近平総書記は中国共産党創立100周年祝賀大会における重要演説の中で次のように指摘した。「100年前、中国共産党の先駆者たちが中国共産党を創立し、真理を堅持して理想を守り抜き、初心を貫いて使命を全うし、犠牲を恐れず勇敢に戦い、党に忠誠を尽くして人民の負托に応えるという偉大な建党精神をうち立てた。この精神こそが、中国共産党の精神の源となっている。100年以来、中国共産党は偉大な建党精神を発揚して、長期にわたる奮闘の中で中国共産党員の精神系譜を築き上げ、鮮明な政治的品性を鍛えた。歴史は絶え間なく進み、精神は一世代また一世代と伝わっていく。私たちは、引き続き輝かしい伝統を発揚して、革命の血脈を伝え、偉大な建党精神が永遠に継承されて輝きを増し続けるようにしなければならない。」

伟大建党精神是中国共产党人精神谱系的历史源头。在新民主主义革命时期，中国共产党团结带领人民浴血奋战、百折不挠，推翻了三座大山，

---

① 伟大建党精神：中国共产党的精神之源［EB/OL］.［2022-02-26］.http://www.qstheory.cn/dukan/qs/2021-07/16/c_1127657217.htm.

② 中国共产党中央党史・文献研究院.偉大な建党精神、中国共産党の精神の源［EB/OL］.［2022-02-26］.https://jp.theorychina.org.cn/c/2021-09-01/1417334.shtm.

建立了中华人民共和国,铸就了井冈山精神、长征精神、遵义会议精神、延安精神、红岩精神、西柏坡精神等。

偉大な建党精神は中国共産党人の精神系譜の歴史的源である。新民主主義革命時期、中国共産党が人民を団結させ、率いて、血みどろになって戦い、不撓不屈の精神で、帝国主義、封建主義、官僚資本主義という3つの大きな山を覆し、中華人民共和国が確立され、井岡山精神、長征精神、遵義会議精神、延安精神、紅岩精神、西柏坡精神などが形成された。

社会主义革命和建设时期,党团结带领人民自力更生、发愤图强,确立了社会主义基本制度,推进了社会主义建设,铸就了抗美援朝精神、红旗渠精神、大庆精神和铁人精神、雷锋精神、焦裕禄精神、"两弹一星"精神等。

社会主義革命と建設の時期、党が人民を団結させ率いて、自力更生し富強に努め、社会主義の基本的な制度を確立し、社会主義建設を推し進め、抗米援朝精神、紅旗渠精神、大慶精神と鉄人精神、雷鋒精神、焦裕禄精神、「両弾一星」精神などが形成された。

改革开放和社会主义现代化建设新时期,党团结带领人民解放思想、锐意进取,开创、坚持、捍卫、发展了中国特色社会主义,铸就了特区精神、抗洪精神、抗击"非典"精神、载人航天精神、抗震救灾精神等。

改革開放と社会主義現代化建設の新しい時期、党が人民を団結させ率いて思想を解放し、鋭意進取し、中国の特色ある社会主義を創出し、堅持し、守り、発展させ、特区精神、水害と闘う精神、重症急性呼吸器症候群「SARS」と戦う精神、有人宇宙飛行精神、地震災害救済精神などが形成された。

中国特色社会主义新时代,党团结带领人民自信自强、守正创新,推

动党和国家事业取得历史性成就、发生历史性变革,铸就了探月精神、新时代北斗精神、抗疫精神、脱贫攻坚精神等。

　　中国の特色ある社会主義の新時代、党は人民を団結させ率いて、自信を持って奮励し、正道と革新を重んじ、党と国家の事業を促進し、歴史的重要成果を上げ、歴史的重要な変革を生み出して、月面探査精神、新時代の北斗衛星精神、新型コロナ肺炎と戦う精神、貧困脱却堅塁攻略精神などが形成された。

　　这一系列伟大精神,是中国共产党在完成不同历史任务中弘扬伟大建党精神的具体表现,共同构筑起中国共产党人的精神谱系。

　　この一連の偉大な精神は、中国共産党は異なる歴史的任務を全うする中で、偉大な建党精神を発揚する具現であり、共同で中国共産党人の精神系譜を築きあげたのである。

第二章　江西：革命摇篮　军旗升起

第二章　江西：革命の揺籃の地　軍旗が上がった所

江西,这是一个充满红色记忆和红色传奇的地方。在 16.69 万平方公里的赣鄱大地上,散布着一个个红色的经典称号与地名:中国革命的摇篮——井冈山、军旗升起的地方——南昌、中国工人运动的策源地——安源、共和国的摇篮——瑞金……江西这片红土圣地,到处红旗漫卷、红星闪闪、红歌嘹亮,红色故事口口相传。

江西と言えば、革命の息吹が強く感じられるところであり、革命に関する記憶や伝説がたくさん残されている。総面積16.69万平方キロメートルの贛鄱大地（江西省）には、中国革命史と由緒のある称号と地名があちこちに点在している。中国革命の揺籃——井岡山、軍旗が上がった場所——南昌、中国労働者運動の発祥地——安源、共和国の揺籃——瑞金……江西という赤い聖地の至る所に、赤い旗が風にひらひら翻り、赤い星がキラキラ光り、赤い歌（革命の歌）が高らかに歌われ、赤い（革命）物語が綿々と語り継がれている。

第一节　历史回眸

第一節　歴史の回顧

第一次国共合作和北伐战争

20 世纪 20 年代初,为推翻帝国主义和北洋军阀在中国的统治,正在苦

苦寻找正确革命道路的孙中山,得到了共产国际、苏俄和中国共产党的真诚帮助。他接受共产国际代表马林等人的建议,欢迎中国共产党同他合作,同意共产党以个人身份加入国民党。中国共产党方面也于1923年6月在广州召开第三次全国代表大会,集中讨论了共产党员加入国民党的问题,确立了国共合作的方针。

第一回国共合作と北伐戦争

20世紀20年代初頭、帝国主義列強及び北洋軍閥が中国における支配を覆すために、革命の正しい道を探り続けている孫文がコミンテルン、ソビエトロシアと中国共産党の真摯な援助を受けた。孫文はコミンテルンの代表マーリンらのアドバイスを受けて、中国共産党と力を合わせるという方法を受け入れ、共産党員が個人身分で国民党に参加することに賛成した。中国共産党側も1923年6月に第三次全国代表大会を開き、共産党員が国民党に加入する問題について集中的に討議し、国共合作の方針を正式に決めた。

1924年1月,中国国民党第一次全国代表大会在广州召开,李大钊、毛泽东等共产党员也参加了会议。大会事实上确立了"联俄、联共、扶助农工"的三大政策,第一次国共合作正式形成。国共合作实现后,国共两党以广东为革命基地,于1926年7月开始了以推翻军阀黑暗统治、打破帝国主义国家对中国的政治军事控制,使中国人民摆脱苦难为目的的北伐战争。

1924年1月、中国国民党第一次全国代表大会が広州で開催され、李大釗、毛沢東らの共産党員も会議に列席した。大会では「連ソ・連共・扶助工農」（ソ連と提携し、共産党と提携し、労働者と農民を支援する）の三大政策が事実上に確立され、第一次国共合作が正式に結成された。国共合作が成立した後、国共両党は広東を革命基地として、1926年7月から軍閥の暗黒な統治を打倒し、帝国主義国家が中国に対する政治的・軍事的支配を排除し、中国人民を苦難から逃れさせることを目的とする北伐戦争を始めた。

第一次国共合作的破裂和四一二反革命政变

　　北伐战争得到了全国人民的热烈拥护和支持,出师不到十个月就消灭了军阀吴佩孚、孙传芳的主力部队,占领了长江以南的大部分地区,沉重打击了封建军阀和帝国主义在中国的统治。特别是叶挺领导的、以共产党员为主力的第四军独立团冲锋在前,英勇无比,为第四军赢得了"铁军"称号。

第一次国共合作の決裂と四一二反革命政変

　　北伐戦争は全国人民の手厚い支持を得た。出兵して10カ月も足らないうちに、軍閥呉佩孚、孫伝芳の主力部隊を滅ぼし、長江以南の大部分の地方を占領し、封建軍閥と帝国主義が中国で行っていた統治に大きな打撃を与えた。特に葉挺が率いた共産党員を主力とした第四軍の独立団が真っ先に突撃し、その勇敢な戦いぶりで「鉄軍」の称号を得た。

　　但是,随着形势的发展,国民党右派敌视共产党,破坏国共合作的面目日益暴露出来。1927年4月12日,蒋介石在上海发动反革命政变,300多名共产党员和革命群众被杀,500多人被捕,5 000多人失踪。随后,江苏、浙江、安徽、福建、广东、广西等省都发生了屠杀共产党人和革命群众的惨案。4月18日,蒋介石在南京另行成立"国民政府"。7月15日,以汪精卫为首的武汉国民政府也背叛了革命,大规模逮捕杀害共产党人。至此,第一次国共合作彻底破裂,大革命宣告失败,中国出现了白色恐怖的局面。

　　しかし、情勢の発展にしたがい、国民党右翼が共産党を敵視し、国共合作を破壊しようとする顔つきがますます明るみに出た。1927年4月12日、蒋介石が上海で反革命クーデターを起こし、300余名の共産党員と革命大衆を殺害し、500余人を逮捕した。それで失踪した人は5 000人にものぼった。その後、江蘇、浙江、安徽、福建、広東、広西などの省で共産党員と革命大衆が虐殺された惨事が相次いで起きた。4月18日、蒋介石は南京で新たに「国民政府」を樹立した。7月15日、汪精衛を初めとする武漢国民政府も革命を裏切り、数多くの共産党員を逮捕・殺害した。これにより、第一次国共合作が徹底的に決裂し、大革命（国共合作を基礎とする国民革命）が失敗に終わった。中国の大地が白色テロの局

面に陥った。

南昌起义

面对国民党的白色恐怖,中国共产党人为挽救革命进行了英勇顽强的斗争。1927年8月1日,周恩来、贺龙、叶挺、朱德、刘伯承等发动并领导了南昌起义。经过4个多小时的激战,起义军打败了国民党的军队,占领了南昌。随后,起义军根据中央的计划撤离南昌,向广东进军,准备重建广东革命根据地。这一计划由于受到敌人的围攻而失败。南昌起义打响了武装反抗国民党反动派的第一枪。南昌城头的枪声,像划破夜空的一道闪电,标志着中国共产党独立领导革命战争、创建人民军队和武装夺取政权的开端。

南昌蜂起

国民党の白色テロに面し、中国共産党員は革命を挽回するために、勇敢に、粘り強く戦った。1927年8月1日、周恩来、賀龍、葉挺、朱徳、劉伯承らの指導の下で、南昌蜂起が勃発した。4時間も続いた激戦で、蜂起軍は国民党の軍隊を打ち破り、南昌を占領した。その後、中国共産党中央の計画にしたがい、蜂起軍は南昌を撤退して、広東に進み、広東革命根拠地を再建しようとした。しかし、敵軍の包囲攻撃を受けたため、計画が失敗した。南昌蜂起は国民党反動派に反抗する最初の銃声を打ち鳴らした。南昌の城壁に響き渡った銃声は、闇夜を引き裂く稲妻のように、中国共産党が自ら指導する人民軍隊を創設し、独立して革命戦争を指導し、武装手段で政権を奪い始めることを宣言した。

八七会议

1927年8月7日,中共中央在湖北汉口俄租界三教街41号(今鄱阳街139号)召开紧急会议,即"八七会议"。会议纠正了陈独秀的右倾机会主义错误,确立了开展土地革命和武装反抗国民党反动派的方针,决定在湖南、湖北、江西、广东四省举行秋收起义。出席这次会议的毛泽东在发言中强调:"以后要非常注意军事。须知政权是由枪杆子中取得的。"八七会议是一个转折点,为中国革命指明了新的方向,在中国共产党的历史上有重要意义。

八七会議

1927年8月7日、中国共産党中央委員会が湖北省漢口ロシア租界三教街41号（現在鄱陽湖街139号）で緊急会議を開催し、「八七会議」と呼ばれている。会議では、陳独秀の右翼日和見主義路線を是正し、土地革命と武装闘争で国民党反動派に対抗する方針を確立した。更に湖南省、湖北省、江西省、広東省の四省で秋収蜂起を行うことを決定した。会議に出席した毛沢東はその発言の中で、「今後、軍事に注意し、政権は銃口から生まれるものだと認識するように」と強調した。「八七会議」は中国革命が新たな方向に走り出すターニングポイントであり、中国共産党の歴史において重要な意義を持っている。

秋收起义与井冈山会师

八七会议后，1927年9月9日，毛泽东领导了湘赣边界秋收起义，将参加秋收起义的5 000余人组建为"工农革命军第一军第一师"，第一次公开打出"工农革命军"的旗帜。9月29日，毛泽东领导起义军在江西省永新县三湾村进行了著名的三湾改编，将党的支部建在连上，确立了党对军队的领导。10月，毛泽东带领起义军在湖南、江西两省边界罗霄山脉中段的井冈山建立了第一个农村革命根据地。1928年4月下旬，朱德、陈毅率领南昌起义保留下来的部队和湘南起义的部队来到井冈山，与毛泽东领导的工农革命军会师，成立工农革命军第四军(后改称"工农红军第四军")，朱德任军长，毛泽东任党代表。从此，他们领导的军队被称为"朱毛红军"。毛泽东、朱德在连续打退湘赣两省国民党军队的进攻中，总结出"敌进我退，敌驻我扰，敌疲我打，敌退我追"的游击战术。井冈山会师壮大了井冈山的革命武装力量，对巩固扩大全国第一个农村革命根据地，推动全国革命事业的发展，具有深远的意义。

秋收蜂起と井岡山合流

「八七会議」の後、1927年9月9日、毛沢東は湖南と江西の境界で「秋収蜂起」（秋収は秋の収穫）を起こした。そして、蜂起に参加した5 000余人を工農革命軍第一軍第一師を編成し、初めて「工農革命軍」の軍旗を掲げた。9月29日、毛沢東は江西省永新県三湾村において蜂起軍の改

編を行い、これが有名な「三湾改編」である。この改編により、連隊まで共産党の支部を置き、軍に対する党の絶対的指導権を確立した。10月、毛沢東は蜂起軍を率いて湖南省と江西省の境界に横たわる羅霄山脈の中ほどに位置する井岡山で最初の農村革命根拠地を築いた。1928年4月下旬、朱徳、陳毅らは南昌蜂起の残存部隊と湘南蜂起（湖南省宜章で起こした蜂起）の部隊を率いて江西省井岡山にたどり着き、毛沢東が指導する工農革命軍と合流し、「井岡山会師」を実現した。合流した両軍は、新たに工農革命軍第四軍（のち「中国工農紅軍第四軍」と称される）を再編成し、毛沢東が党代表、朱徳が軍長に就任した。その後、彼ら二人が指導した軍隊は「朱毛紅軍」と呼ばれていた。毛沢東と朱徳は湖南・江西の国民党軍の攻撃を次々と勝ち抜き、「敵が進めば我は退き、敵が止まれば攪乱し、敵が疲れれば討ち、敵が退けば我は進む」という遊撃戦術をまとめた。この合流により、井岡山の革命武装が強大になり、また中国初の農村革命根拠地を固め拡大し、全国の革命事業の発展を促す上で深遠な意義があった。

中华苏维埃共和国的成立

随着斗争的发展，党创建了江西中央革命根据地和湘鄂西、海陆丰、鄂豫皖、琼崖、闽浙赣、湘鄂赣、湘赣、左右江、川陕、陕甘、湘鄂川黔等十余处根据地，得到广大农民的热烈支持和拥护。农民以参加红军为荣，红军规模增加到30万人。毛泽东、朱德领导的红军在连续粉碎敌人的"围剿"中，形成了"避敌主力、诱敌深入、集中优势兵力、各个歼灭敌人"的战略战术思想。

中華ソビエト共和国の成立

闘争の発展にしたがい、共産党が江西中央革命根拠地を初め、湘鄂西（湖南・湖北省西部）、海陸豊（広東省の海豊・陸豊）、鄂豫皖（湖北・河南・安徽省）、瓊崖（海南島）、閩浙贛（福建・浙江・江西省）、湘鄂贛（湖南・湖北・江西省）、湘贛（湖南・江西省）、左右江（広西の左江・右江）、川陝（四川・陝西省）、陝甘（陝西・甘粛省）、湘鄂川黔（湖南・湖北・四川・貴州省）など、全国で十数カ所の農村革命根拠地を樹立した。そして、農民たちの手厚い支持を受けた。農民たちは紅軍に参加するこ

とを栄誉に思い、紅軍の規模が30万人ほどにまで拡大した。毛沢東と朱徳は紅軍を率いて国民党による「包囲討伐」を次々と粉砕していった中で、「敵の主力を回避し、敵をより深く誘い、優れた力に集中し、敵を個々に殲滅する」という戦略戦術思想を形成した。

　　1931年11月7日,就在俄国十月革命14周年纪念日的同一天,中华苏维埃第一次全国代表大会在江西瑞金召开,宣布成立中华苏维埃共和国临时中央政府,定都瑞金;选举毛泽东为中央执行委员会主席和中央执行委员会人民委员会主席,朱德为中央革命军事委员会主席。中华苏维埃共和国是中国历史上第一个全国性的工农民主政权,它的成立谱写了中国共产党领导的革命根据地建设和红色政权建设的新篇章。

　1931年11月7日、ちょうどロシア十月革命14周年を迎える日に、中華ソビエト第一回全国代表大会が江西省瑞金で開かれ、中華ソビエト共和国臨時中央政府の成立を宣言し、瑞金を首都とした。毛沢東が中央執行委員会主席と中央執行委員会人民委員会主席に選ばれ、朱徳が中央革命軍軍事委員会主席に選ばれた。これによって、中国史上初めての全国的な労農民主政権が樹立され、中国共産党が指導する革命根拠地建設と赤色政権の建設に新たな一ページを刻んだ。

第二节　红色故事

第二節　革命物語

一盏马灯照亮"红带兵"起义之路

　　"八一大天亮,老百姓早起床,昨夜晚机关枪,其格格其格格响啊,它是为哪桩?原来是共产党武装起义,原来是红带兵解决了国民党!"南昌起义胜利后,有这样一首脍炙人口的歌谣——《八一起义歌》在民间广为流传。歌谣中所提到的"红带兵"究竟是怎么一回事呢?

一つのカンテラが「赤帯兵」の蜂起の道を照らし出す

　　「八月一日の朝、南昌の百姓は早起きし、昨夜機関銃の音がダッダッ

ダと響き渡り、あれは一体何なんだろう。なんと、共産党が武装蜂起して、赤帯兵が国民党軍をやっつけたんだ。」南昌蜂起の勝利後、人口に膾炙する一曲の歌謡が民間に広く伝わった。それが上記の『八一蜂起歌』なのだ。さて、歌謡の中にある「赤帯兵」とは一体誰のことだろうか。

众所周知,每一支军队都会有他们独有的标识,这些标识包括军服、军徽、肩章、领章、军旗以及武器装备等,为的就是到战场上进行交战时敌我识别以及日常的正规化管理。1927年,参加南昌起义的部队主要有贺龙率领的国民革命军第二十军、叶挺率领的第十一军第二十四师以及朱德率领的第三军军官教育团部分学生和南昌公安局的两个保安队,再加上蔡廷锴的第十师以及在起义后赶到南昌的第四军第二十五师。当时这些参加起义的部队大部分名义上还为国民革命军,和敌军一样的穿着国民革命军军服。

周知のように、どの軍隊にも自分たちにしかない独特な標識がある。これらの標識には軍服や徽章、肩章、襟章、そして軍旗や武器装備なども含まれており、戦場で交戦する時の敵味方の識別、及び日常の正規化管理に役立つものであった。1927年、南昌蜂起に参加した部隊は主として賀龍が率いる国民革命軍第二十軍、叶挺が率いる第十一軍第二十四師及び朱德が率いる第三軍軍官教育団の一部の学生と南昌公安局の二つの警察隊であり、それに加えて、蔡廷鍇の第十師と蜂起直後に南昌に到着した第四軍第二十五師も蜂起に加わった。当時、蜂起に参加した部隊のほとんどは名目上には、依然として国民革命軍で、敵軍と同じ国民革命軍の軍服を着ていた。

由于南昌起义是在秘密的情况下举行的,为保证战斗能顺利打响,起义时间确定在夜间进行。如何保证起义战士们在夜间也能准确辨认敌我？佩戴既醒目又秘密的标识就显得极为重要。

南昌蜂起が秘密裏に行われることになったので、戦闘計画が順調に進められるように、蜂起の開始時間を夜に決定した。しかし、暗闇の中で、どうすれば敵味方の識別が確保できるのだろうか。夜間に目立ち、

その上、秘密の標識をつけることが極めて重要なこととなった。

于是,胸前佩戴红色领带、左臂扎白毛巾、马灯和水壶上贴上红十字成为了起义时战士们辨别敌我的关键。选择红、白两色作为标识颜色,是因为这两种颜色在夜间特别醒目;而选择这几样标识物,则因为它们都便于携带、便于隐藏、便于佩戴。除此之外,起义军标识还拥有深刻的寓意:红色领带代表着与旧时代的决裂,象征一支红色的军队;马灯是夜间照明工具,预示着南昌起义即将照亮中国革命的新方向。也正因为起义军都佩戴着红领带,当时的南昌老百姓都亲切地称呼他们为"红带兵"。时至今日,《八一起义歌》仍在全国被传唱。

それで、胸に赤いネクタイをしめ、左腕に白いタオルをつけ、カンテラと水筒に赤十字を貼ることは決起時に兵士たちが敵味方を判断する標識となった。赤と白を標識用の色に選定したのは、この二つの色が夜でもとても目立つからであり、また、上記の標識物を選んだのはいずれも携帯しやすい、隠しやすい、そしてつけやすいというメリットを持っていたからである。そのほかに、蜂起軍の標識は深い寓意が含まれていたのである。赤いネクタイは旧時代との決裂を表すと同時に、蜂起軍が赤い軍隊、革命の軍隊であることを象徴した。一方、カンテラは夜間の照明器具で、南昌蜂起が必ずや中国革命の歩むべき新方向を照らし出すのだと予言していた。蜂起軍が全員赤いネクタイをしめていたので、南昌の人々に親しみをこめて「赤帯兵」と呼ばれていた。今日になっても、『八一蜂起歌』はなお全国で歌い継がれている。

八角楼的灯光
八角楼位于江西井冈山茅坪村,是毛泽东1927年10月至1929年1月期间经常居住和办公的地方,因为屋顶有一个八角形的天窗,故称为"八角楼"。在八角楼,毛泽东当年借着清油灯一根灯芯的微弱灯光,写下《中国的红色政权为什么能够存在?》《井冈山的斗争》两篇重要著作。

八角楼の灯り
八角楼は江西省井岡山茅坪村にあり、1927年10月から1929年1月まで

の間に、毛沢東がもっとも長く居住し仕事をした場所である。天井に八角形の窓が一つあるから、「八角楼」と呼ばれている。この八角楼の中で、毛沢東は当時、菜種油ランプの灯芯が放つ微かな灯りを借りて、『中国の赤色政権はなぜ存在することができるのか?』『井岡山の闘争』という二つの重要な著作を書きあげた。

　　这两篇著作第一次提出了实行工农武装割据、建立革命红色政权的思想,成为"农村包围城市、武装夺取政权"这条中国革命道路的理论发端,指引中国革命万里征程。这两篇著作的背后,是毛泽东"上山"的心路历程,对毛泽东来说,"上山"这条路是被迫的,是艰难的,也是积极努力的探索。

毛沢東はこの二つの著作の中で、工農武装割拠を実行して、革命の赤色政権を樹立する思想を初めて提起した。これが後に「農村から都市を包囲し、武力で権力を奪取する」という中国革命道路に関する理論の発端となり、中国革命の万里の道程を導いている。この二つの論著から毛沢東が「井岡山に上る」までの思想変遷のプロセスが窺い知れる。毛沢東にとって、「井岡山に上る」ことはやむを得ない選択であり、苦難に満ちた道路であると同時に、積極的な模索でもあった。

　　1927年9月9日,毛泽东以前敌委员会书记的身份在湖南发动了秋收起义,但由于敌我力量悬殊,起义后按上级要求攻打长沙的计划严重受挫。秋收起义失败后,毛泽东把部队撤到湖南浏阳文家市,摆在毛泽东面前的严峻问题是:把剩下的人带到哪里去? 中国革命向何处去?

1927年9月9日、毛沢東は前敵委員会書記の身分で湖南省で秋収蜂起を起こした。しかし、敵軍と自軍との間に、軍事力があまりにもかけ離れていたので、蜂起した後、長沙攻撃という上級の命令を実行したが、ひどい挫折に終わった。秋収蜂起が失敗した後、毛沢東は部隊を湖南省瀏陽の文家市に撤退させた。しかし、毛沢東は目の前に厳しい問題を突きつけられた:残った人たちをどこに連れていこうか? 中国革命はどの方向に進むべきか?

第二章　江西：革命摇篮　军旗升起

毛泽东带着队伍，走上崎岖的山路，来到了井冈山，开始创建井冈山革命根据地。但上山这条路走得很突然，许多人思想一时转不过来。弱小的红军经常面临敌军频繁的军事"会剿"和严密的经济封锁，井冈山斗争遇到了极大困难。不少人感到革命前途渺茫，南昌起义失败了，秋收起义失败了，广州起义也失败了……井冈山能待下去吗？"红旗到底打得了多久"的疑问不断出现。

毛沢東は部隊を率いて、凸凹で険しい山路を進み、井岡山に辿り着いた。そこで井岡山革命根拠地の開拓に取り組んだ。しかし、「井岡山に上る」という突然の決定に対して、多くの人は最初の頃、納得が行かなかった。力の弱い紅軍が敵軍による頻繁な軍事「討伐」を受けた一方、厳しい経済封鎖にもあったので、井岡山の闘争は極めて困難な状況に遭遇した。中国革命の前途が渺茫たるものであると思っていた人は数少なくなかった。南昌蜂起が失敗し、秋収蜂起が失敗し、広州蜂起もまた失敗に終わり……井岡山の闘争は長く続けられるだろうか。また、中国革命の「赤旗はいつまで掲揚できるだろうか。」との疑問が絶えず聞こえてきた。

为从理论上阐明中国革命发展的道路，毛泽东观察形势、总结经验，深入研究思考红色政权理论。山沟沟里的夜晚，八角楼上亮起了一盏灯，毛泽东坐在油灯前通宵达旦地奋笔疾书。

中国革命の歩むべき道を理論的に解明するため、毛沢東は当時の情勢を慎重に観察し、これまでの経験を系統的に総括し、赤色政権の理論を深く研究し思考した。山奥の夜に、八角楼には一つの灯りが灯った。毛沢東は油灯の前に座り、徹夜で筆をふるった。

1928年10月，毛泽东为中共湘赣边界第二次代表大会起草了会议决议，《中国的红色政权为什么能够存在？》是决议的一部分。毛泽东总结了一年来创建井冈山革命根据地的实践经验，透彻地分析了中国国内的政治形势，从五个方面回答了红色政权能够长期存在并发展的原因。1930年1月，

毛泽东在总结井冈山革命斗争经验的基础上撰写了《星星之火，可以燎原》，明确提出中国革命必须走"农村包围城市、武装夺取政权"道路，并充满诗意地豪迈指出，中国的革命高潮快要到来了。

　　1928年10月、毛沢東は中共湘（湖南省）贛（江西省）辺界第二次代表大会のために会議の決議を起草した。『中国の赤色政権はなぜ存在することができるのか？』はその決議の一部分である。毛沢東は過去一年間、井岡山革命根拠地を建設する実践的経験を総括し、中国国内の政治情勢を徹底的に分析し、五つの方面から赤色政権が長期的に存在し、そして絶えず発展することができる原因を説明した。1930年1月、毛沢東は井岡山で繰り広げられた革命闘争の経験をまとめ、『小さな火花も広野を焼きつくす』を執筆した。中国革命が「農村から都市を包囲し、武力で政権を奪取する」道を歩むべきだと明確に指摘した上で、中国革命のクライマックスが間もなくやってくると詩情豊かで、豪邁に展望した。

朱德的扁担
　　1928年11月中旬，由于湘赣两省国民党军的严密封锁，井冈山根据地同国民党统治区几乎断绝了一切贸易往来，根据地军民生活十分困难，食盐、棉布、药材以及粮食奇缺。红军官兵一日三餐大多是糙米饭、南瓜汤，有时还吃野菜。严冬已到，战士们仍然穿着单衣。

朱徳の天秤棒
　　1928年11月中旬、湖南省と江西省二省の国民党軍による厳しい封鎖を受けたため、井岡山根拠地は国民党支配地域との貿易や人的往来がほぼ断絶し、根拠地内の軍民の生活はとても困難で、食塩、綿布、薬品、食糧等は大変不足していた。紅軍将士の一日三食は雑穀の紅米飯とカボチャスープが常食で、時には山菜などを食べていた。厳冬になっても、兵士たちは依然として単衣のものを着ていた。

　　为解决根据地军民的粮食问题，红四军司令部发起"挑谷上坳"运动。

从井冈山上到山下宁冈的茅坪,上下足有五六十里路,山又高,路又陡,着实难走。那年,朱德已经40多岁了但他总是跟着大家一道去挑粮,而且每次都是挑得满满的。大家看到朱军长夜里计划作战大事,白天还要参加劳动,担心累坏了他,就把他的扁担藏了起来。哪知道朱军长却另找来了一根扁担,在扁担的正中,写上了"朱德的扁担"五个大字。

根拠地の軍民の食糧問題を解決するためには、紅軍第四軍司令部は「食糧を山へ担ぎ上げよう」と兵士たちに呼びかけた。井岡山の上から麓の寧岡県茨坪まで山を下り、正に50～60里（一里は500メートル）あり、山が高く、道が険しく、実に歩き難かった。その年、朱徳はすでに40歳を超えていたが、いつも兵士たちと一緒に天秤棒で食糧を山まで担いでいた。しかも、毎回、籠いっぱいの食糧を担いでいたのである。兵士たちは朱軍長が夜に重要な作戦を計画し、昼間にまた厳しい労働に参加するのを見て、朱軍長が疲れて体を壊してしまわないかと心配し、食糧を担ぎ上げることなどさせてはならないと思い、朱徳の天秤棒を隠した。ところが、朱軍長がよそから新しい天秤棒を探してきた。そして兵士たちが持って行かないように天秤棒に「朱徳的扁担（朱徳の天秤棒）」という五つの文字を書いた。

从此,朱德的扁担再没有人"偷"了。井冈山军民为了永远纪念朱德这种身先士卒、艰苦奋斗的精神,专门编了一首歌赞颂他:"朱德挑谷上坳,粮食绝对可靠,大家齐心协力,粉碎敌人'围剿'"。

それ以降、朱徳の天秤棒は二度と「盗まれる」ことがなかった。井岡山の軍民は朱徳のこのような兵士たちの先頭に立ち、刻苦奮闘の精神を永遠に記念するため、朱徳を称える歌を作った。「朱徳も食糧を担いでいるし、我々の食糧は絶対に問題なし。みんな力を合わせて、敵軍の"包囲討伐"を粉砕しよう」。

红井的故事:吃水不忘挖井人

在瑞金城外的沙洲坝,有一口中央苏区时期,毛泽东亲自带领干部群众

开挖的水井,当地人亲切地称它是"红井"。这口井直径 85 厘米,深约 5 米,井壁用鹅卵石砌成。红井至今还能使用,打上来的水清凉甘甜。但是在二十世纪三十年代,沙洲坝人能喝上一口这样的井水,却是件难事。那时,沙洲坝不仅无水灌田,就连群众喝水也非常困难。1933 年 4 月,中华苏维埃共和国临时中央政府搬到沙洲坝办公后,毛主席偶然发现了这个问题。

「紅井」の話：水を飲む時、井戸を掘った人を忘れない！

瑞金城外の沙洲壩という村には、中華ソビエト共和国の時期に、毛沢東が自ら党の幹部と村の人たちを率いて掘った井戸があり、地元の人々に親しみを込めて「紅井」と呼ばれている。この井戸は直径85センチ、深さが約5メートル、内壁が丸い小石で作られている。「紅井」は今でも利用されており、そこから汲み取った水は、清らかでほのかな甘味を帯びている。ところが、20世紀30年代には、沙洲壩の人々にとって、このような良質の水を飲むことは困難極まりないことであった。その頃、沙洲壩は水田灌漑どころか、日々の飲み水にさえ困っていたのだ。1933年4月、中華ソビエト共和国臨時中央政府が沙洲壩に移り、毛沢東主席が偶然に村人たちのこの飲み水問題に気付いた。

一天,毛主席看见一个老乡挑着浑浊的水往家里走,就问:"老乡,这水挑来做什么用呀?"老乡回答说:"吃呀!"毛主席疑惑地问:"水这么脏,能吃吗?"老乡苦笑着说:"没法子,再脏的水也得吃呀!"毛主席又问:"是从哪里挑的?"老乡回答:"从塘里挑的。"毛主席请老乡带他去看看。走了一阵,只见一个不大的水塘,杂草丛生,池水污浊。全村人洗衣、洗菜、吃水全在这里。毛主席关切地问:"能不能到别处挑水吃?"老乡摇摇头,说:"我们沙洲坝就是缺水呀!挑担水要走好几里路。"毛主席皱了皱眉头,若有所思地走了。

ある日、毛沢東主席は一人の村民が天秤棒で濁った水を担いで家に向かって歩いているのを見た。毛主席は「あの、お百姓さん、この水を家まで担いで何をするのか。」と尋ねた。この村民は「飲むよ！」と答えた。毛主席は「こんな汚い水、本当に飲めるのか」と不思議そうに聞い

第二章　江西：革命摇篮　军旗升起

た。村民は苦笑いを浮かべながら、「しようがないさ。どんなに汚くても、この水を飲むしかないよ！」と言った。毛主席は続けて「どこから担いできたのか」と尋ねた。「あそこの池からだよ」と村民が答えた。毛主席はこの村民に池まで案内してもらった。しばらく歩くと、それほど大きくない池が見えてきた。その周りには雑草が生い茂り、池の水は汚れていた。それにも関わらず、村人たちは洗濯、炊事及び飲み水を全てこの池に頼っていた。「別の所から水を担ぐことはできないのか？」と、毛主席は親しみを込めて尋ねた。この村民は頭を左右に振りながらこう言った。「わが沙洲壩は水不足が深刻だ！きれいな水を担ぐには、何キロもの道を歩かなければならない」と答えた。これを聞いて、毛主席は眉をひそめ、何か考え事をしながら歩いて行った。

　　毛主席找来村里人一起商量挖水井的事。当井位确定后,毛主席挽起衣袖,卷起裤腿,带头挖了起来。于是,大伙挖的挖,铲的铲,干得热火朝天。在挖井的日子里,毛主席和临时中央政府的其他领导人,一有空就到工地参加劳动。经过十几天的奋战,水井挖成了,沙洲坝的人民终于喝上了清澈甘甜的井水。群众激动地说:"我们从来没有喝过这么甜的水,毛主席真是我们的大恩人哪!"新中国成立以后,沙洲坝人民在井旁立了一块石碑,上面刻着:"吃水不忘挖井人,时刻想念毛主席!

　毛主席は村人たちと会って、みんなと一緒に井戸を掘ることを相談した。井戸を掘る場所を決めてから、毛主席は袖を捲り、ズボンの裾を巻きあげて、率先して井戸を掘り始めた。そこで、みんなで井戸を掘るやら、土を運ぶやら、工事現場では熱気に満ちていた。井戸を掘っている間、毛主席と臨時中央政府のその他の指導者たちは、時間があると、工事現場に来て働いていた。十数日の奮戦を経って、井戸が出来上がった。沙洲壩の人々はやっと清らかで甘い井戸水を飲めるようになった。村人たちは感激して「我々は今までこんな甘い水を飲んだことはなかった。毛主席は本当に我々の大恩人だ！」と言った。中華人民共和国が成立した後、沙洲壩の人々は井戸の傍に一つの石碑を立てた。その表面には次のような言葉が刻まれている。「吃水不忘挖井人，时刻想念毛主

· 49 ·

席！(水を飲む時、井戸を掘った人を忘れない。いつも毛主席を懐かしむ！)」

方志敏与《可爱的中国》

方志敏是早期中国革命的领导人之一,1899年生于江西省弋阳县一个世代务农之家,1924年3月加入中国共产党。他是赣东北革命根据地和红军第十军的主要创建人。他"两条半枪闹革命"开创的革命根据地,被毛泽东评价为"方志敏式"的农村革命根据地。

方志敏と『愛すべき中国』

方志敏は中国革命の初期指導者の一人である。1899年に江西省弋陽県の何代も続く農家に生まれ、1924年3月に中国共産党に入党した。方志敏は贛(江西省)東北革命根拠地と紅軍第十軍の主要な創設者である。彼は「二丁半の銃で革命を起こし」、樹立した革命根拠地が毛沢東に「方志敏式」の農村革命根拠地と評価された。

中央红军开始长征以后,方志敏担任了中国工农红军北上抗日先遣队随军政治委员会主席。1935年1月,组成北上抗日先遣队的红十军团在通过怀玉山封锁线时陷入敌人的重围之中,部队被敌人截成了两截。方志敏率领的800余人冲出了包围圈,却发现大部队没有跟上来。作为主要领导的方志敏提出要去寻找被围的部队。另一位负责人说:"你是主要领导,还是让我去吧！"方志敏说:"不行！我没有理由留在这里,我要把战士们带出来！"

中央紅軍が長征を始めてから、方志敏は中国工農紅軍北上抗日先遣隊の従軍政治委員会主席を務めた。1935年1月、北上抗日先遣隊を編成した紅軍第十軍団は安徽省南部の懐玉山封鎖線を通るとき、敵軍の重囲に陥り、部隊が敵軍に二つに切り離された。方志敏は800人余りの兵士を率いて包囲網を突破したが、大部隊がついてこなかったことに気づいた。主要指導者である方志敏は包囲された部隊を探しに行くと提起したが、もう一人の責任者が「あなたは主要指導者です。やはり私が行きま

第二章　江西：革命摇篮　军旗升起

しょう！」と言った。方志敏は「それはだめだ。私がここに留まる理由はない。私は兵士たちを引き連れて出てくるぞ！」と決意した。

1935年1月24日，由于叛徒出卖，方志敏在皖浙赣交界处的陇首村不幸被捕。国民党反动派抓住了方志敏，千方百计想劝降方志敏。劝降失败后，他们开始残酷地折磨方志敏，然而方志敏忍受着巨大的疼痛，毫不动摇。1935年8月6日，方志敏在南昌被国民党反动派杀害，年仅36岁。

1935年1月24日、裏切り者の売り渡しにより、方志敏は皖浙贛（安徽省・浙江省・江西省）三省が境を接するところにある隴首村で不運にも捕らわれてしまった。国民党反動派は方志敏を捕らえてから、彼を投降させようと、あらゆる手段を講じた。投降の説得に失敗した後、彼らは残酷な拷問で方志敏を痛めつけるようになった。しかし、方志敏は痛烈な痛みに耐え、少しも動揺しなかった。1935年8月6日、方志敏は南昌で国民党反動派に殺害され、僅か36歳の若さで革命に命を捧げた。

在极为艰苦的条件下，方志敏饱含激情和对党的忠诚，在敌人的牢房里写下了《可爱的中国》《清贫》等作品。在《可爱的中国》中，方志敏将祖国称作"美丽的母亲，可爱的母亲"，在文末，他写出了中国革命的光明前景："中国一定有个可赞美的光明前途……到那时，到处都是日新月异的进步，欢歌将代替了悲叹，笑脸将代替了哭脸，富裕将代替了贫穷，健康将代替了疾苦，智慧将代替了愚昧，友爱将代替了仇杀，生之快乐将代替了死之悲哀，明媚的花园，将代替了凄凉的荒地！"

苛酷な条件にも関わらず、方志敏は溢れんばかりの情熱と中国共産党に対する忠誠をもって、敵の牢獄の中で『愛すべき中国』や『清貧』などの作品を書きあげた。この『愛すべき中国』の中で、方志敏は祖国を「美しき母親、愛すべき母親」と称えている。文章の最後に、彼は中国革命の明るいビジョンを次のように描いている。「中国には必ず称賛されるべき明るい未来がある……その時になれば、どこに行っても日進月歩の進歩が見られ、悲嘆が歓歌に、泣顔が笑顔に、貧困が富裕に、疾苦

が健勝に、愚昧が叡智に、殺戮が友愛に、死の悲しみが生きる喜びに、うら寂しい荒地が光り煌く花園に取って代わられるに違いない。」

第三节　红色景点

第三節　紅色観光スポット

南昌"八一"起义纪念馆

　　南昌八一起义纪念馆坐落在江西省南昌市西湖区中山路380号，占地面积5 903平方米，是为纪念南昌起义而设立的专题纪念馆。1956年，南昌八一起义纪念馆筹备处成立，1959年正式对外开放，1961年被国务院公布为全国首批重点文物保护单位，所辖五处革命旧址分别是：总指挥部旧址、贺龙指挥部旧址、叶挺指挥部旧址、朱德军官教育团旧址和朱德旧居。

图2-1　南昌"八一"起义纪念馆

南昌「八一」蜂起紀念館

　　南昌「八一」蜂起記念館は江西省南昌市西湖区中山路380号に位置し、敷地面積は5 903平方メートルで、南昌蜂起を記念するために設立された特別記念館である。1956年、南昌「八一」蜂起記念館の建設事業が始められ、1959年に正式に一般公開された。1961年、南昌「八一」蜂起記念館は国務院によって第一陣「全国重点文物保護単位」に指定され、

総指揮部旧址、賀龍指揮部旧址、叶挺指揮部旧址、朱徳軍官団教育旧址及び朱徳旧居という5つの革命旧址からなっている。

南昌起义总指挥部旧址位于南昌中山路和胜利路交叉处的洗马池,是一座灰色的五层大楼,原为"江西大旅社",是当时南昌城内首屈一指的旅社,共有96个客房。1927年7月下旬,贺龙领导的起义部队到达南昌,包下这个旅社,在喜庆厅召开会议,成立了以周恩来为书记的中共前敌委员会。"江西大旅社"成了南昌八一起义的总指挥部。1957年,在八一起义总指挥部旧址上兴建立了"南昌八一起义纪念馆",纪念馆大门上悬挂着陈毅元帅手书的"南昌八一起义纪念馆"匾额。

南昌蜂起総指揮部旧址は南昌市中山路と勝利路の交差点にある洗馬池に位置し、灰色の五階建ての建物である。もともとは「江西大旅社」というホテルで、当時南昌一の規模を誇るホテルとして、96のゲストルームもあった。1927年7月下旬、賀龍が率いた蜂起部隊は南昌に到着してから、このホテルを借り切り、その「喜慶庁」で会議を開き、周恩来を書記とする中国共産党前敵委員会を組織した。そのため、「江西大旅社」は南昌八一蜂起の総指揮部となった。1957年、八一蜂起総指揮部旧址を基にして「南昌八一蜂起記念館」を築き上げた。記念館の入り口には陳毅元帥によって書かれた「南昌八一蜂起記念館」の扁額がかかっている。

南昌八一起义纪念馆采用现代化的高科技展示手段,全面、生动地展现了周恩来、贺龙、叶挺、朱德、刘伯承等老一辈无产阶级革命家领导南昌起义、同国民党反动派浴血奋战的情景。时任中共中央总书记江泽民为南昌八一起义纪念馆题字:"军旗升起的地方"。

南昌八一蜂起記念館は現代的なハイテク展示方法を生かし、周恩来、賀龍、叶挺、朱徳、劉伯承などの古参のプロレタリア革命家たちが南昌蜂起を指導し、国民党反動派と血を浴びて戦った場面を全面的且つリアルに反映した。元中国共産党中央委員会総書記の江沢民は南昌八一蜂起記念館に「軍旗昇起的地方(軍旗が上がった場所)」との揮毫を同館に贈った。

砥砺征途(中日对照):革命历史景点故事

南昌新四军军部旧址

南昌新四军军部旧址坐落于江西省南昌市西湖区象山南路119号,建于1915年,原为北洋军阀张勋的公馆,内有两栋砖木结构楼房和一栋平房,属中西合璧的古建筑。1938年1月6日至4月4日,新四军军部在此正式对外办公,组织指挥南方八省红军游击队改编为新四军,开赴抗日前线,南昌因此成为"新四军的摇篮和军旗升起的地方"。

图 2-2 南昌新四军军部旧址

南昌新四軍軍部旧址

南昌新四軍（国民革命軍新編第四軍の略称）軍部旧址は江西省南昌市西湖区象山南路119号に位置し、1915年に建てられた建築である。もともとは北洋軍閥張勲の邸宅で、煉瓦・木造構造の建物2棟とバンガロー1棟があり、中国と西洋のスタイルを融合させた「中西合璧」の古い建物である。1938年1月6日から4月4日までの間に、新四軍軍部はここに置かれ、正式に活動していた。新四軍軍部は南方八省（江西省・福建省・広東省・湖南省・湖北省・河南省・浙江省・安徽省）で闘争を続けていた紅軍や遊撃隊を新四軍に編成し、そして抗日の前線に赴くように組織・指揮した。そのため、南昌は「新四軍の揺籃の地、軍旗が上がった場所」と称された。

南昌新四军军部旧址因其历史价值重大而被定为省级文物保护单位、

省级爱国主义教育基地。目前旧址内设有四个展览:一是新四军军部旧址复原展,展出新四军领导人叶挺、项英、曾山、黄道、周子昆、邓子恢、陈丕显、赖传珠办公和居住的房间及他们的生平图片展。二是《铁的新四军》大型展览,分为四个展厅:铁流滚滚出深山、群英聚集南昌城、大江南北抗敌寇、铁军精神万代传,全面、系统地展现了新四军从1937年成立至1947年改编为华东野战军十年间的光辉历程和伟大功绩。三是《新四军木刻展》,展出创作于抗战时期保存至今的新四军木刻作品60幅。四是张勋公馆建筑艺术作品长廊展。

南昌新四軍軍部旧址はその歴史的価値により、省レベルの文化財保護機関と愛国主義教育基地に指定された。現在、旧址には四つの常設展を設けている。一つ目は新四軍軍部旧址の復元・展示であり、新四軍の指導者であった葉挺、項英、曽山、黄道、周子昆、鄧子恢、陳丕顕、頼伝珠の事務室や寝室のほか、彼らの生涯に関する写真も展示されている。二つ目は『鉄のような新四軍』というテーマの大型展示で、「鉄軍が勢いよく山を出る」「群英が南昌城に集まる」「長江の南北で日本軍と戦う」「鉄軍の精神が代々受け継がれる」という四つのセクションからなっている。新四軍が1937年に編成されてから、1947年に華東野戦軍に改編されるまでの十年間の輝かしい歩みと偉大な功績を全面的かつ系統的に紹介している。三つ目は「新四軍木刻展」で、新四軍が抗戦時期に作られ、現在まで保存されてきた木刻作品60点を展示している。四つ目は張勲公館の建築芸術に関する作品の回廊展である。

茨坪毛泽东同志旧居

茨坪毛泽东旧居(中共井冈山前敌委员会旧址),坐落在茨坪中心的东山脚下,面临风姿秀丽的挹翠湖,是一栋土木结构的民房,面积798平方米。1927年10月至1929年1月,毛泽东常在这房内居住、工作。在此屋的厅堂里,毛泽东多次召开重要会议,研究部署根据地的各项工作。1928年11月6日,毛泽东在这里主持召开中共湘赣边界特委扩大会议,根据中央的指示,重新组织了井冈山根据地内党的最高领导机关——井冈山前委。此后,前委机关也在此屋办公。

图 2-3　茨坪毛泽东同志旧居

茨坪毛沢東旧居

　　茨坪毛沢東旧居（中国共産党井岡山前敵委員会旧址）は茨坪中央の東山の麓に位置しており、美しい挹翠湖に臨み、面積が798平方メートルの土木構造の民家である。1927年10月から1929年1月まで、毛沢東は常にここで居住し、仕事をしていた。この家の応接間で、毛沢東は根拠地の建設に関する重要な会議を何回も行い、根拠地の仕事を討議し、手配していた。1928年11月6日、毛沢東はここで中国共産党湘贛辺界特別委員会拡大会議を主宰し、中国共産党中央の指示にしたがい、井岡山根拠地における共産党の最高指導機関——中国共産党井岡山前敵委員会を再組織した。その後、井岡山前敵委員会の執務所もここに置かれ、ここで仕事をしていた。

红军第四军军部旧址

　　红军第四军军部旧址位于茨坪店上村,毗邻毛泽东同志旧居。朱德、陈毅率领南昌起义保留下来的部分队伍,经过在湘、粤、赣三省边界的艰苦转战,于1928年4月下旬来到井冈山,和毛泽东领导的秋收起义队伍胜利会师,组建中国工农红军第四军,朱德任军长,毛泽东任党代表,陈毅任军政治部主任,王尔琢任军参谋长。起初,红四军军部先后设在原宁冈县的砻市和茅坪村的洋桥湖,同年夏,军部迁来井冈山茨坪村李神龙家办公。此后,军部领导便经常在这里召开军事会议,研究和部署作战计划,成为巩固和发展井冈山革命根据地的军事指挥中心。

図 2-4 茨坪紅軍第四軍軍部旧址

紅軍第四軍軍部旧址

紅軍第四軍軍部旧址は茨坪の店上村にあり、茨坪毛沢東旧居と隣接している。南昌蜂起後、朱徳と陳毅が南昌蜂起で残った一部の部隊を率いて、湘（湖南省）・粤（広東省）・贛（江西省）三省の境界で艱難辛苦に満ちた転戦を経て、1928年4月の下旬に井岡山に到着し、毛沢東が率いた秋収蜂起の部隊と勝利に合流し、中国工農紅軍第四軍を編成した。朱徳が軍長、毛沢東が党代表、陳毅が軍政治部主任、王爾琢が軍参謀長を務めた。最初の時、紅四軍軍部は相次いで寧岡県礱市（現在の井岡山市に属する）と茅坪村の洋橋湖に置かれていたが、同年の夏に、井岡山茨坪村の李神龍氏の家に移転された。その後、軍部の指導者たちはよくここで軍事会議を開き、作戦計画を研究し、手配していた。ここは井岡山革命根拠地を強化し、発展させる軍事指揮センターとなった。

黄洋界保卫战旧址

黄洋界位于井冈山茨坪的西北面，海拔1 343米，因为这里经常浓雾弥漫，好似汪洋大海一望无垠，故又名汪洋界。黄洋界哨口是井冈山根据地五大哨口之一，扼守从湖南酃县（今炎陵县）、江西宁冈方向来犯之敌。1928年夏，红军在这里修筑了三个工事和一个瞭望哨。右边的两个工事用以阻击江西宁冈方向来的敌人；左边的一个工事用以阻击湖南方向来的敌人；山顶上的瞭望哨便于监视敌人。还在原来一家客栈的遗址上建造了一栋红军营房，布兵驻守。

砥砺征途(中日対照):革命历史景点故事

黄洋界防衛戦旧址

　黄洋界は井岡山茨坪の西北に位置し、標高は1 343メートルである。黄洋界はいつも濃霧が一面に立ち籠め、まるで果てしない海のように見えるので、「汪洋界」とも呼ばれている。黄洋界哨口①は井岡山根拠地の五大哨口の一つで、主として湖南省酃県（今の炎陵県）と江西省寧岡県からの敵の侵攻を防いでいた。1928年夏、紅軍はここで三つの防衛工事と一つの見張り台を築いた。右側にある二つの工事は江西省寧岡県からの敵を防ぎ、左側の工事は湖南方面からの敵を阻止するのに用いられた。また、敵の侵攻をよりよく警戒するため、見張り台は山頂に置かれていた。更に、昔の宿屋の旧址で紅軍用の兵舎を作り、紅軍をここに駐屯させた。

图2-5　井冈山黄洋界保卫战纪念塔

　1928年的七八月间,湘赣两省敌军调集重兵对井冈山根据地发动第二次"会剿"。反"会剿"之初,因湖南省委的错误指示,红军主力盲目出兵湘南,造成根据地内部兵力空虚。8月30日,敌军以四个团的兵力进攻井冈山,红军以两个连的兵力凭险抵抗,打退敌人多次进攻,取得了黄洋界保卫战的胜利。率领主力红军从湘南回师井冈山的毛泽东在途中听到黄洋界保卫战胜利的消息,欣然写下了《西江月·井冈山》这首著名的词。

西江月·井冈山
　　山下旌旗在望,山头鼓角相闻。
　　敌军围困万千重,我自岿然不动。
　　早已森严壁垒,更加众志成城。
　　黄洋界上炮声隆,报道敌军宵遁。

---

　①　哨口とは、見張り台(砦)のことである。井岡山根拠地に入るルートが五つあり、それぞれに見張り台が設けられていた。

·58·

第二章　江西：革命摇篮　军旗升起

　　1928年の7、8月に、湘贛（湖南・江西）二省の敵軍は強大な兵力を動員して井岡山根拠地へ第二次「討伐作戦」を行った。反「討伐作戦」の初めの時、中国共産党湖南省委員会の誤った指示により、紅軍の主力は盲目的に湘南に出兵し、根拠地に残る兵力が手薄になった。8月30日、敵軍は四つの団の兵力をもって井岡山を進攻してきたが、根拠地を守る紅軍は僅か2つの連であった。それにもかかわらず、根拠地の軍民は険要な地勢を頼りに抵抗し、敵軍の攻撃を何度も撃退し、黄洋界防衛戦の勝利を勝ち取った。紅軍主力を率いて、湘南から井岡山へ急いだ毛沢東は途中で黄洋界防衛戦の勝利を聞き、欣然として『西江月・井岡山』という名詩を作った。

图2-6　井冈山黄洋界保卫战旧址

西江月·井岡山①
　　山下に見ゆるはわが戦旗　山上に聞ゆるはわが戦鼓。
　　敵軍は千重とかこめど　われ聳え立って動ずるなし。
　　塁壁もとより堅きに加え　衆人のこころ城を成す。
　　黄洋界に砲声とどろき　報あり　敵軍闇にのがると。

　　为纪念黄洋界保卫战的胜利，1965年，当地政府修造了黄洋界保卫战胜利纪念碑，碑上刻着朱德的题字"黄洋界保卫战胜利纪念碑"，背面是毛泽东的手迹"星星之火，可以燎原"。1977年增建一横碑，上面刻着毛泽东的词《西江月·井冈山》全文。

　　黄洋界防衛戦の勝利を記念するため、1965年、当地政府は黄洋界防衛

---
①　毛泽东. 毛泽东诗词（中日对照）[M].北京：外文出版社，2006：13.

戦勝利記念碑を造った。記念碑の正面には朱徳が揮毫した「黄洋界保衛戦勝利記念碑」が刻まれ、裏側には毛沢東が書いた「星星之火，可以燎原（小さな火花も広野を焼きつくす）」が刻まれている。1977年にもう一つの横碑が増築され、毛沢東の詩『西江月·井岡山』の全文が彫ってある。

井冈山革命博物馆

井冈山革命博物馆是为了纪念中国共产党创建的第一个农村革命根据地井冈山革命根据地而建立的。它是我国第一个地方性革命史类博物馆，也是首批83家国家一级博物馆之一。井冈山革命博物馆旧馆于1958年经国家文物局批准兴建，1959年10月，中华人民共和国成立10周年之际竣工并对外开放。1965年5月毛主席重上井冈山时，亲自审定博物馆的基本陈列内容大纲。

图2-7 井冈山革命博物馆

井岡山革命博物館

井岡山革命博物館は中国共産党が樹立した最初の農村革命根拠地——井岡山革命根拠地を記念するために設立されたのである。当館は中国初の地方レベルの革命歴史博物館で、国が認定した83カ所の第一陣国家一級博物館の一つにも選ばれた。井岡山革命博物館の旧館は1958年に国家

文物局の許可を経て建設しはじめ、1959年10月、中華人民共和国成立10周年の時に竣工を迎え、そして正式に公開された。1965年5月、毛沢東主席は再び井岡山に上る時、自ら博物館の陳列展示内容の方案を審定した。

2004年,中宣部将井冈山革命博物馆的新馆建设列为全国爱国主义教育示范基地"一号工程"。2005年9月29日,井冈山革命博物馆新馆开工建设,2007年10月27日,井冈山革命根据地创建80周年之际竣工,中共中央政治局常委李长春亲自为"一号工程"——井冈山革命博物馆的落成剪彩。

2004年、中国共産党中央宣伝部は井岡山革命博物館の新館建設を全国愛国主義教育示範基地の「第一号工事」に指定した。2005年9月29日、井岡山革命博物館の新館建設工事が始められ、2007年10月27日、井岡山革命根拠地樹立80周年という記念日を迎える際に竣工され、中国共産党中央政治局常務委員の李長春が「第一号工事」である井岡山革命博物館の落成式に参加し、テープカットをした。

新建的井冈山革命博物馆坐落在茨坪红军南路,占地面积1.782公顷,依山面水,与茨坪革命旧址群隔湖相望。主体建筑为四层,一层为停车场、报告厅,二层为文物库房及办公用房,三、四层为展厅,总建筑面积20 030平方米,其中展厅面积8 436平方米,共展出文物800余件,照片2 000多张。馆内珍藏着一大批珍贵的历史文物:当年毛泽东撰写《中国红色政权为什么能够存在?》《井冈山的斗争》时用过的油灯、砚台,以及朱德在井冈山挑粮用过的扁担等;毛泽东、朱德和其他老红军重上井冈山的影视资料等;党和国家领导人毛泽东、朱德、邓小平、江泽民、胡锦涛、习近平等视察井冈山的照片和题词;社会各界著名人士的书画墨宝真迹。

新しく建設した井岡山革命博物館は茨坪紅軍南路に位置し、敷地面積は1.782ヘクタールで、山を背にして、前は水を臨み、茨坪革命旧址群と湖を隔てて向き合っている。新館の本体は四階建ての建物で、一階は駐車場とレクチャーホール、二階は文物倉庫と事務エリア、三階と四階は展示ホールとなっている。総建築面積は20 030平方メートルで、そのう

ち、展示ホールの面積は8 436平方メートルである。文物800余点と写真2 000余枚が展示されている。館内には貴重な文物が数多く収蔵されている。毛沢東が『中国の赤色政権はなぜ存在することができるのか?』『井岡山の闘争』を書いた時に使ったランプ、硯及び朱徳が食糧を井岡山へ担ぎあげる時に使った天秤棒などの実物のほか、毛沢東、朱徳、鄧小平、江沢民、胡錦涛、習近平など、党と国家の指導者たちが井岡山を視察した時の写真や題字、及び社会各界の有名人の書画の真筆が収められている。

新馆充分利用高科技手段,全面、系统地展示井冈山革命斗争历史。馆内陈列主题明确、内容丰富、史料翔实、脉络清晰,形象、生动、准确地向广大观众介绍了中国共产党创建的第一块农村革命根据地的历程。新馆共分为序厅、井冈山革命根据地的创立、井冈山革命根据地的发展、井冈山革命根据地的恢复、坚持井冈山的斗争、弘扬井冈山精神六部分。

新館はハイテク手段を充分に生かして、井岡山における革命闘争の歴史を全面的且つ系統的に展示している。館内の陳列は明確なテーマ、豊富な内容、詳細な史料、そして一貫した脈絡で構成されており、中国共産党が初めての農村革命根拠地を樹立するまでのプロセスを生き生きとした形で来場者に正確に紹介している。新館の展示は序庁、井岡山革命根拠地の樹立、井岡山革命根拠地の発展、井岡山革命根拠地の回復、井岡山での闘争を堅持する、井岡山精神を発揚するという六つのセクションからなっている。

第一次全国苏维埃代表大会会址
第一次全国苏维埃代表大会会址原是谢氏宗祠,已有几百年的历史,是中华苏维埃共和国临时中央政府的诞生地和1931年11月至1933年4月的驻地。

第一次全国ソビエト代表大会会址
第一次全国ソビエト代表大会会址は元謝氏宗祠であり、すでに何百年

图 2-8 瑞金第一次全国苏维埃代表大会会址

の歴史を持っている。ここは中華ソビエト共和国臨時中央政府が誕生した場所である一方、1931年11月から1933年4月にかけて、中央政府の所在地でもあった。

　1931年11月7日,中华苏维埃第一次全国代表大会在这里隆重召开。来自闽西、赣东北、湘赣、湘鄂西、琼崖、中央苏区等根据地的红军部队以及在国民党统治区的全国总工会、全国海员总工会的610名代表出席了大会。大会历时14天,通过了《中华苏维埃共和国宪法大纲》,颁布了《劳动法》《土地法》以及关于经济政策、红军政策、少数民族政策等的决议案;大会选举产生了毛泽东、项英、张国焘、周恩来、朱德等63人组成的中央执行委员会,作为大会闭幕后的最高政权机关。大会最后发表了《中华苏维埃共和国临时中央政府对外宣言》,向全世界庄严宣告:中华苏维埃共和国临时中央政府正式成立,定都瑞金。

　1931年11月7日、中華ソビエト第一回全国代表大会はここで盛大に開催された。閩西（福建省の西）、贛東北（江西省の上饒・景徳鎮・鷹潭）、湘贛（湖南・江西省）、湘鄂西（湖南・湖北省西部）、瓊崖（海南島）、中央ソビエト区などの根拠地の紅軍部隊及び国民党支配地域における中華全国総工会、中華全国海員総工会からの代表610名が大会に出席した。会議は14日間に渡って、『中華ソビエト共和国憲法大綱』が採択され、

『労働法』『土地法』及び経済政策・紅軍政策・少数民族政策などに関する決議案が発表された。大会で毛沢東・項英・張国燾・周恩来・朱徳など63人が構成した中央執行委員会が選出され、大会閉会後の最高政権機関とする。大会の最後に『中華ソビエト共和国臨時中央政府の対外宣言』を発表し、世界に中華ソビエト共和国臨時中央政府の成立を厳かに宣言し、瑞金を首都とした。

瑞金中央革命根据地纪念馆/中央革命根据地历史博物馆

瑞金中央革命根据地纪念馆又名中央革命根据地历史博物馆，位于江西省瑞金市城西，是为纪念土地革命战争时期，中国共产党及其领袖毛泽东、朱德、周恩来等老一辈无产阶级革命家，直接领导创建中央革命根据地和红一方面军，缔造中华苏维埃共和国的历史而建立的革命类纪念馆。1958年正式开馆，2004年进行改扩建，2007年竣工并免费对外开放。

图2-9　瑞金中央革命根据地纪念馆/历史博物馆

瑞金中央革命根拠地記念館/中央革命根拠地歴史博物館

瑞金中央革命根拠地記念館は中央革命根拠地歴史博物館とも言い、江西省瑞金市の西に位置し、中国共産党と党の指導者である毛沢東、朱徳、周恩来などの古参のプロレタリア革命家たちが土地革命戦争期において、中央革命根拠地と中国工農紅軍第一方面軍を創建し、中華ソビエ

第二章　江西：革命揺籃　軍旗升起

ト共和国を成立させる歴史を記念するために設立された革命記念館である。1958年に正式に一般公開され、2004年に増築・改築が始められ、2007年に竣工してから、無料で見学できる施設となっている。

　　该馆占地面积4万多平方米,建筑面积1万多平方米,馆藏文物1万多件,其中一级藏品148件,二级藏品365件,三级藏品621件,管辖瑞金革命旧居旧址126处,其中全国重点文物保护单位36处,省级文物保护单位22处,县(市)级文物保护单位25处。是全国爱国主义教育示范基地、国家一级博物馆、全国中小学生研学实践教育基地、全国红色旅游经典景区等。

　同館の敷地面積は4万余平方メートルで、建築面積は1万余平方メートルである。館所蔵の文物は1万点を超え、そのうち、一級文物が148点、二級文物が365点、三級文物が621点もある。館所轄の瑞金革命旧居・旧址は126カ所で、そのうち、全国重点文物保護単位が36カ所、省レベルの文物保護単位が22カ所、県（市）レベルの文物保護単位が25カ所含まれている。同館は全国愛国主義教育示範基地、国家一級博物館、全国小中学生修学実践教育基地、革命ゆかりの地「全国紅色観光典型的風景区」などに指定された。

　　该馆以《人民共和国从这里走来》陈列馆为主展区,采用了油画、场景、多媒体、幻影成像等先进的展陈手段,再现了中国共产党领导苏区军民进行反"围剿"斗争,创建巩固革命根据地,建立中华苏维埃共和国临时中央政府的艰难历程以及进行治国安邦伟大实践,积极开展武装斗争、土地革命和根据地建设所取得的辉煌成就,展现了中华苏维埃共和国历史演变的全过程,诠释了中华苏维埃共和国与中华人民共和国的传承关系。

　同館は『人民共和国はここからやってきた』という陳列館を主展覧区としており、油絵、場面再現、マルチメディア及び三次元映像技術を活用した先進的な展示手段を通して、中国共産党がソビエト区軍民を指導して、反「包囲討伐」作戦を展開し、革命根拠地を創建・強化し、中華ソビエト共和国臨時中央政府を成立させるという困難に満ちた道程や、

国を治めて安定させる偉大な実践を再現しているのみならず、中国共産党が武装闘争、土地革命、根拠地建設を積極的に繰り広げる中で遂げた輝かしい成果も再現している。更に、中華ソビエト共和国の歴史的変遷の全過程を展示し、中華ソビエト共和国と中華人民共和国との継承関係を説明している。

专栏 2：井冈山精神与苏区精神

井冈山精神

2016年2月1日至3日，习近平总书记在江西看望慰问广大干部群众时指出：井冈山是中国革命的摇篮。井冈山时期留给我们最为宝贵的财富，就是跨越时空的井冈山精神。习近平总书记指出"井冈山精神，最重要的方面就是坚定信念、艰苦奋斗、实事求是、敢闯新路、依靠群众、勇于胜利"，强调"今天，我们要结合新的时代条件，坚持坚定执着追理想、实事求是闯新路、艰苦奋斗攻难关、依靠群众求胜利，让井冈山精神放射出新的时代光芒"。

コラム2：井岡山精神とソビエト区精神

井岡山精神

2016年2月1日から3日にかけて、習近平総書記は江西省を視察し、末端の幹部や一般市民を見舞った際にこう指摘した。「井岡山は中国革命の揺籃の地である。井岡山時期が我々にもたらした最も貴い財産は、時空を超えた井岡山精神なのだ。」習近平総書記は「井岡山精神の最も重要な面は、信念を固めて刻苦奮闘し、事実に基づき真理を求め、大胆に新しい道を突進し、大衆の力を頼りに勝利を勝ち取るところにある」と指摘し、「今日、我々は新たな時代の条件と結びつけて、理想追求をしっかりと堅持し、事実に基づき真理を求め、大胆に新しい道を突進し、刻苦奮闘し難関を克服し、大衆の力を頼りに勝利を勝ち取り、井岡山精神が新たな時代に光芒を輝かせるようにしなければならない。」と強調した。

苏区精神

2011年11月,习近平同志在纪念中央革命根据地创建暨中华苏维埃共和国成立80周年座谈会的讲话中指出:"在革命根据地的创建和发展中,在建立红色政权、探索革命道路的实践中,无数革命先辈用鲜血和生命铸就了以坚定信念、求真务实、一心为民、清正廉洁、艰苦奋斗、争创一流、无私奉献等为主要内涵的苏区精神。"苏区精神是土地革命战争时期以毛泽东同志为主要代表的中国共产党人把马克思主义普遍原理与中国革命具体实际相结合、在艰辛探索中国革命正确道路的伟大实践中培育形成的伟大革命精神。

ソビエト区精神

2011年11月、習近平同志は中央革命根拠地創建及び中華ソビエト共和国成立80周年を記念する座談会における重要講話の中で次のように語った。「革命根拠地を創建・発展する中で、赤色政権を樹立し、革命道路を模索する中で、無数の革命先駆たちは血と命を以て、信念を固め、真理を追求し、実情を重視し、一心に人民に奉仕し、清廉潔白を堅持し、刻苦奮闘し、一流を目指して無私の精神で奉仕することを主な内容とするソビエト区精神を築き上げた。ソビエト区精神は土地革命戦争期において、毛沢東同志を主要代表とする中国共産党人がマルクス主義の基本的原理を中国革命の具体的な実情と結びつけて、中国革命の正しい道を苦しく模索し続ける偉大な実践の中で培われた偉大な革命精神である。

第三章　长征:伟大壮举　革命奇迹

第三章　長征：偉大な壮挙　革命の奇跡

　　长征是人类历史上的伟大壮举。习近平总书记在纪念红军长征胜利80周年大会上的讲话中指出:"长征历时之长、规模之大、行程之远、环境之险恶、战斗之惨烈,在中国历史上是绝无仅有的,在世界战争史乃至人类文明史上也是极为罕见的。"①长征途中,红军将士同敌人进行了600余次战役战斗,跨越近百条江河,攀越40余座高山险峰。红军将士以坚定的理想信念和一往无前的革命英雄主义精神,创造了气吞山河的人间奇迹。

　　長征は人類史上における偉大な壮挙である。習近平総書記は紅軍長征勝利80周年記念大会での講話の中で次のように語った。「長征は経過時間の長さ、規模の大きさ、道程の長さ、環境の険悪さ、戦闘の激しさにおいては、中国史上に未曾有なことだけではなく、世界戦争史ひいては人類文明史においても極めて稀なことである」。長征期間中、紅軍将兵は敵軍とさまざまな戦役や戦闘を延べ600回余り行い、百本近くの川を渡り、40余りの高い峰を越えた。紅軍将兵は揺るぎない理想信念と、困難にめげずに勇敢に邁進する革命英雄主義の精神を拠り所にして、気宇壮大な人間奇跡を作った。

---

① 习近平.在纪念红军长征胜利80周年大会上的讲话[EB/OL].[2022－02－10].http://www.xin-huanet.com//politics/2016－10/21/c－119765804_2.htm.

第一节　历史回眸

第一節　歴史の回顧

九一八事变的爆发与抗日救亡运动的兴起

　　日本对中国领土垂涎已久。从 19 世纪后期开始，日本多次发动侵华战争，并且武装占领了台湾。但是，日本对这一切并不满足。1927 年 6 月，日本首相田中义一主持召开"东方会议"，确立了"把满洲从中国本土分裂出来，置于日本势力之下"的侵略方针。

九一八事変の勃発と抗日救国運動の興り

　日本が中国領土に対する野心はずっと前からあった。19世紀後半から、日本は度重なる侵略戦争を通して、中国の台湾を占領した。しかし、日本はこれに対して満足していなかった。1927年6月、当時の日本首相田中義一の主宰で「東方会議」が開かれ、「満州を支那本土から切り離し、日本の政治的勢力に入れる」という侵略方針が確立された。

　　1931 年 9 月 18 日夜，日本关东军炸毁南满铁路柳条湖段轨道，反而说是中国军队破坏铁路，想袭击日本军队，随即炮击中国东北军的驻地北大营，进攻沈阳，制造了"九一八事变"。

　1931年9月18日夜、日本関東軍が柳条湖付近で南満州鉄道線の一部を爆破した。日本軍隊を襲撃するために中国軍隊が鉄道を破壊したかのように見せかけ、それを口実に中国東北軍の駐屯地である北大営を砲撃し、瀋陽を侵攻し、「九一八事変」を引き起こした。

　　九一八事变发生时，国民党政府正竭尽全力"围剿"红军。蒋介石命令东北军首领张学良："沈阳日军行动，可作为地方事件，望力避冲突，以免事态扩大。"由于中国军队不抵抗，日军一夜之间就占领了沈阳，仅用四个多月的时间就轻而易举地占领了中国东北三省。为稳固统治，日本侵略者在东

北三省成立了所谓的"满洲国",让早已退位的清朝末代皇帝溥仪来当傀儡皇帝,实际上,权力则完全被日本所掌握。

「九一八事変」が起こった時、国民政府は全力で紅軍への「包囲討伐」を行っていた。蒋介石は東北軍の指導者張学良に「瀋陽にいる日本軍の行動は地方事件として扱い、事態の拡大を避けるためにできる限り衝突を回避するよう」と指令した。中国軍が抵抗しなかったため、日本軍は一夜で瀋陽を占領し、僅か4カ月の短い時間で中国の東北三省をやすやすと手に入れた。東北における統治を強化するために、日本侵略者は東北三省で所謂「満州国」を作り、とっくに退位した清朝最後の皇帝溥儀を傀儡皇帝にした。しかし、実際には、権力はすべて日本人に握られていた。

日本的侵略激起了中国人民的激烈反抗。九一八事变爆发后的第二天,中国共产党立即发表宣言,①谴责日本帝国主义的侵略,揭露蒋介石的不抵抗政策,发出"在满洲更应该加紧地组织群众的反帝运动,发动群众斗争,来反抗日本帝国主义的侵略,组织兵变与游击战争,直接给日本帝国主义以严重的打击"②的号召。此后,东北各地的抗日武装斗争迅速发展,抗日义勇军在极其恶劣的斗争环境和自然环境下与日本侵略者展开了英勇斗争。

日本の侵略は中国人民の猛烈な抵抗を引き起こした。「九一八事変」が起こった翌日の9月19日に、中国共産党中央は直ちに宣言を発表し、9月22日、『日本帝国主義の満洲武力占領事変についての決議』を採択し、さらに9月30日に、『中国共産党が日本帝国主義の満洲武力占領に関する二次宣言』を発表した。中国共産党は宣言で日本帝国主義の侵略を厳しく非難し、蒋介石の不抵抗政策を暴露し、更に「満洲において、更にしっかりと群衆の反帝運動を組織し、大衆闘争を起こし、それによ

---

① 九一八事变的第二天,中共中央即与日本共产党中央联合发表了《为日本强占东三省宣言》。9月22日,中共中央作出《关于日本帝国主义强占满洲事变的决议》。9月30日,中共中央又发表《中国共产党为日本帝国主义强占东三省第二次宣言》。
② 东北人民抗日武装的创始人罗登贤.[EB/OL].[2022-02-17].党史频道-人民网(people.com.cn) http://dangshi.people.com.cn/n1/2018/0802/c85037-30192250.html.

って日本帝国主義の侵略に反抗し、蜂起と遊撃戦争を組織し、直接日本帝国主義に甚大な打撃を与えよう」と呼びかけた。その後、東北各地の抗日武装闘争が急速に発展し、抗日義勇軍が苛酷な闘争環境と自然環境の中で日本侵略者と勇敢に戦った。

蒋介石的"攘外必先安内"与红军第五次反"围剿"的失败

九一八事变后,蒋介石的不抵抗政策激起了全国人民的愤怒,他们纷纷要求国民政府停止内战,一致对外。面对社会舆论的强大压力,蒋介石提出"攘外必先安内"的政策,继续推行向日本帝国主义妥协、对红军"围剿"的反动方针。

蒋介石の「安内攘外」政策と紅軍第五次反「包囲討伐」作戦の失敗

「九一八事変」の後、蒋介石の不抵抗政策が全国人民の激しい怒りを買った。全国人民は国民政府に内戦をやめ、一致団結して日本の中国侵略に抵抗しようと強く訴えた。社会世論の強い圧力を前に、蒋介石は「攘外必先安内」(国外の敵を討つためには、まず国内を平定しなければならない)政策を提出し、日本帝国主義に妥協し、共産党が指導する紅軍に対し「包囲討伐」を行う方針を固執し続けた。

1933年9月至1934年夏,蒋介石调集庞大兵力,对中央苏区进行第五次"围剿"。由于中共中央领导人博古(秦邦宪)和共产国际派来的军事顾问李德的"左"倾冒险主义错误,红军屡战失利,苏区日渐缩小。1934年10月初,国民党军向中央苏区的中心区域进攻,迅速占领了兴国、宁都一线。中央红军在苏区内打破国民党军的"围剿"已无可能,于是被迫退出中央苏区,踏上了战略转移的征程,开始了世界历史上前所未有的二万五千里长征壮举。

1933年9月から1934年夏にかけて、蒋介石は莫大な兵力を動員して、中央ソビエト区に対する五回目の「包囲討伐」を行った。当時の中国共産党中央総書記博古(秦邦憲)とコミンテルンからの軍事顧問李徳(オットー・ブラウン)の「左翼」的冒険主義路線の指導の下で、紅軍は国民党軍との作戦の中で失敗を繰り返し、ソビエト区の範囲も縮小を続けて

いた。1934年10月初め、国民党軍が中央ソビエト区の中心エリアを進攻し、興国、寧都一帯を迅速に占領した。ソビエト区内で国民党軍を撃退することがもはや不可能になったため、中央紅軍は中央ソビエト区を撤退し、戦略的移転を余儀なくされ、世界史上未曾有の1万2 500キロメートルを踏破した長征という壮挙を開始した。

艰苦卓绝的长征

　　长征的道路十分艰难。红军爬雪山、过草地，没有粮食就挖野菜、啃树皮，遇到了很多难以想象的困难。在国民党军队的围攻下，红军多次陷入被动挨打的局面。1935年1月，红军攻克遵义，在这里举行了著名的遵义会议，及时纠正了第五次反"围剿"和长征以来中央在军事指挥上的"左"倾冒险主义和转移中的逃跑主义错误，事实上确立了毛泽东在党中央和红军的领导地位。此后，红军变被动为主动，打了很多胜仗：四渡赤水、巧渡金沙江、强渡大渡河、飞夺泸定桥……冲破了国民党军队的围追堵截。

艱難辛苦に満ちた長征

　　長征の道は苦難に満ちたものであった。紅軍は万年雪を頂く急峻な雪山を踏破し、果てしない大湿原地帯を通過し、食料が尽きた時には山菜を掘って食べたり、樹皮をかじったりしていた。想像以上の苦難にたくさんぶつかった。国民党軍の包囲攻撃を続ける中、紅軍は何回も受身的な境地に陥った。1935年1月、紅軍は遵義を攻略し、ここで有名な遵義会議を開催した。会議では、第五回反「包囲討伐」作戦の失敗と長征以来、党中央の軍事的指導における「左翼」的冒険主義と退却中の逃走主義の誤りを即刻に是正し、毛沢東が党中央と紅軍における指導的地位を事実上に確立した。その後、紅軍は受身的な立場から積極的な立場に立ち直り、一連の戦いで勝利を勝ち取った。赤水河を四度渡河し、金沙江を巧みに渡り、大渡河を強行渡河し、一刻も速く瀘定橋を奪い取り……紅軍は国民党軍の包囲追撃や阻止作戦を突き破った。

三大主力红军会师

　　1935年10月19日，中央红军到达陕北吴起镇，与刘志丹领导的陕北红

军胜利会师。至此,中央红军主力行程二万五千里,纵横 11 个省的长征胜利结束。毛泽东写下了《七律·长征》,艺术地表现了红军将士不怕牺牲、英勇斗争的精神风范和革命的乐观主义精神。

七律·长征

红军不怕远征难,万水千山只等闲。

五岭逶迤腾细浪,乌蒙磅礴走泥丸。

金沙水拍云崖暖,大渡桥横铁索寒。

更喜岷山千里雪,三军过后尽开颜。

紅軍三大主力が合流

1935年10月19日、中央紅軍が陝西省北部の呉起鎮に辿り着き、劉志丹が率いる陝北紅軍と合流した。ここで、中央紅軍主力による行程1万2 500キロメートル、11省を通過した長征が勝利のうちに終わった。それを記念するために、毛沢東は『七律·長征』を書き、紅軍兵士の犠牲を恐れず、勇敢に闘う風格及び革命的楽観主義精神を芸術的に表現した。

七律·長征①

紅軍　遠征の難きをおそれず、

万水千山も　ことなきに等し。

五嶺　起伏すれどさざ波の立つが如く、

烏蒙　雄壮なれど土くれの転ぶに似たり。

金沙の水拍つ　断崖暖かく、

大渡に橋横たわり　鉄索寒し。

更に喜ばし　岷山千里の雪

三軍　越えし後みな顔ほころばす。

1936年10月9日,红一、红四方面军在甘肃会宁会师;22日,红二方面军到达甘肃龙德将台堡(今属宁夏西吉),同红一方面军会和。至此,红军三大主力胜利会师,长征宣告胜利结束。长征的胜利,粉碎了国民党反动派阻止中国革命的企图,是中国革命转危为安的关键。毛泽东曾评价说:"长征是历史记录上的第一次,长征是宣言书,长征是宣传队,长征是播种

---

① 毛泽东.毛泽东诗词(中日对照)[M].北京:外文出版社,2006:41

机。……长征是以我们胜利、敌人失败的结果面告结束。"长征的胜利宣告了中国共产党和红军肩负着民族希望实现了北上抗日的战略转移,实现了中国共产党和中国革命事业从挫折走向胜利的伟大转折。此后,中国共产党以延安为中心,不断开创中国革命的新局面。

1936年10月9日、紅軍第一方面軍と紅軍第四方面軍は甘粛省の会寧で合流し、22日、紅軍第二方面軍が甘粛省龍徳の将台堡(現在、寧夏回族自治区西吉県に属す)に到着し、紅軍第一方面軍と合流した。これで、紅軍三大主力が成功裏に合流し、長征は全面的な勝利で終わりを告げた。長征の勝利は国民党反動派による中国革命阻止の思惑を打ち砕き、中国革命が危険から救われた肝要な転換点である。毛沢東は長征を「長征は史上初のものである。長征は宣言書であり、宣伝隊であり、種まき機である。……長征は我々の勝利、そして敵の失敗という結果で終わりを告げた。」と評価した。長征の勝利は中国共産党と紅軍が民族の希望を抱きながら「北上抗日」という(北上して日本の侵略に抵抗する)戦略的移転の実現と、中国共産党と中国革命事業が挫折から勝利へ邁進するという偉大な転換の実現を宣言した。その後、中国共産党は陝西省北部の延安を中心に、中国革命の新たな局面を絶えず切り開いていく。

第二节 红色故事

第二節 革命物語

半条被子
1934年11月上旬,突破国民党军第二道封锁线后,中央红军在湖南省汝城县沙洲村进行了长征半个月来首次较长时间的休整。红军纪律严明,战士们睡在屋檐下、空地里,不仅没有动村民的东西,还帮助村民打扫卫生、挑水等。

半分の布団
1934年11月上旬、中央紅軍は国民党軍による二つ目の封鎖線を突破し

た後、湖南省汝城県沙洲村で長征が始まって以来半月ぶりの長い休息再編を行った。紅軍の紀律がとても厳しいので、兵士たちは軒下か空地で寝ていた。村民たちの物を一切触ることなく、かえって掃除や水運びなどを手伝ってあげたのである。

　　村民徐解秀心疼这些战士,于是拉了3位女红军住到自己家里。腾出自家那张宽1.2米的木床,垫上稻草,床边架上一条搭脚的长板凳,徐解秀带着1岁的儿子加上女红军们,就这样挤到了一张床上。看到简陋的床铺上仅有一件蓑衣和一条烂棉絮,女红军便拿出她们唯一的一条行军被,和徐解秀母子一起横盖着。

　紅軍兵士のことを心配して、村民の徐解秀は紅軍の女性兵士3人を自分の家に泊まらせた。幅わずか1.2メートルのベッドの上に藁を敷いて、そばに足を載せるベンチを一つ置き、徐解秀は1歳の息子と3人の女性兵士と、この狭いベッドで寝ていた。粗末なベッドにはただ蓑一着とぼろぼろの綿布団一枚しかない状況を見て、女性兵士たちは持っていた唯一の行軍布団を出して、徐解秀母子と一緒に掛けた。

　　临走时,怕徐解秀母子寒冬难熬,3位女红军执意把被子留给她,但徐解秀坚决不同意。这时,一位女红军索性找来剪刀,把被子剪成两半,留下半条给徐解秀,还留下两句话:"红军是共产党领导的人民军队,打敌人是为了老百姓能过上好生活。等革命胜利了,我们还会回来看您的,送您一床新被子。"抱着半条被子,徐解秀含着泪,送了女红军一程又一程。

　村を離れる前に、徐解秀母子が冬の厳しい寒さに耐えられるかと心配して、3人は自分たちが持っていた唯一の布団を残そうとした。しかし、徐解秀はどうしても受け入れなかった。すると、1人の女性兵士がハサミを持ってきて、思い切って布団を二つに切った。そして、その半分を徐解秀に渡しながら、こう言った。「紅軍は共産党が指導する人民の軍隊で、民衆がいい生活を送れるように敵と戦っているのだ。革命が勝利を勝ち取った後、またここに会いに戻り、新しい布団を贈るわ。」

徐解秀は半分の布団を抱えて、涙ながらに紅軍兵士を遠いところまで見送った。

"什么是共产党？共产党就是自己有一条被子,也要剪下半条给老百姓的人。"徐解秀深情地说道。徐解秀一直对3位女红军念念不忘,她时常拿上小板凳,坐在村口的滁水河畔守望红军归来,一等就是50多年,直到去世。

「共産党とは何なのか？共産党とは一枚しかない布団でも半分を切って民衆に残す人たちなのだ。」と徐解秀は感慨深く言った。その後、徐解秀は3人の紅軍女性兵士を忘れられず、いつも村の入口にある滁水河のほとりで小さい腰掛に座りながら、紅軍の帰りを待ち続けていた。徐解秀はこの習慣を亡くなるまでずっと保ち、紅軍の帰りを50余年も待ち続けていた。

彝海结盟：刘伯承与小叶丹的故事
1935年5月,中央红军要想跳出国民党军的重兵包围圈,必须尽快渡过天险大渡河。当时,从中央红军所在的泸沽到大渡河,中间隔着大凉山地区。有两条路可走：一条是大路,从泸沽东面翻越小相岭,经越西县城到大树堡,由此渡过大渡河；另一条是小路,从泸沽北面到冕宁县城,经拖乌彝族聚居区到达大渡河边的安顺场。但是,在当时,人们把经彝族区的小路视为"畏途",军队,尤其是汉人军队要通过这一地区是很不容易的。

彝海結盟：紅軍将校劉伯承と彝族首長小葉丹が盟約を結ぶ話
1935年5月、中央紅軍が国民党軍の分厚い包囲網を突破するには、天険の大渡河をできるだけ早く渡るしかなかった。当時、中央紅軍がいた濾沽から大渡河までの間に彝族の居住地区大凉山があった。そこを通るには二つの道があった。一つは大路で、濾沽の東から小相嶺を越え、越西県城を経て大樹堡に着き、そこから大渡河を渡る方法で、もう一つは小道で、濾沽の北から冕寧県に入り、拖烏にある彝族の居住地区を通過して大渡河近くの安順場に着く道である。当時、彝族居住地区を通過する小道が「畏途（恐ろしいい道）」と見なされ、軍隊、特に漢族の軍隊

がここを通るのは容易なことではなかった。

为正确宣传和执行党的民族政策,朱德发布了《中国工农红军布告》,宣传红军宗旨,揭露反动派的黑暗统治,号召彝汉人民团结起来,打倒军阀。5月19日,中央红军派出以刘伯承为司令员、聂荣臻为政治委员、萧华为群众工作队长的先遣军,准备借道彝民区,抢先渡过大渡河。

共産党の民族政策を正確に宣伝し実行するためには、朱徳は『中国工農紅軍布告』を発布し、紅軍の宗旨を宣伝し、反動派による暗黒統治を暴き、彝族人民と漢族人民が団結して軍閥を打倒しようと呼びかけた。5月19日、中央紅軍は劉伯承を司令官、聶栄臻を政治委員、蕭華を群衆工作隊長とする先遣部隊を派遣し、彝族人民に道を借り、先手を取って大渡河を渡ろうとした。

由刘伯承、聂荣臻率领的先遣部队于5月21日到达大桥镇,找好了向导和翻译后,于22日进入彝区。彝民听说军队来了,就将山涧上的独木桥拆毁,把溪水里的石墩搬开隐藏在山林里,不时挥舞着土枪、长矛,间或施放冷箭、冷枪袭击。跟在主力后面约百米远的工兵连,也遭到彝民堵截。红军坚持执行党的民族政策,严格遵守"不准开枪"的纪律,于是部队停止前进。

劉伯承と聶栄臻が率いる先遣部隊は5月21日に大橋鎮に到着し、案内人と通訳者を雇ってから、22日に彝族居住区に入った。軍隊が来たと聞いた彝民たちは谷川にかけた丸木橋を壊し、川にある飛び石を移して山林に隠し、土銃や長矛を振り回したり、時には矢や銃で不意打ちをしたりした。主力部隊の後方100メートルについた工兵連も彝民たちの阻止に遭遇した。にも関わらず、紅軍は党の民族政策を断固として守り抜き、「発砲禁止」の紀律を厳守していた。

萧华通过翻译耐心地向彝民解说红军的政策,可彝民仍舞刀弄枪不许红军通过。正在混乱之际,几个人骑着骡马急驰而来,通司认出为首的一个彝人是当地彝民首领小叶丹的四叔。

蕭華は通訳を通して彝民たちに紅軍の政策を根気強く丁寧に説明したが、彝民たちはやはり刀や銃を振り回して紅軍の通行を許さなかった。まさに混乱の最中にあった時、数人が驢馬に乗って走って来た。通訳は先頭の人が当地の彝族の首領である小葉丹の四番目の叔父だと気がついた。

萧华向小叶丹的四叔说明红军与国民党军不同,是替受压迫的人打天下的,进入彝民区不是打彝胞,而是借路北上。根据彝人重义气的特点,萧华又告诉他,刘司令愿与彝族头人结为兄弟。很快,红军就得到回话,小叶丹愿与红军结盟。刘伯承得知这个消息后非常高兴,决定亲自去举行结盟仪式。

蕭華は小葉丹の叔父に紅軍は国民党軍と違い、圧迫された人民のために天下を取ろうとしているのであり、彝族の居住区に入ったのも彝族同胞を討つためではなく、ただ道を借りて北上するだけだと説明した。彝族人民が義を重んじる特徴を考えて、蕭華は劉伯承司令官が彝族の首領と義兄弟の契りを結ぶことを望んでいると伝えた。しばらくしたら、紅軍は小葉丹が紅軍との結盟を受け入れたとの返事をもらった。劉伯承はこれを聞いて非常に喜び、自ら結盟式に行くことにした。

结盟地点定在彝海子边。彝海,原名"鱼海子",海拔2 000多米,是个高山淡水湖。四周山峦环抱,林木葱葱。就在这个山清水秀的地方,举行了举世闻名的"彝海结盟"。刘伯承以诚恳的态度重申红军来意,表示将来红军打败反动派以后,一定帮助彝族人民消除一切外来的欺压,建设自己美好的生活。

結盟の儀式は彝海のほとりで行われれることとなった。彝海は原名「鱼海子」で、海抜2 000メートルの高山にある淡水湖である。周りの峰々が幾重に折り重なり、樹木がうっそうと生い茂っている。正にこの山紫水明のところで、あの世界的に有名な「彝海同盟」の儀式が行われたのである。劉伯承は丁重な態度で紅軍の来意をもう一度述べ、そして将来、紅軍が反動派に打ち勝ったら、必ず彝族人民を助けて外来の圧迫を一切除き、彝族自身の美しい未来を建設すると約束した。

结盟仪式按照彝族的风俗进行。按照彝族礼仪,人们杀了一只大红公鸡,却没有找到酒。刘伯承说只要兄弟有诚意,就以水代酒。面对着蔚蓝的天空和清澈的湖水,刘伯承和小叶丹来到海子边庄重跪下,面前摆着两碗滴过鸡血的水碗。

結盟の儀式は彝族の習俗に従って行われた。彝族の儀礼にしがたい、一羽の赤い鶏を殺したが、お酒は見つけられなかった。劉伯承は誠意さえあればお酒の代わりに水で十分だと言った。紺碧の空と澄み切った湖水に向かい、劉伯承は小葉丹と一緒に海子のほとりに来て、厳かに跪いた。目の前に鶏の血を入れた茶碗が二皿あった。

刘伯承高高端起了碗,大声发出誓言:"上有天,下有地,我刘伯承与小叶丹今天在海子边结义为兄弟,如有反复,天诛地灭。"说罢,把鸡血水一饮而尽。小叶丹也端起碗起誓说:"我小叶丹今日与刘司令员结为兄弟,愿同生死,如不守约,同此鸡一样死。"说罢,也一饮而尽。

劉伯承は茶碗を高く上げ、大きな声で誓いの言葉を言った。「上に天があり、下に地がある。わたくし劉伯承と小葉丹は本日この海子のほとりで義兄弟の契りを交わす。約束を破ったら天地の罰が当たれ。」そう言い終わると、鶏の血の水を一息に飲み干した。小葉丹も茶碗を挙げて「わたくし小葉丹は本日劉司令と義兄弟の契りを交わす。今後生死を共にする。約束を破ったら、この鶏と同じく死す!」と誓って一気に飲み干した。

当天晚上,刘伯承请小叶丹叔侄到红军宿营地大桥镇赴晚宴。饭后,把一面写着"中国夷(彝)民红军沽鸡(果基)支队"的红旗赠给小叶丹,并任命小叶丹为支队长,他的弟弟古基尔拉为副支队长,并当场写下任命状,还向他讲解了革命道理。小叶丹表示要铭记在心,之后还动员了一批彝族青年参加红军。之后,小叶丹亲自带路,引导红军进入彝民区,直到走出果基家支地盘,才与刘伯承依依惜别。红军后续部队也沿着"彝海结盟"这条友谊之路,胜利地通过了敌人认为无法通过的彝区,迅速抢渡大渡河,跳出国民党军的包围圈。

その晩、劉伯承は小葉丹とその叔父さんを大橋鎮にある紅軍の宿営地に誘って宴会を開いた。食事後、劉伯承は「中国夷（彝）民紅軍沽鶏（果基）支隊」と書いてある紅旗を小葉丹に送り、小葉丹を支隊長に、弟の古基爾拉を副支隊長に命じ、その場で任命状を書き、革命の道理を彼らに解説した。小葉丹はこれを心に銘記すると誓い、そして彝族の若者を動員し、紅軍に参加させた。その後、小葉丹は自ら道を案内し、紅軍を連れて彝族の居住区に入り、果基家の勢力範囲を出てから劉伯承と名残惜しく分かれた。紅軍の後続部隊も「彝海結盟」の友好の道に沿って、敵が通過できないと思っていた彝族居住区を無事に通過した。紅軍は大渡河を速やかに強行渡河し、国民党軍の包囲網を突破した。

红军走后，国民党追究小叶丹罪责，捉拿小叶丹，强逼果基家交出1.2万两白银和120头羊。小叶丹宁肯倾家荡产，也不愿交出彝家红军旗。他将旗帜随身携带，叮嘱妻子倮伍伍加嫫："万一我死了，你一定要保护好红军旗，红军一定会回来，到时把旗交给刘伯承！"

紅軍が離れた後、国民党は小葉丹を逮捕して罪に問い、果基家族に白銀1.2万両と羊120頭を強要した。小葉丹はたとえ家を傾け、財産を無くしても彝民紅軍旗を手放そうとしなかった。彼はその旗を肌身離さず持ち歩き、そして妻の倮伍伍加嫫に「万が一俺が死んだら、お前はこの紅軍旗をよく守れ。紅軍はきっと帰ってくる。その時この旗を劉伯承に渡せ！」と念を押した。

1942年，小叶丹死于一次伏击。倮伍伍加嫫是一位深明大义、坚韧勇敢的彝家妇女。她在丈夫遇难后的艰难岁月里，以极大的勇气和智慧保存了红军军旗。1950年，解放军解放冕宁，倮伍伍加嫫取出贴身的彝家红军旗，献给驻冕宁的解放军。后来，这面旗被中国人民革命军事博物馆永久收藏。它记载了红军和彝民的深厚情谊，是共产党和红军民族政策伟大胜利的见证。共产党也信守着当初向彝族同胞许下的民族自治的承诺。1952年，凉山成立彝族自治区，1955年，改成自治州。

1942年、小葉丹はある待ち伏せ作戦で命を落とした。妻の倮伍伍加嫫は大義を知り、勇敢で忍耐強い彝族の女性であった。夫が亡くなった後の困難な歳月の中で、倮伍伍加嫫はこの上なく大きな勇気と知恵をもって紅軍旗を守りぬいた。1950年、解放軍が冕寧県を解放したとき、倮伍伍加嫫は肌身離さず持っていた彝民紅軍旗を取り出し、冕寧に駐在する解放軍に渡した。その後、この紅軍旗は中国人民革命軍事博物館に永久に収蔵されることとなった。この旗は紅軍と彝族人民との厚い友情を載せており、共産党と紅軍の民族政策の偉大な勝利のシンボルとなっている。共産党も当時彝族同胞に誓った民族自治の承諾を守った。1952年、涼山で彝族自治区を成立し、1955年に彝族自治州に変えた。

半碗青稞面

　　在杳无人烟的草地上,红军战士只有可怜的一点青稞面做干粮。周恩来副主席和战士们一样,绝不多吃一点青稞面,还教育战士们,为了能走出草地,北上抗日,一定要特别爱惜粮食。战士们听了他的话,都把仅有的青稞面装在粮袋里,拴在腰上。

半皿の裸麦粉

　　人里離れた大湿原地帯で、紅軍兵士が持っている裸麦粉の携帯食料はわずかだった。周恩来副主席は兵士たちと同じように、裸麦粉を少しも余計に食べなかっただけでなく、大湿原地帯を通り抜けて北上抗日の目標を達成するために、食べ物を特に大事にしなければならないと兵士たちに話した。この話を聞いて、兵士たちはわずかしか持っていない裸麦粉を袋に入れ、腰にかけていた。

　　青稞面越来越少了,战士们只能用一点青稞面掺在野菜里煮汤喝。战士吴开生的青稞面吃完了,已经饿了两天,周副主席知道后,就让警卫员把自己省下的青稞面给吴开生两碗。他看着吴开生蜡黄的脸,语重心长地说:"这是革命呀!"吴开生流着眼泪说:"我只要有一口气,就要跟你走出草地,革命到底!"

第三章　长征:伟大壮举　革命奇迹

　　裸麦粉がますます少なくなり、兵士たちは少しの裸麦粉を山菜と混ぜてスープにして飲むしかなかった。兵士の呉開生は裸麦粉を食べ切ってしまい、もう二日間も飢えていた。このことを聞いた周副主席はすぐ警備員に自分が節約した裸麦粉を呉開生に二杯あげようと言い付けた。周副主席は呉開生の土気色をした顔を見て、「これが革命なんだ！」と重々しく心を込めて言った。呉開生は涙を流しながら、「私は生きる限り、副主席について大湿原を抜け、革命を徹底的にやる！」と言った。

　　这天晚上又是狂风暴雨,用被单搭起的"帐篷"自然挡不住风雨的袭击。战士们都淋成了落汤鸡。周副主席命令战士们都到他作为办公室的帐篷里去休息。大家怕影响他工作,都不肯去。于是,周副主席冒着大雨亲自来了,说:"你们不去,我心不安。"周副主席的话像火烤暖了战士们的心。这样走了几天,草原仍然无边无际。青稞面吃完了,野菜吃光了,军马也杀掉吃了。战士们只好烧皮带吃,甚至把随身带的纸张咽下去充饥,红军陷入了极大的困境。

　　この夜はまた強風豪雨で、シーツで作った「テント」は風雨の衝撃に言うまでもなく耐えられなかった。兵士たちはみんな雨でずぶ濡れになってしまった。周副主席は兵士たちに自分の事務室でもあるテントに休むように命じた。しかし、周副主席の邪魔になるだろうと心配して、みんな行かなかった。すると、周副主席は大雨を冒して兵士たちのところにやってきて「君たちが行かないと私は不安だ。」と言った。周副主席のこの話は火に当たったように兵士たちの心を温めた。このようにまた数日歩いていたが、大湿原はやはり果てしないものであった。裸麦粉も山菜も食べ切り、軍馬まで殺して食べた。兵士たちは最後に帯皮を焼いて食べたり、持っている紙を呑んで飢えを凌いだりした。紅軍は困難極まりない苦境に陥った。

　　周副主席命令把仅存的半碗青稞面全部分给大家泡水喝。"那您吃什么呢?"警卫员急了。周副主席说道:"有同志们活着,就有我。只要多留一个战士的生命,就给革命事业增加一份力量,拿出来分掉!"这掺上一点青稞

面的热水,分到了战士们的手中。战士们流泪了,这不足半碗的青稞面,是周副主席的心意和生命啊!战士们又上路了,在茫茫的草地上,行进着摧不垮的钢铁红军。

周副主席は僅かに残った半皿の裸麦粉を全部兵士たちに配り、水に入れて飲むように命じた。「しかし、副主席は何を召し上がりますか。」と、警備員が焦った。周副主席は「同志たちは生きてくれれば、私も生きていけるのだ。兵士たちの命を一人でも多く助けることができれば、それだけ革命事業の力になる。さあ、早く出してみんなに配れ!」と言った。こうして裸麦粉を混ぜたお湯を兵士たちの手元に配った。この皿半分にも満たない裸麦粉は周副主席の心と命だと、兵士たちは涙を流した。兵士たちは再び出発した。茫々たる大湿原地帯を、鉄鋼のように堅い意志を持ち、打ち破ることのできない紅軍は前進していた。

苗族战士"云贵川"
1935年9月13日,红军走过草地后,于9月17日到达腊子口。时任国民党军第14师师长、甘肃军阀鲁大昌把守住了腊子口山后的天险要道。这样一个有敌人重兵把守的天险之地,红军却必须不惜一切代价攻破它。腊子口打不开,我军往南不好回,往北又出不去,无论军事上政治上,都会处于进退失据的境地。

ミャオ族の紅軍兵士「雲貴川」
1935年9月13日、紅軍は大湿原地帯を通過し、9月17日に甘粛省の臘子口に到着した。当時国民党軍第14師師長を務めた甘粛の軍閥魯大昌(1889〜1962)は臘子口の後ろにある天険の要路を守っていた。この強力な敵が厳しく守っている天険の地は、紅軍がいかなる代価も惜しまずに攻め落とさなければならなかった。臘子口を突破できないと、紅軍は南へは戻れず、北へも出られない苦境に立たされ、軍事的にも、政治的にも、進退窮まる状況に陥る。

鲁大昌安排两个营的兵力在腊子口层层构筑工事,还部署了三个团的

兵力纵深把守住腊子口山后的天险要道,企图阻断红军北上之路。当地民谣说:"人过腊子口,像过老虎口",敌人在此构筑的工事更无异于给腊子口这个虎口装上了利齿,想一口吞噬红军。

　紅軍の北上するルートを遮断するためには、魯大昌は二つの営の兵力を派遣して、臘子口で防御線を幾重にも築かせたほか、三つの団の兵力を臘子口の後背に配置し、そこの天険要路を守らせていた。当地の民謡では、「臘子口を通ることは虎口を脱するようだ」と歌っていた。敵がここで構築した防御線はまるで臘子口という虎口に牙を取り付け、紅軍を一気に呑み込もうとしたようであった。

　　腊子口地势十分险要,一座大山似乎是被谁用一把巨斧从中劈开,峭壁在头上直卜云天,两边岩石相此只有五六十米宽,腊子河湍急地在脚下流过,穿过两山间一道长约百多米的狭窄的走廊。就在两山之间的河面上,有一道木桥,是这里的唯一通道。

　臘子口の地勢は非常に険しく、あたかも誰かが斧で山を切り劈いたようで、絶壁が空高くそそり立っている。対峙している二つの山の幅は僅か50〜60メートルである。臘子河の急流が足元を流れ、山間の長さ百メートルぐらいの狭い峡谷を通っていた。この二つの山の間を流れる川には、一本の木橋がかかっていた。それが唯一の通路であった。

　　红四团作为先头部队,在团长黄开湘、政委杨成武的带领下,向腊子口发起了攻击。然而,敵人在这里修筑了坚固的工事,依仗着武器的精良,依托大山的阻挡,给红军的前进造成了极大困难。红四团的多次冲锋都没有成功。

　紅軍第四団は先遣部隊として、団長の黄開湘と政治委員の楊成武に率いられて、臘子口を攻撃し始めた。しかし、敵はここで堅固な陣地を築き、優れた武器を持ち、更に大山の天険を頼りにして、紅軍の前進に極めて大きな困難をもたらした。紅軍第四団が数回にわたって展開した突撃はいずれも失敗に終わった。

砥砺征途(中日对照):革命历史景点故事

　　在那个关键时刻,一名入伍不久,外号叫"云贵川"的贵州苗族战士站了出来。在腊子口战役中这个小战士毛遂自荐,说他能爬上去。小伙子从小就生活在大山里,曾在悬崖绝壁上采药,练就了一身攀岩走壁的好本领,这样的山崖对他来说并非难事。于是天黑后,团长黄开湘率一支部队来到那道绝壁之下。

　　この肝心な時に、一人の貴州出身のミャオ族兵士が身を挺した。彼は紅軍に入ったばかりで、みんなに「雲貴川」という綽名で呼ばれていた。臘子口戦役でこの年少の兵士が自ら進んで臘子口を登るという困難極まりない任務を買って出た。彼は生まれてからずっと大きな山で暮らしていた。かつて断崖絶壁で薬草を採ったりしていたので、岩に登り絶壁を歩く技が鍛えられた。彼にとって、このような崖に上るのは決して難しいことではない。日が暮れてから、団長の黄開湘は一つの部隊を率いてその絶壁の麓に到着した。

　　"你给我一根长杆,上面系住钩子,我就可以利用悬崖峭壁的石嘴缝隙爬上去。如果我爬上去了,不要说一个班、一个排,一个营的战士都能爬上去。"这位苗族战士不负众望,真的爬上了山崖,"云贵川"第一个撕开了长征天险腊子口。他爬到山顶后,甩下用绑带结成的长绳,让一连的战士爬到山顶,在天亮前到达了攻击位置。红军从天而降出现在敌人阵地的侧面,并向山下的部队发出总攻信号,决定红军生死存亡的腊子口战役由此拉开。最后这个小战士腰间绑着手榴弹又一次从山的后方迂回到前方直接跳到敌人最猛的碉堡中,与敌人同归于尽。

　　「上に鉤のついた竿を一本くれれば、私は崖の岩の隙間を利用して登れるんだ。もし私が成功したら、一つの班だけでなく、一つの排や営の兵士でもみんな登れるんだ。」このミャオ族兵士は皆の期待に応え、本当に崖に登った。「雲貴川」は長征において臘子口の天険に一番最初に登った人となった。彼は山の頂に着いてから、包帯で結んだ長い縄を落とし、一連隊の兵士がそれで次々と頂上に上り、夜が明ける前に攻撃の場所に到着した。まるで天から降りてきたような紅軍兵士が敵の陣地の側面に現れ、そして麓の部隊に総攻撃の合図を出した。紅軍の生死を決

第三章 长征：伟大壮举 革命奇迹

める臘子口戦役が幕を開いた。最後に、この若い兵士が手榴弾を腰に掛け、もう一回山の後ろから前方に迂回し、直接に敵の最も激しいトーチカに飛び込んで、敵とともに死んだ。

　　腊子口战役虽然胜利结束了，可这个小战士却永远地留在了这里。据记载，这个小战士在腊子口战役中牺牲时只有17岁，甚至连姓名都没有留下，由于他是在贵州入伍的苗族战士，走过了云南、贵州、四川三个省，于是，大家都叫他"云贵川"。

臘子口戦役は勝利に終わったが、この年少の紅軍兵士は永遠にここに残った。記録によると、この若い兵士が戦死した時、わずか17歳であった。そして名前すら残さなかった。彼は貴州で紅軍に入ったミャオ族兵士で、雲南、貴州、四川の三省を経たので、みんなに「雲貴川」と呼ばれていた。

第三节　红色景点

第三節　紅色観光スポット

大渡河上的铁索桥：泸定桥

　　泸定桥旅游区位于四川省甘孜州泸定县泸桥镇，横跨大渡河，东接县城。泸定桥又称大渡河铁索桥，始建于清康熙四十四年（1705），建成于康熙四十五年（1706年）。康熙御笔题写"泸定桥"，桥东立康熙《御制泸定桥碑记》，记载了修桥的原因、桥的规模及维修办法等。此桥为铁索悬桥。桥长103米，宽3米，桥两端各有20米高的桥台，桥台内固定铁桩，13根铁链固定在两岸桥台的落井铁桩里，其中9根作底链，上铺木板，4根分两侧作扶手。铁链共有12 164个铁环相扣，全桥铁件重40余吨。

图 3-1　泸定桥

两岸桥头堡为木结构古建筑。

大渡河上の鉄索橋：瀘定橋

　瀘定橋観光区は四川省カンゼ（甘孜）チベット族自治州の瀘定県瀘橋鎮にあり、大渡河に横たわり、東は瀘定県城に繋がっている。瀘定橋は別名、大渡河鉄索橋とも呼ばれる。清の康熙四十四年（1705）に建造が始まり、四十五年（1706）に完成した。康熙帝が自ら「瀘定橋」と揮毫した。橋の東側には、『御制瀘定橋碑記』が刻まれてある石碑があり、橋を造った理由、橋の規模及び修繕方法などが記されている。この橋は鉄の鎖で支えられた吊り橋である。長さ103メートル、幅3メートルで、橋の両端に高さ20メートルの橋台がある。橋台内に鉄杭が固定され、13本の鉄の鎖が両岸の橋台の穴の中にある鉄杭に留められている。そのうち、9本の鎖が底部で、上に木の板を置き、残った4本は両側の手すりとなっている。鎖は12 164個の鉄の輪を繋ぎ合わせていて、橋全体の鉄の重さは40トン余りである。両岸の橋頭堡は木造の古い建築である。

　　自清代以来,泸定桥为四川入藏的咽喉要道和军事要津。1863年,太平天国起义中骁勇善战的翼王石达开在此抢渡大渡河失利,全军覆没。1935年5月29日,中国工农红军第一方面军第二师以22位勇士为突击队,在此消灭守敌,飞夺泸定桥,摆脱了蒋介石的追兵,泸定桥因而成为中国近代史上的一座丰碑,闻名世界。

　清朝に入ってから、瀘定橋は四川からチベットに入る喉元にあたる要所で、軍事的な要衝でもある。1863年、太平天国蜂起の驍将であった翼王の石達開が大渡河を渡河するときも失敗し、全軍壊滅した。1935年5月29日、中国工農紅軍第一方面軍第二師団は22名の勇士を突撃隊にし、ここを守る敵を殲滅し、瀘定橋を奪い取り、蒋介石の追手を撒いた。瀘定橋はこれにより中国近代史上の偉大な功績で世界的にも名を馳せた。

　　泸定桥建筑风貌独特,为世界和我国所独有。泸定桥参观浏览点由三部分组成:一是泸定桥。二是泸定桥革命文物博物馆,馆内以照片、资料、实

物展出红军强渡大渡河、飞夺泸定桥等情况，以及当时红军领导的题词，著名书法家、画家的书法、名画。三是"红军飞夺泸定桥纪念碑"及其公园，邓小平题写的碑名，聂荣臻撰写的碑文。纪念碑及其公园设计新颖，把纪念意义、地方风情、艺术博览和旅游观光融为一体。1961年3月4日，泸定桥被国务院公布为第一批全国重点文物保护单位。

瀘定橋の建築風格はとてもユニークで、世界でも我が国でも特別な存在である。瀘定橋の見学ポイントは三つの部分で組み立てられている。一つ目は瀘定橋である。二つ目は瀘定橋革命文物博物館である。館内では写真、文献資料及び実物などで紅軍が「強渡大渡河（大渡河を強行渡河する）」、「飛奪瀘定橋（強行軍で瀘定橋を奪取する）」の状況を展示しているほか、当時の紅軍の指導者たちの題詞及び有名な書家、画家の書道作品や名画も展示している。三つ目は「紅軍飛奪瀘定橋記念碑」及びその公園である。記念碑には鄧小平が揮毫した碑名や、聶栄臻が書いた碑文が刻まれている。記念碑と公園のデザインは斬新で、記念的意義、地方の風情、芸術博覧と旅行観光を融合させて一体化している。1961年3月4日、瀘定橋は国務院によって第一陣「全国重点文物保護単位」に指定された。

长征翻越的第一座雪山：夹金山

"走到夹金山，伸手能摸天。"横跨在四川省雅安市宝兴县与阿坝藏族羌族自治州小金县之间的夹金山，是毛泽东、周恩来、朱德率领中央红军长征途中翻越的第一座大雪山。然而，这仅仅是夹金山的一个断面，130多年前，法国传教士阿尔芒·戴维德神父还在这里发现了"最不可思议的动物"——大熊猫。

長征で越えた一つ目の雪山：夾金山

「夾金山に着いたら、手を伸ばして天に触れることができる。」と言われている。四川省雅安市宝興県とアバ・チベット族チャン族自治州小金県の間にある夾金山は、毛沢東、周恩来、朱徳が率いた中央紅軍が長征の途中で越えた一つ目の大雪山である。しかし、それは夾金山のただ一

图 3-2　红军长征翻越夹金山纪念馆

つの側面に過ぎない。130余年前、フランスの宣教師アルマン・デビット神父（Fr Jean Pierre Armand David）がここで「最も不思議な動物」を見つけた。それがパンダである。

　　冬春时的夹金山,一片银装素裹。"长征万里险,最忆夹金山"。当年红军翻越雪山时,当地流传着一首民谣:"夹金山,夹金山,鸟儿不飞人不攀。要想越过夹金山,除非神仙到人间!"而准备翻越雪山的红军则自信地说:红军就是神仙!

　　冬から春の夾金山は一面の雪化粧になる。「長征万里険しく、一番忘れられないのは夾金山だ。」かつて、紅軍がこの雪山を越える時に、当地では「夾金山、夾金山、鳥も飛び越えられないし、人も登れない。夾金山を乗り越えるには、神様が人間の世界に降りて来るしかない。」との民謡が伝えられていた。雪山を越えようとしている紅軍たちはそれを聞いて「紅軍が神様なのだ！」と自信を持って言った。

　　1935年6月12日,红一方面军先头部队翻越了夹金山。红军翻越夹金山的故事,后来被选入中学课本,在那张为众人熟知的插图上,有白皑皑的雪和黑黢黢的山,连成一线的红军相互搀扶,顶着凄厉的罡风奋力爬向山顶。如今,那皑皑雪峰已成为缅怀英烈们的天然纪念碑,而山下夹金沟口达

维河上的土桥(现名达维会师桥)是红军一、四方面军的会师纪念地,中国革命由此翻开了历史新篇章。

1935年6月12日、紅軍第一方面軍の先遣部隊は夾金山を越えた。紅軍が夾金山を越えた話は後に全国中学校の教科書に収められた。あの人々によく知られている夾金山についての挿絵には、真っ白な雪と真っ黒な山があり、一本の線に繋がった紅軍兵士たちは互いに支え助け合い、凄まじい風に逆らって一生懸命に頂上へと向かった。今日、真っ白な雪峰は英雄たちを偲ぶ天然の記念碑となった。麓の夾金溝口の達維河の土橋（現在は達維会師橋と呼ぶ）は紅軍第一方面軍と第四方面軍が合流した記念すべき場所で、中国革命はここから歴史の新しい一ページを開いた。

红军会宁会师旧址

在丝绸古路上,坐落着一个历史重镇——会宁,在1936年,这座千年古镇再次在历史上留下了浓墨重彩的一笔:红军在此胜利会师！这标志着长征的胜利结束。会宁这座小镇也因此成为"全国第一批百个爱国主义教育示范基地"之一,"国家安全教育基地",入选全国红色旅游经典景区名录。景区包含了会师楼、会师塔、红军会师联欢会会址、会宁红军长征胜利纪念馆、红军总司令部旧址、红军长征将帅碑林、红一方面军指挥部旧址、红军政治部驻地旧址、红军演讲台旧址、红二方面军指挥部旧址、红四方面军指挥部旧址等景点。

紅軍会寧会師旧址

古いシルクロードには一つの歴史的に重要な町、会寧がある。1936年、この千年もの歴史を有する古鎮が歴史において再び色濃い一筆を残した：紅軍はここで成功裏に合流した！それは長征が勝利を収めたことを示している。会寧という小さな町はこれによって「全国第一陣百の愛国主義教育示範基地」「国家安全教育基地」に選ばれ、「全国紅色観光典型風景区リスト」にも登録されている。風景区には会師楼、会師塔、紅軍会師交歓会会場、会寧紅軍長征勝利記念館、紅軍総司令部旧址、紅

图 3-3　会宁红军会师旧址

軍長征将帥碑林、紅軍第一方面軍指揮部旧址、紅軍政治部屯所旧址、紅軍演説台旧址、紅軍第二方面軍指揮部旧址、紅軍第四方面軍指揮部旧址などの観光スポットがある。

会师楼

　　会师楼及城墙建于明朝洪武六年,原为古城西城门,也称"西津门",建成后历经多次损毁、补修。新中国成立后,分别在1986年、2006年在原址上进行了两次维修。城墙高10米,城门为拱形,是明代建筑风格。城楼高7米,是二层木质建筑。城楼龙脊兽瓦、飞檐翘角,城墙古朴典雅、巍峨壮观。为纪念1936年红军主力在会宁会师,1952年,"西津门"更名为"会师门",城楼命名为"会师楼"。

会師楼

　　会師楼とその城壁は明の洪武六年（1373年）に建てられ、元々は古城の西城門で、「西津門」とも呼ばれた。出来上がってから何度も損壊と修繕を繰り返した。中華人民共和国が成立した後、1986年と2006年に元の跡地で二回修繕が行われた。城壁は高さ10メートルで、城門はアーチ形で、明代の建築スタイルとなっている。城楼は高さ7メートルで、二階建ての木造建築である。城楼は龍脊獣瓦（中国明・清時代の建築の屋

图 3-4 会宁红军会师楼

根の装飾）で、軒先はぴんと反りあがっており、城壁は素朴にして典雅、高々とした壮観な姿をしている。1936年に紅軍主力が会寧で成功裏に合流したことを記念するために、1952年、「西津門」は「会師門」に名が変わり、城楼も「会師楼」と名付けられた。

会师塔

会师塔始建于 1986 年, 塔高 28.78 米, 一至十层为三塔合抱, 第十一层又合为一塔。三塔合抱, 象征着红军三大主力会师; 塔高 11 层, 则寓意着红军长征时途经了 11 个省、自治区。会师塔正面镌刻着邓小平题写的"中国工农红军第一、二、四方面军会师纪念塔"这 18 个白底红字的大字。

会师塔

会師塔は1986年に建て始められた。塔の高さは28.78メートル、1階から10階までは三つの塔が抱き合うような形になっており、11階目はまた合わさって一つの塔になっている。三つの塔が抱き合う形になっているのは紅軍の三大主力部隊が会寧での合流を象徴しており、塔が全部で11階あるのは紅軍が長征で11の省や自治区を通過したことを表している。会師塔の正面には「中国工農紅軍第一、二、四方面軍会師記念塔」という、鄧小平の書いた18文字の題字が白地に赤く刻まれている。

图 3-5 会宁红军会师塔

会宁红军长征纪念馆

会宁红军长征纪念馆始建于 2006 年,于当年 10 月开馆。馆内有藏品千余件,珍贵文物百余件。会宁红军长征纪念馆是一座专题性纪念馆,主要展现了红军会宁会师、长征胜利结束这一伟大诗篇。在有关长征的纪念馆中,该馆是规模最大、全面展示红军长征的纪念馆,入选全国爱国主义教育示范基地。

图 3-6 会宁红军长征纪念馆

会寧紅軍長征記念館

会寧紅軍長征記念館は2006年に建て始められ、同年10月に開館した。所蔵品は千点余りで、そのうち、貴重文物が百点余りある。会寧紅軍長征記念館はテーマ型の記念館で、紅軍が会寧で成功裏に合流し、長征が勝利裏に終了したという輝かしい歴史を展示している。長征に関する記念館の中で、これは最も規模が大きく、そして長征のプロセスを全面的に展示している記念館として、全国愛国主義教育示範基地に選ばれている。

六盘山红军长征纪念馆

六盘山横贯陕甘宁三省区,是红军长征翻越的最后一座大山。六盘山红军长征纪念馆位于宁夏回族自治区固原市隆德县境内的六盘山主峰之上,于2005年9月18日落成,由纪念馆、纪念碑、纪念广场、纪念亭、吟诗台五部分组成。该馆海拔2 832米,距固原市区50公里,距隆德县城14公里,是为纪念红军长征胜利70周年而建的红色旅游景点。

图3-7 六盘山红军长征纪念馆

六盤山紅軍長征記念館

六盤山は陝西省、甘肅省、寧夏回族自治区に跨っている山脈で、紅軍が長征の道で越えた最後の高山である。六盤山紅軍長征記念館は寧夏回

砥砺征途(中日对照):革命历史景点故事

族自治区固原市隆徳県内の六盤山の主峰に建てられ、2005年9月18日に落成し、記念館、記念碑、記念広場、記念亭、吟詩台という五つの部分から構成されている。同館は海抜2 832メートルで、固原市区から50キロメートル、隆徳県城から14キロメートル離れていて、長征勝利70周年を記念するために建てられた紅色観光スポットである。

六盘山红军长征纪念馆主要是通过对红军长征过程的全面展示,反映党和党领导下的革命军队,团结带领各族人民群众团结奋斗、不怕牺牲、艰苦创业、振兴民族的崇高精神,尤其是突出了红军长征经过六盘山区的历史,突出了党在回族聚居区的活动,强化了毛泽东六盘山词的展示,填补了同类展馆相应题材的空白。

六盤山紅軍長征記念館は紅軍長征の過程を全面的に展示しており、中国共産党と共産党が指導した革命軍隊は各民族の人民を団結して共に奮闘し、犠牲を惜しまず、苦難を乗り越えて創業し、民族を振興させるという崇高な精神を反映している。特に、紅軍が長征の途中で、六盤山を通過する歴史、共産党が回族の居住区での活動、及び毛沢東が六盤山で書いた詩の展示を強化し、同類型の記念館の展示内容の空白を埋めたと言える。

纪念馆占地面积2 159平方米,由红军长征纪念亭扩建而成。纪念馆有四个展厅,每个展厅均以毛泽东长征途中创作的诗词名句命名,分别是"红军不怕远征难""六盘山上高峰""红旗漫卷西风"和"不到长城非好汉",讲述了红一方面军的长征历程以及红二十五军、中央红军在六盘山地区的活动情况。400余幅(组)珍贵照片、220件文物、30余件艺术品与场景复原、幻影成像、电子多媒体等手段有机结合,共同搭建了读长征史的课堂。

記念館の敷地面積は2 159平方メートルで、紅軍長征記念亭を増築して作られた。記念館には四つの展示ホールがあり、いずれも毛沢東が長征の途中で創作した詩の名句で名付けられている。順番に行くと、「紅軍は遠征の難きを恐れず」「六盤山上の高峰」「紅旗漫に西風を巻く」

第三章　长征：伟大壮举　革命奇迹

「長城に至らずんば好漢にあらず」の四つであり、紅軍第一方面軍の長征の道程、紅軍第二十五軍団と中央紅軍が六盤山での活動などを物語っている。更に、400余枚（セット）の貴重な写真、220点の文物、30余点の芸術品が場面再現、三次元映像技術、マルチメディアなどの展示手段と融合させ、長征の歴史を学ぶ教室を作り上げた。

纪念碑坐落在纪念馆顶部4 900平方米的平台上，高26.8米，长18米，宽4.5米，东西两侧分别是毛泽东手书的著名诗词《七律·长征》和《清平乐·六盘山》，正面是江泽民题写的"六盘山红军长征纪念碑"碑名，背面镶刻着"巍巍六盘，浩浩长风。长征精神，永放光芒"的碑文。

記念碑は広さ4 900平方メールの記念館の屋上に建てられており、高さ26.8メートル、長さ18メートル、幅4.5メートルである。記念碑の東側と西側にはそれぞれ毛沢東の有名な詩『七律·長征』と『清平楽·六盤山』が書かれており、正面には江沢民の筆による「六盤山紅軍長征記念碑」という文字が、裏面には「巍巍六盤、浩々長風。長征精神、永放光芒（巍巍たる六盤山、浩々たる長風。長征精神、永遠に光芒を放つ）」という碑文が刻まれている。

纪念广场占地1万平方米，门口两组群雕再现当年回汉人民喜迎红军和红军翻越六盘山的壮观场面。纪念广场的壁墙由三面红军军旗组成，高12米，长60米，上面镌刻着江泽民同志题写的"长征精神永放光芒"八个大字。

記念広場の敷地面積は1万平方メートルで、入口に置かれている二組の群像彫刻は当時、回族と漢族の人民が紅軍を喜んで迎える場面と、紅軍が六盤山を越える壮観な場面をリアルに再現している。記念広場の壁は3つの紅軍軍旗によって構成されている。高さは12メートル、長さは60メートルで、その上に江沢民によって書かれた「長征精神永放光芒（長征精神が永遠に光芒を放つ）」という8文字が刻まれている。

为了更好地传承发扬长征精神，六盘山红军长征景区还修建了 2.5 公里的红军小道，象征着红军长征二万五千里，并在沿途建设了 18 个微缩景观。红军小道上再现了长征路上"出发于都河、血战湘江、突破乌江、遵义会议、攻占娄山关、四渡赤水、巧渡金沙江、强渡大渡河、飞夺泸定桥、翻越大雪山、懋功会师、艰难过草地、夺占腊子口、决策哈达铺、会师将台堡、奠基大西北"等 18 处重大事件的场景。走在红军小道，不仅可以了解长征的历史，更令人感受到红军长征的伟大与艰辛。

長征精神をよりよく伝承し発揚するためには、六盤山紅軍長征観光区には2.5キロメートルの紅軍長征小道が築かれている。これは紅軍長征二万五千里を象徴しており、沿道には18のミニチュア風景が作り上げられている。紅軍小道には「于都河からの出発、湘江戦役、烏江突破、遵義会議、婁山関奪取、四度赤水河を渡る、巧みに金沙江を渡る、大渡河を強行渡河する、強行軍で瀘定橋を奪取する、大雪山を越える、懋功での合流、大湿原を通過する、臘子口攻略、哈達鋪での政策決定、将台堡での合流、西北に定礎する」という18の重大事件の場面を再現している。紅軍長征小道を歩きながら、紅軍長征の歴史を学ぶと同時に、紅軍長征の偉大さと紅軍が経験した苦難も感じさせられる。

专栏3：长征精神①

伟大的长征铸就了伟大的长征精神。2016年10月21日，习近平总书记在纪念红军长征胜利80周年大会的重要讲话中指出："伟大长征精神，把全国人民和中华民族的根本利益看得高于一切，坚定革命的理想和信念，坚信正义事业必然胜利的精神；就是为了救国救民，不怕任何艰难险阻，不惜付出一切牺牲的精神；就是坚持独立自主、实事求是，一切从实际出发的精神；就是顾全大局、严守纪律、紧密团结的精神；就是紧紧依靠人民群众，同人民群众生死相依、患难与共、艰苦奋斗的精神。"

コラム3：長征精神

偉大な長征は偉大な長征精神を築き上げた。2016年10月21日、習近平総書記が紅軍長征勝利80周年記念大会で重要講話を発表した。講話の中で、習近平総書記は「偉大な長征精神は、全国の民衆及び中華民族の根本的利益を何よりも上に置き、革命の理想と信念を揺るぎないものにし、正義な事業は必ず勝利を勝ち取ることができると確信する精神であり、国と民を救い、いかなる艱難辛苦も恐れず、あらゆる犠牲を惜しまぬ精神であり、自主独立、実事求是を堅持し、全てにおいて現実的観点に立つ精神であり、大局意識を堅持し、規律を厳守し、団結を強化する精神であり、人民大衆をしっかりと拠り所とし、人民大衆と生死を共にし、苦難を共にし、刻苦奮闘する精神であった。」と述べた。

---

① 习近平.在纪念红军长征胜利80周年大会上的讲话[EB/OL].[2022-02-10].http://www.xinhuanet.com//politics/2016-10/21/c-119765804_2.htm.

第四章　遵义：历史转折　出奇制胜

第四章　遵義：歴史的転換　奇兵で敵を制す

　　"遵义"之名，出自《尚书》"无偏无陂，遵王之义"，意思是要遵循贤哲先王的教导，行为要端正，做事不偏颇。1935年1月，遵义迎来了一支人民自己的军队——中国工农红军。由中国共产党领导的这支军队，当时因军事领导的错误濒临绝境，来到遵义后，红军改换了掌舵人，中国革命的航船由此转危为安。在贵州的崇山峻岭中，红军创造了"四渡赤水"等人类战争史上一连串出奇制胜的经典战役。遵义这座转折之城，为中国革命带来福祉，为中国革命转运。

　　「遵義」という名は中国の古い経典『尚書』の「無偏無頗、遵王之義」から由来しており、つまり先王先哲の教えに従い、品行が方正で、そして物事をするときには偏ることがないようにしなけれならない。1935年1月、遵義の民衆は自分たちの軍隊——中国工農紅軍を迎えてきた。中国共産党が指導したこの軍隊は当時、指導者層の軍事的間違いにより、存亡の瀬戸際に立たされていた。遵義に来てから、紅軍は舵取りを新しく選出し、中国革命の航船はここより危機から抜け出し、安全に転じた。貴州省の幾重にも重なり合ってそそり立つ山々の中で、紅軍は「四渡赤水（赤水河を四度渡る）」のような奇兵で勝ちを制すという人類戦争史に残る一連の経典的戦役を行った。偉大な転機となった遵義という町は、中国革命に福祉をもたらし、中国革命を成功に導いた。

第四章 遵义:历史转折 出奇制胜

第一节 历史回眸

第一節 歴史の回顧

中央红军开始长征

井冈山革命根据地建立后,中国共产党领导的革命根据地广泛建立,并得到广大农民的支持和拥护,根据地不断扩大。红军和根据地的迅速发展使国民党统治集团感到震惊。1930年至1932年,蒋介石调集重兵向根据地和红军发动了四次大规模"围剿",企图破坏根据地,消灭共产党。共产党领导的红军在根据地人民的支持下,一次又一次地粉碎了敌人的"围剿"。红军在反"围剿"的斗争中,形成了"避敌主力,诱敌深入,集中优势兵力,各个歼灭""打得赢就打,打不赢就走"的战略战术思想,解决了红军以劣势兵力和落后装备战胜强大敌人的问题。

中央紅軍が長征開始

井岡山革命根拠地が創建されてから、中国共産党に指導された革命根拠地が広い範囲で作られて、農民たちの手厚い支持を受けた。根拠地の規模が絶えず拡大していった。紅軍と根拠地の急速な発展ぶりが国民党統治集団を驚かせた。1930年から1932年にかけて、蒋介石は強大な軍力を動員して、革命根拠地を破壊し、共産党を滅ぼすために、革命根拠地と紅軍に対して四回もの「包囲討伐」を行った。共産党が率いた紅軍は根拠地人民の支持の下で、敵の「包囲討伐」を次々と勝ち抜いた。反「包囲討伐」作戦の中で、紅軍は「敵の主力との戦争を回避して敵を誘い込み、精鋭を集中的に投入することで敵を個々に殲滅する」、「勝利できるなら戦い、できなければ撤退する」などの戦略戦術思想を形成し、紅軍が劣勢兵力で強大な敵を勝ち、敵との兵力差と装備差の問題をうまく解決した。

1933年下半年,蒋介石发动对革命根据地的第五次"围剿",调集100万军队向各地红军进攻,其中50万军队于9月下旬开始向中央革命根据地发

动进攻。由于以王明为代表的"左"倾教条主义的错误,红军第五次反"围剿"失败。1934年10月,中央红军主力8.6万多人被迫撤离中央革命根据地,开始战略转移,踏上漫漫征程。

1933年後半、蒋介石は革命根拠地に対する五回目の「包囲討伐」を展開した。蒋介石は100万の兵力を動員して各地に差し向け紅軍を攻撃し、そのなか、9月下旬から50万の軍隊を中央革命根拠地に向けて進攻させた。しかし、王明を代表とする「左翼」教条主義の誤りの結果、紅軍は五回目の反「包囲討伐」に失敗した。1934年10月、中央紅軍の主力部隊8.6万余人は中央根拠地からの撤退を余儀なくされ、戦略的移転を開始し、長征の途についた。

湘江战役

蒋介石调集了16个师、77个团的庞大兵力进行了"追剿",布置了四道封锁线对红军围追堵截。中央红军接连突破敌人三道封锁线后,于1934年11月下旬进入广西湘江地区。11月27日至12月1日,中央红军在湘江上游的兴安县、全州县、灌阳县,与数倍自己的国民党军苦战五昼夜,最终强渡湘江,突破了国民党军的第四道封锁线,粉碎了蒋介石围歼中央红军于湘江以东的企图。湘江战役是红军长征的壮烈一战,是事关中国革命生死存亡的重要历史事件。此次战役后,中央红军由长征出发时的8.6万多人锐减至3万多人,红军的鲜血染红了湘江。当地百姓为纪念牺牲的红军战士,流传着"三年不饮湘江水,十年不食湘江鱼"的说法。

湘江戦役

蒋介石は16の師、77の団という莫大な兵力を動員して、紅軍の行く手に四重の封鎖線を待ち構え、紅軍を包囲追撃した。中央紅軍は三重の封鎖線を突破してから、1934年11月下旬に広西の湘江地域に到着した。11月27日から12月1日まで5日間にわたり、中央紅軍は湘江上流の興安県、全州県、灌陽県などで数倍も多い国民党軍と血戦した末、封鎖を突破して湘江を強行渡河し、中央紅軍を湘江以東で包囲殲滅する蒋介石の企てを粉砕した。湘江戦役は紅軍が長征途中で経験した最も壮烈な戦役の一

第四章　遵义：历史转折　出奇制胜

つで、中国革命の生死存亡に関わる重要な歴史事件である。この戦役を経て、中央紅軍は出発当時の8.6万余人から3万人に激減し、湘江の水は紅軍の鮮血で赤く染まった。現地の民衆は命を捧げた紅軍兵士を記念するため、「湘江の水を三年飲まず、湘江の魚を十年食べない」との言い方が言い伝えられている。

湘江战役后,党内对中央红军的前进方向一直在激烈争论。1934年12月18日,中央政治局在贵州黎平举行会议,根据毛泽东的建议,通过了《中央政治局关于战略方针之决定》的决议,放弃到湘西北同红二、红六军团会合的计划,改向贵州北部进军。

湘江戦役後、中央紅軍の行軍方向を巡り、党内には激しい議論が続けられていた。1934年12月18日、中央政治局は貴州省黎平で会議を行い、毛沢東の提案にもとづき「中央政治局が戦略方針に関する決定」を採択し、紅軍第二、第六軍団と合流する計画を放棄し、湖南省西北へ向かうコースを変更して、貴州省北部へ行軍することを決定した。

遵义会议

在遵义会议前,红军遭受了第五次反"围剿"的失败和长征初期的一系列损失。特别是在湘江战役中遭受重大损失后,广大干部战士对王明军事路线的怀疑和不满达到顶点,一些执行王明军事路线的党和红军的高级干部重新认识到以毛泽东为代表的正确军事路线。

遵義会議の前に、紅軍は第五次反「包囲討伐」作戦の失敗と長征の最初段階における一連の失策を体験した。特に湘江戦役で甚大な損失を被った後、紅軍の幅広い戦闘員が王明を代表とする「左翼」軍事路線に対する疑念と不満は頂点に達した。このため、「左翼」軍事路線を支持していた一部の党と紅軍の高級幹部は、毛沢東を代表とする正しい軍事路線を改めて認識した。

1935年1月7日,红军攻克遵义。1月15日至17日,党中央在遵义城

琵琶桥东侧87号(现遵义市红花岗区子尹路96号)黔军第二十五军第二师师长柏辉章的公馆里召开了政治局扩大会议,即遵义会议。出席会议的有政治局委员和候补委员毛泽东、周恩来、朱德、陈云、张闻天(洛甫)、秦邦宪(博古)、刘少奇、王稼祥、邓发、何克全(凯丰),中央秘书长邓小平,红军总部和各军团负责人刘伯承、李富春、聂荣臻、彭德怀、杨尚昆、李卓然、林彪,共产国际派来的军事顾问李德,翻译伍修权。

1935年1月7日、紅軍は遵義を攻略した。1月15日から17日にかけて、中国共産党中央は遵義城琵琶橋東側87号(現在の遵義市紅花崗区子尹路96号)にある貴州軍第二十五軍二師師長・柏輝章の邸宅で政治局拡大会議を開催し、即ち遵義会議である。会議に出席したのは政治局委員と候補委員の毛沢東、周恩来、朱徳、陳雲、張聞天(洛甫)、秦邦憲(博古)、劉少奇、王稼祥、鄧発、何克全(凱豊)のほか、中央秘書長の鄧小平、紅軍総部と各軍団の責任者の劉伯承、李富春、聶栄臻、彭徳懐、楊尚昆、李卓然、林彪、コミンテルンからの軍事顧問李徳(オットー・ブラウン)も参加した。通訳は伍修権が担当した。

会议的主要议题是总结第五次反"围剿"和长征以来的经验教训。根据绝大多数同志的意见和要求,改组了中央书记处和中央革命军事委员会,毛泽东被选为政治局常委,取消了博古和李德的最高军事指挥权。推选张闻天代替博古在中央负总责,毛泽东、周恩来负责军事。随后,又成立了以毛泽东为首,周恩来、王稼祥参加的三人军事指挥小组。从此结束了王明"左"倾冒险主义的统治,事实上确立了毛泽东在党中央和红军的领导地位。

会議の中心的議題は第五次反「包囲討伐」作戦の敗北と長征以来の失敗から得た教訓の総括であった。圧倒的多数の出席者の意見と要求により、中央書記処と中央革命軍事委員会を改組し、毛沢東を中央政治局常務委員に選出し、博古と李徳(オットー・ブラウン)の軍事指揮権を取り消した。また、博古に代わって、張聞天を中央書記処総書記に選挙し、毛沢東と周恩来が軍事行動に責任を持たせることとした。会議後まもなく、さらに毛沢東、周恩来、王稼祥で構成される三人軍事指揮チーム

第四章　遵义：历史转折　出奇制胜

（別称は「新三人団」）を設置した。これにより、中国共産党における王明を代表とする「左翼」冒険主義の支配を終らせ、党中央と紅軍における毛沢東の指導的地位が事実上に確立された。

遵义会议是中国共产党第一次独立自主地运用马克思列宁主义基本原理解决自己的路线、方针和政策方面问题的会议。遵义会议在极端危急的关头挽救了党,挽救了红军,挽救了中国革命,成为党的历史上一个生死攸关的转折点。①

遵義会議は中国共産党がマルクス・レーニン主義の基本的原理で中国革命の路線、方針、政策などの重大問題を初めて独立自主して解決した会議である。遵義会議は存亡の瀬戸際から共産党と紅軍を救い、中国革命を挽回した。中国共産党の歴史において、その存亡に関わるきわめて肝要なターニングポイントとなった。

遵义会议后,红军在毛泽东、周恩来等人的领导下,四渡赤水、巧渡金沙江,摆脱了敌人的围追堵截。随后顺利通过四川凉山彝族地区,飞夺泸定桥,强渡大渡河,爬雪山、过草地,于1935年10月到达陕北吴起镇,与刘志丹率领的陕北红军会师。1936年10月,红四方面军和红二方面军先后抵达甘肃会宁地区,三大主力红军胜利会师,长征取得了最后的胜利。

遵義会議後、紅軍は毛沢東、周恩来らの指導の下、赤水河を四度渡り、巧に金沙江を渡河し、敵の包囲網を突破すると、四川省涼山の彝族区を順調に通過し、速やかに濾定橋を奪取した。さらに大渡河を渡り、大雪山を越え、大湿原を抜け出してから甘粛、寧夏、陝西へと足を踏み入れ、1935年10月に陝西省北部の呉起鎮に到着し、劉志丹が率いる陝北紅軍と合流した。1936年10月には、紅軍第四方面軍と紅軍第二方面軍が相次いで甘粛省会寧地区に辿り着き、紅軍第一方面軍との合流を果たした。これにより、紅軍の三大主力部隊は勝利裏に合流し、長征の勝利を

---

① 遵义会议[EB/OL].[2022-02-06].中国共产党新闻—中国共产党新闻网（people.com.cn）.http://cpc.people.com.cn/GB/33837/2534276.html.

砥砺征途(中日対照):革命历史景点故事

告げたのである。

第二节　红色故事

第二節　革命物語

困牛山壮举

1934 年 8 月，奉中革军委命令，任弼时、萧克、王震率红六军团作为红军长征先遣部队从湘赣革命根据地出发西征。10 月 7 日，红六军团在石阡甘溪遭遇桂军的伏击，部队被截为三段，随后陷入湘桂黔三省敌军 24 个团的围追堵截。为了掩护军团主力去黔东根据地与贺龙领导的红三军会合，第 18 师 52 团 800 余人在师长龙云和团长田海清的率领下负责阻敌断后，在完成任务后追赶主力军团时，被增援的敌军截断了去路。为了拖住敌军，保证主力顺利南撤，52 团改道把敌人引向困牛山，也使所剩 400 余人再次陷入敌军合围之中。

困牛山における紅軍の壮挙

1934年8月、中央革命軍事委員会の命令にしたがい、任弼時、蕭克、王震は紅軍第六軍団を率いて、紅軍長征の先遣部隊として湘贛（湖南・江西）革命根拠地を離れて西征へ立った。10月7日、紅軍第六軍団は貴州省石阡県甘溪で桂軍（広西の国民党軍）の待ち伏せ攻撃に遭遇し、部隊が三つに切り離された。その後、紅軍第六軍団は湘黔桂（湖南・貴州・広西）三省からの24団の敵軍による包囲追撃に陥った。貴州省東部にある根拠地に行き、賀龍が率いる紅軍第三軍と合流しようとする軍団の主力部隊を援護するために、第18師第52団の800余人の紅軍兵士は龍雲師長と田海清団長に率いられて、敵軍の追撃を阻止する任務に当たった。しかし、任務を終えて軍団の主力部隊に追いつこうとする時に、第52団は増援してきた敵軍に行く手を遮られた。敵軍を引き止めて、主力部隊が南への撤退行動の遂行を確保するためには、第52団は行軍ルートを変更して敵軍を困牛山の方に引きつけていった。ところが、第52団の残った400余人の兵士がまた敵軍に包囲されてしまった。

第四章 遵义:历史转折 出奇制胜

10月16日,困牛山战斗打响。困牛山三面临河、四面峡谷,地势险要。尽管四周的高山均被敌军占据,但红军临危不惧,与数十倍于己的敌人激烈交战。师长龙云和团长田海清兵分两路,在田海清率领的200余人的掩护下,龙云率200余人突出重围。田海清在掩护突围中,不幸中弹牺牲。

10月16日、困牛山の戦いが始まった。困牛山は三方が川に臨み、周りが峡谷に囲まれ、地勢が極めて険しい。困牛山周囲の高い山は全部敵軍に占領されていたにも関わらず、危険にさらされた紅軍は少しも恐れず、自軍より数十倍も多い敵軍と激しく戦った。龍雲師長と田海清団長は400余人の兵士を二つに分け、それぞれ一つの部隊を率いた。田海清が率いた200余人の必死の援護のもとで、龍雲が率いた200余人は敵軍の包囲を突破した。しかし、田海清は龍雲部隊の突破行動を援護したときに、不幸にも銃弾に当たって命を捧げた。

敌军见红军战士不打老百姓,便裹胁着百姓,将包围圈不断缩小,最后阻击敌人的100余名红军战士面对步步逼近的敌军和被胁迫挡在敌前的老百姓,边打边退,直到退到虎井沟悬崖边,为了不做俘虏、不误伤百姓,纷纷砸毁枪支,毅然纵身跳下70多米的悬崖,战士们的平均年龄还不到20岁。当地群众被红军壮举打动,待敌军撤退后沿着山崖寻找生还红军,在百姓的救助下,仅有极少数红军战士得以幸存。

敵軍は紅軍兵士が民衆を撃たないのを見て、民衆を脅迫しながら包囲網を縮めていた。敵軍を阻止する100人あまりの紅軍兵士は、迫ってくる敵軍と、敵軍に脅迫されて彼らの前に立たされた民衆を前にして、戦いながら後退していた。最後に、紅軍兵士たちは虎井溝という絶壁まで後退した。捕虜にならず、そして民衆を誤って傷付けないように、紅軍兵士たちは銃を壊し、70メートルも超える絶壁から次々と飛び降りた。当時、兵士たちの平均年齢はまだ20歳にもなっていなかった。地元の民衆たちは紅軍兵士の壮挙に感動させられ、敵軍が撤退したら、絶壁に沿って生き残った紅軍兵士を探しに出た。民衆の救助のもとで、ごく少数でありながら、何人かの紅軍兵士が助かった。

困牛山战斗中,百余名红军战士用鲜血和生命谱写了"宁死不做俘虏、宁死不伤百姓"的壮举,诠释了红军信仰坚定、赤诚为民、勇于牺牲的精神。困牛山战斗为红六军团主力顺利突围赢得了有利时机。1934年10月24日,任弼时、萧克、王震率领的红六军团结束了历时79天的西征,与贺龙、关向应、夏曦率领的红三军在铜仁印江县木黄胜利会师,迎来了长征中的第一次会师。

困牛山の戦いにおいて、100余名の紅軍兵士は血と命をもって「たとえ命を落としても絶対に捕虜にならず、民衆を傷付けない」との壮挙を成し遂げただけでなく、彼らが持っている「信念を固め、一心に民衆に奉仕し、犠牲を惜しまない」精神も見事に解釈した。困牛山の戦いは、紅軍第六軍団の主力部隊が敵軍の包囲網を突破する上に貴重な機会を提供した。1934年10月24日、任弼時、蕭克、王震が率いる紅軍第六軍団は、79日間にわたる西征を終え、賀龍、関向応、夏曦が率いる紅軍第三軍と貴州省銅仁市印江県木黄鎮で成功裏に合流し、紅軍は長征途上初めての合流を迎えた。

强渡乌江之模范连

1934年12月31日下午,中央红军总部抵达猴场。当天下午至次日凌晨,中共中央再次召开政治局会议,讨论是否执行黎平会议的决定,史称"猴场会议"。会议再次肯定了毛泽东渡江北上的正确主张,命令红军立即强渡乌江,挺进黔北。乌江两岸绝壁高耸,天然落差2000余米,谷深水急。敌军妄图凭借天险阻挡红军北渡,毁掉了所有船只,甚至连一块木板都未留下,并在乌江北岸修筑了防御工事,红军只能就地取材扎筏渡江。

烏江強行突破における模範連

1934年12月31日午後、中央紅軍総部は貴州省甕安県の猴場に到着した。午後から翌日の未明にかけて、中国共産党中央委員会はまた政治局会議を開き、黎平会議の決定を執行するかどうかを討論した。この会議は歴史において「猴場会議」と呼ばれている。会議では毛沢東の烏江を渡って北上するという正しい提案が再確認され、紅軍に直ちに烏江を強

第四章　遵义：历史转折　出奇制胜

行渡河し、貴州省北部へ行軍するように命じた。烏江の両岸には絶壁がそそり立り、落差が2 000メートルも超え、谷が奥深く、流れが激しい川である。敵軍はこの天険を頼りに紅軍の北上ルートを遮断しようとして、船を全部壊してしまい、板一枚さえ残さなかった。また、烏江の北岸にも堅い防御工事を築きあげた。紅軍はその場で材料を調達し、筏を組んで、烏江を渡るしかなかった。

1月2日上午,红一军团第2师第4团1营3连连长毛振华率领7名战士拉绳泅渡,计划将缆绳拉过江去,以便主攻部队渡江,然而缆绳被敌人炮火炸断,未能成功。晚上,部队又组织18名战士乘竹筏偷渡,只有毛振华等5人偷渡成功,在对岸隐伏了下来。1月3日上午9时,强渡开始。

1月2日の午前、紅軍第一軍団第二師第四団第一営第三連の連長である毛振華は7人の兵士を率いて、ロープを引っ張りながら烏江を泳ぎ渡り始めた。主力部隊が順調に渡河できるように、毛振華らはロープを対岸まで引っ張ろうとしたが、敵の砲火に当たられ、ロープが切れてしまい、計画は成功できなかった。夜になると、紅軍はまた18人の兵士を組織し、筏に乗ってひそかに渡河しようとしたが、対岸まで辿り着いたのは僅か毛振華を始めとする5人であった。彼らは対岸で潜伏していた。1月3日午前9時、烏江を強行渡河する戦いが始まった。

由第一营第一、第二、第三连官兵组成的突击队在密集火力掩护下乘竹筏从新渡口冲向对岸。当竹筏接近北岸时,头天晚上偷渡成功的毛振华等5人突然奋起接应,在岸上向敌军发起猛烈进攻。敌军乱作一团,江中竹筏借机加速靠岸。同时,红军趁势在渡口迅速架设浮桥,后续部队陆续冲过浮桥过江,并对敌军猛攻猛打,撕开了江防的口子。与此同时,另外两个渡口也成功强渡。

第一営の第一連、第二連、第三連の将兵からなる突撃隊は集中砲火の援護のもとで、新渡口で筏に乗り、対岸へ向かっていた。筏が北岸に近づくと、前日の夜に渡河に成功した毛振華ら5人が突然現れ、北岸の敵

軍を激しく攻撃し、突撃隊を援護した。敵軍が大騒ぎになったのを機に、突撃隊はスピードを速め、岸に駆け上がっていた。それと同時に、紅軍は渡口で素早く浮き橋を架け、後続部隊は次々と浮き橋で烏江を渡り、そして敵軍に対して猛烈な攻撃をかけた。敵軍の築いた烏江防御線はこれで崩壊した。一方、紅軍が別の二つの渡口での渡江作戦も勝利を収めた。

登岸勇士顽强进攻,冲入守军阵地,与敌展开了近距离战斗。其中,第一营第一连官兵在攻入敌人主阵地后,立即展开追击,长途奔袭40多里,攻占了黔军"前敌指挥部",为乌江战斗的胜利奠定了基础。至1月6日,中央红军和军委纵队全部渡过乌江,随即占领遵义城。

上陸した紅軍勇士は粘り強く戦い、敵の守備軍の防衛陣地に攻め込み、敵軍と近距離の戦いを展開した。特に、第一営第一連の将兵たちは敵の主陣地に攻め込んだ後、すぐ敵を追撃し、40キロの強行軍をして黔軍（貴州の国民党軍）の「前敵指揮部」に突入し、烏江突破作戦の勝利のために基礎を築き上げた。1月6日までに、中央紅軍と軍事委員会の縦隊は全部烏江を渡り、その後間もなく、遵義を占領した。

为表彰红一军团红二师第四团第一营第一连在此次战斗中的突出战绩,红一军团授予该连"强渡乌江模范连"的称号。在之后的革命岁月中,该连始终高举战旗、冲锋在前。在庆祝中华人民共和国成立70周年阅兵式上,这面战旗与中国人民解放军100面英雄的战旗在天安门前走过,彰显了人民军队的英雄气概。

紅軍第一軍団第二師第四団第一営第一連が今回の戦闘における優れた功績を表彰するために、紅軍第一軍団は第1連に「烏江強行突破模範連」の称号を授けた。それ以降の革命歳月の中で、第一連は終始戦旗を高く掲げ、先頭に立って戦っていた。中華人民共和国成立70周年を祝う閲兵式で、「烏江強行突破模範連」の戦旗が中国人民解放軍の百枚の英雄戦旗と並んで、天安門の前を通り過ぎ、人民軍隊の英雄的気概を顕彰した。

第四章 遵义:历史转折 出奇制胜

青杠坡战斗:四渡赤水之序幕

遵义会议之后,蒋介石调集40万兵力合围遵义城,中革军委决定在敌军合围之前撤离遵义,从赤水北渡长江,进入川西北与红四方面军会合。红军兵分三路,陆续抵达土城。此时川军刘湘一面调重兵封锁长江,一面向赤水、合江、叙永一线推进,川军郭勋祺部紧追而来,盘踞在土城北部青杠坡周围的山上,企图在此围歼中央红军。面临着前有阻敌,后有追兵的不利形势,中革军委决定集中优势兵力,歼灭郭军的四个团后再全力北进。

青杠坡の戦い:「四渡赤水」の幕開け

遵義会議の後、蒋介石は40万の兵力を動員し、遵義を包囲しようとした。中央革命軍事委員会は敵軍の包囲網が形成される前に遵義から撤退し、赤水から北上し、長江を渡ってから四川省の西北に入り、そこで紅軍第四方面軍と合流することを決めた。紅軍は三つのルートに分かれ、続々と土城に到着した。これと同時に、劉湘が率いた川軍(四川省の国民党軍)は大軍を動員して長江を封鎖する一方、赤水、合江、叙永に向かって前進し、郭勛祺の川軍部隊は紅軍の後を追ってきて、土城の北にある青杠坡周囲の山を占領し、ここで中央紅軍を包囲殲滅しようと思った。前には前路を遮る敵があり、後ろには追ってくる部隊があるという不利な情勢に直面して、中央革命軍事委員会は優勢な兵力を集めて、郭勛祺の四つの団の敵軍を殲滅してから全力で北上することを決定した。

1935年1月28日凌晨,青杠坡战斗打响了。红三军团、红五军团首先向郭勋祺部发起了进攻,而此时郭部占据青杠坡制高点,凭借有利的地形和援军的配合,猛烈反击。红军部分阵地被突破,敌军直逼红军指挥部前沿。紧急关头,总司令朱德、总参谋长刘伯承亲自上前线指挥战斗,并命令已到达赤水、元厚的红一军团2师火速回援。同时,干部团团长陈赓、政委宋任穷也率领干部团投入战斗中。

1935年1月28日の明け方、青杠坡の戦いの火蓋が切られた。紅軍第三軍団、紅軍第五軍団はまず郭勛祺の部隊に対して攻撃を始めた。敵軍は青杠坡の高地を占拠しているので、有利な地形と援軍からの支援を頼り

· 111 ·

に、紅軍を激しく反撃していた。敵軍は紅軍の一部の陣地を突破し、紅軍指揮部の前まで迫ってきた。この大事な瀬戸際に、総司令の朱徳と総参謀長の劉伯承は自ら前線に行って戦闘を指揮し、そして赤水、元厚に到着した紅軍第一軍団の第2師に至急戻って援助するように命令した。それと同時に、幹部団団長の陳賡と政治委員の宋任窮も幹部団を率いて戦闘に加わった。

最终,红军在付出极大牺牲后,夺取了敌军主阵地营棚顶,战斗进入到胶着状态。而此时敌人的增援部队源源不断赶来,火力越来越猛,寡不敌众的红军即将陷入敌军重围。面临险境,中革军委、中央政治局紧急召开了"土城会议",毛泽东当机立断,决定暂缓执行北渡长江的计划,撤出战斗,改为西渡赤水河。1935年1月29日凌晨,红军分三路渡过赤水河,拉开了"四渡赤水、出奇制胜"的序幕。

最後に、紅軍は甚大な犠牲を払った後、敵軍の主陣地である営棚頂を攻め取り、戦闘が膠着状態に入った。しかし、敵軍の増援部隊が続々とやってきて、戦闘がますます激しくなった。多勢に無勢の紅軍は間もなく敵軍の重囲に陥った。この不利な情勢を前にして、中央革命軍事委員会と政治局は緊急に「土城会議」を開いた。毛沢東は長江を北上する計画をしばらく見合わせ、戦闘から撤退し、西へ向かって赤水河を渡ることを即断した。1935年1月29日の明け方、紅軍は三つのルートに分かれ、赤水河を渡り、「四度赤水河を渡り、奇兵を出だし勝ちを制する」という「四渡赤水」の戦い序幕を開けた。

四渡赤水出奇兵

遵义会议后,中央红军仍然面临十分严峻的形势。此时,蒋介石为阻止中央红军北进四川与红四方面军会合,或东出湖南与红二、红六军团会合,部署其嫡系部队和川、黔、湘、滇、桂五省地方部队的数十万兵力,从四面八方向遵义地区进逼包围,企图在遵义一带围歼红军。而红军只有三万多人,双方在兵力、装备上对比悬殊。1935年1月19日,中央红军由遵义地区北进,计划夺取川黔边的土城和赤水县城,从四川的泸州和宜宾之间北渡长

江,与红四方面军会合。蒋介石急调重兵布防于川黔边境,封锁长江。

四度赤水を渡り奇兵を出だす

遵義会議後、中央紅軍は依然として非常に困難な状況に直面していた。このとき、蒋介石は、中央紅軍が北上して四川の紅軍第四方面軍と合流したり、あるいは東に出て湖南で活動していた紅軍第二軍団と第六軍団と合流したりするのを阻止するために、自分の直系部隊と、四川省、貴州省、湖南省、雲南省、広西省という五つの省の地方軍を寄せ集め、合計数十万の兵力を投入し、遵義の四方から迫ってきて、遵義辺りで紅軍を包囲殲滅しようとした。当時、紅軍の兵力は僅か三万人余りで、双方は兵力・装備において、桁違いに差があった。1935年1月19日、中央紅軍は遵義地区から北上して、四川省と貴州省の境にある土城鎮と赤水県を攻略し、四川省の瀘州と宜賓の間から長江を北に渡り、紅軍第四軍と合流するつもりであった。蒋介石は急いで大軍を寄せ集め、四川省と貴州省の境界地方の防備に配置させたと同時に、長江を封鎖していた。

一渡赤水:化被动为主动

1月28日,红军在土城与尾追的国民党军川军发生激战。由于战前敌情侦查有误,红军战斗陷入极其不利的境地。毛泽东当机立断,果断放弃原定北渡长江进入川南的计划,决定迅速撤出战斗,西渡赤水,向川南古蔺、叙永地区转移。1月29日凌晨,红军除以少数部队阻击国民党军外,主力部队主力在土城、元厚两地一渡赤水,跳出蒋介石在黔北布下的包围圈,向川滇黔三省边境国民党军设防空虚的云南扎西挥师西进。这一行动,显示了毛泽东善于从不利战局寻找有利因素,化被动为主动的指挥艺术。

一回目の赤水河渡河:受動から能動へと

1月28日、紅軍は後を追ってきた国民党軍の川軍と土城で激戦した。戦前の敵情偵察の誤りにより、紅軍は戦いにおいて、極めて不利な状況に立たされた。毛沢東は即時に決断し、長江を北に渡り、四川省南部に入るという当初の計画を変更し、戦闘から速やかに撤退し、西へ赤水河

を渡り、四川省南部の古藺・叙永地方へ転移するように決めた。1月29日未明、紅軍は一部の部隊が残り、国民党軍の追撃を阻止するのを除いて、主力部隊が元厚・土城から赤水河を渡り、蒋介石が貴州省北部で作った包囲網から脱出した。これが「一渡赤水（一回目の赤水河渡河）」である。その後、紅軍は西へ向かい、国民党軍の防備が比較的に弱い四川・雲南・貴州三省の境界にある扎西に急行軍した。今回の軍事行動は毛沢東が不利な情勢の中から有利な条件を探し出し、受身的立場から能動的立場に転換させるという軍事指揮の芸術を見事に表した。

二渡赤水：避实击虚

　　2月9日，红军摆脱川军的追击，在扎西地区集结并进行了整编。中央红军除干部团以外，改编为16个团，一个团兵力达2 000多人，基层的战斗力明显提高。通过整编和加强政治工作，红军得以精简，部队士气高涨。此时，国民党各路军纷纷向川滇边境地区急进，企图夹击红军。鉴于敌军主力已被红军吸引到川滇黔边境，黔北兵力空虚，毛泽东决定暂缓执行北渡长江的计划，原路返回，于2月18日至21日二渡赤水，重入贵州，奇袭娄山关，再占遵义城。

二回目の赤水河渡河：実を避けて虚を撃つ

　　2月9日、追撃してきた川軍を振り切った紅軍は扎西で合流し、そして再編を行った。中央紅軍は幹部団を除いて、16の団に改編され、1つの団の兵力が2 000人にも達し、基層の戦闘力が大幅にアップした。部隊の再編と政治活動の強化を通して、紅軍は簡素化され、部隊の士気も大いに高まった。この時、各ルートの国民党軍は紅軍を挟み撃ちにしようと、次々と四川、雲南の境界地帯へ急いだ。敵軍の主力が紅軍に四川、雲南、貴州三省の境界に引き寄せられ、貴州省北部の兵力が手薄なので、毛沢東は長江を北に渡る計画をしばらく見合わせ、元のルートから引き返し、2月18日から21日にかけて赤水河を渡り、再び貴州に入った。これが「二渡赤水（二回目の赤水河渡河）」である。紅軍は婁山関を奇襲し、遵義を再占領した。

在遵义战役中,红军歼灭国民党军两个师又八个团,俘敌3 000余人,缴获大批军用物资,取得中央红军长征以来最大的一次胜利,沉重打击了敌军的气焰,鼓舞了红军的斗志。娄山关大捷后,毛泽东奋笔写下了著名的诗篇《忆秦娥·娄山关》。

忆秦娥·娄山关

西风烈,长空雁叫霜晨月。

霜晨月,马蹄声碎,喇叭声咽。

雄关漫道真如铁,而今迈步从头越。

从头越,苍山如海,残阳如血。

遵義戦役で、中央紅軍は国民党軍の2つの師と8つの団を殲滅し、3 000人余りの敵を捕まえ、大量の軍需物資を鹵獲し、中央紅軍が長征以来の最大の勝利を勝ち取った。この戦役は敵軍の気勢に手痛い打撃を与え、紅軍の闘志を大いに鼓舞した。婁山関大捷を聞いた毛沢東は筆をふるって『憶秦娥·婁山関』という有名な詩をしたためた。

憶秦娥·婁山関

西風烈し　大空を雁啼きわたる霜朝の月。

霜朝の月　ひづめの音くだけ　らっぱの音むせぶ。

堅関　鉄のごとしと言うなかれ　いまここに歩み大きく始より越ゆ。

始めより越ゆ　蒼き山　海のごとく　沈む日　血のごとし。

三渡赤水:声东击西

遵义战败,让蒋介石感到奇耻大辱,于是调整部署,指挥多路国民党军向遵义、鸭溪一带合围。毛泽东将计就计,指挥红军在遵义地区徘徊,引诱更多国民党军前来围攻。当各路国民党军云集而来时,红军迅速跳出敌军的合围圈,再次转兵西进,于3月16日至17日,在茅台镇及其附近地区三渡赤水,重入川南。为在运动中调动敌人,红军故意在白天渡河,大张旗鼓地行军。

三回目の赤水河渡河:東を撃つと見せかけて西を撃つ

遵義戦役で敗北した蒋介石はこの上もない恥辱を覚え、兵力配置を調

整し、複数の軍隊を遵義と鴨渓の周辺に接近させた。毛沢東は逆手に取り、紅軍を遵義辺りで活動させ、より多くの国民党軍を遵義のほうに引き付けるように指示した。各ルートの国民党軍が雲のように集まってくると、紅軍は迅速に敵軍の包囲網から抜け出し、また西のほうに向かい、3月16日から17日にかけて茅台鎮とその付近で三回目に赤水河を渡り、四川省南部に再突入した。これが「三渡赤水（三回目の赤水河渡河）」である。運動の中で敵を動かすために、紅軍はわざと昼間に川を渡り、堂々と行軍していた。

四渡赤水：乘隙而进

蒋介石以为红军又要北渡长江，急忙调动重兵围堵，企图一举歼灭红军。此时，毛泽东派一支部队伪装成主力继续诱敌西进，给敌人造成红军要北渡长江的假象，吸引敌人所有部队。而真正的红军主力却在敌军新的合围将成未成之际，再次杀了一个回马枪，挥师东进，折返贵州，于3月21日晚至22日四渡赤水，将敌人甩在了身后。

四回目の赤水河渡河：隙に乗じて進む

蒋介石は、紅軍がまた長江を渡るだろうと考えて、急いで強力な軍隊を動員して包囲網を構築し、紅軍を一挙に滅ぼそうとした。それに対して、毛沢東は一つの部隊を紅軍の主力部隊に偽装させ、敵に紅軍がすぐにも長江を北に渡るとの錯覚をさせ、すべての敵軍を西の方に誘い続けるように命じた。本当の紅軍主力は、敵軍の新しい包囲網が形成されようとするときに、再び元のルートに戻り、東に進み、貴州へ引き返した。3月21日の夜から22日にかけて紅軍は四回目に赤水河を渡り、敵軍を後ろのほうに引き離した。これが「四渡赤水（四回目の赤水河渡河）」である。

威逼昆明，巧渡金沙江

随后，红军南渡乌江，佯攻贵阳，诱出滇军来援。当滇军赶往贵阳时，毛泽东又指挥红军向敌人兵力空虚的云南疾进，直逼昆明，国民党军被迫从滇北和金沙江急调兵力回防，削弱了金沙江防务。趁金沙江南岸敌人防御薄

弱之际,红军突然调头向北,于 5 月 9 日渡过金沙江,跳出敌人包围圈。至此,中央红军摆脱了数十万敌军的追堵拦截,粉碎了蒋介石围歼红军于川黔滇边境的计划,取得了战略转移中具有决定意义的胜利。

昆明に迫って巧みに金沙江を渡る

その後、紅軍は南下して烏江を渡り、貴陽を攻撃するふりをして、雲南の滇軍を救援に誘い出した。滇軍が急いで貴陽へ駆け付けるのを機に、毛沢東は紅軍が率いて、敵の兵力が弱い雲南の方に急行軍し、昆明に迫っていった。国民党軍はやむをえず、雲南北部と金沙江に配置した軍隊を至急呼び戻し、昆明の防備に当たらせた。これによって、金沙江の防備が弱体化された。紅軍は金沙江南岸の敵の守備の弱さに乗じ、行軍方向を突然北に変更し、5月9日に金沙江を渡り、敵の包囲網を脱出した。ここに至って、中央紅軍は数十万の敵軍の包囲追撃から抜け出し、四川、貴州、雲南三省の境界で紅軍を包囲殲滅するという蒋介石の企てを徹底的に粉砕し、戦略的移転における決定的な勝利を収めた。

四渡赤水扭转了红军自长征以来的被动局面

四渡赤水战役,从 1935 年 1 月 19 日红军离开遵义开始,到 5 月 9 日巧渡金沙江为止,历时 3 个多月,行程 5 000 多公里,是遵义会议后,中央红军在长征途中,处于国民党几十万重兵围堵拦截的艰险条件下,进行的一次决定性运动战战役,也是红军自第五次反"围剿"失败后取得的第一个重大胜利。红军从此扭转了长征以来的被动局面,为实现北上的战略目标创造了有利条件。

「四渡赤水」が紅軍長征以降の受動的局面を一転させた

「四渡赤水」戦役は、1935年1月19日に紅軍が遵義を離れることに始まり、5月9日に紅軍を巧みに金沙江を渡った時まで、3カ月以上も続き、行軍距離が5 000キロ以上にも及んだ。「四渡赤水」は、遵義会議の後、中央紅軍が長征の途中で、国民党数十万の重兵による包囲追撃に直面するという困難な条件の下で行われた決定的な運動戦の戦役であり、紅軍が第五次「包囲討伐」への抵抗に失敗した後で獲得した初めての重大な

砥砺征途(中日对照)：革命历史景点故事

勝利であった。これにより、紅軍が長征以降の受け身的局面が一転し、北上の戦略目標の達成に有利な条件を作った。

　　在毛泽东、周恩来、朱德等人的指挥下，中央红军采取高度机动的运动战战术，纵横驰骋于川黔滇边境广大地区，积极创造和寻找战机，有效地调动和歼灭敌人，从而牢牢地掌握战场的主动权，彻底粉碎了蒋介石围歼红军于川黔滇边境的企图，取得了战略转移中具有决定意义的胜利。

　毛沢東、周恩来、朱徳などの指揮の下で、中央紅軍は極めて柔軟且つアクティブな運動戦の戦術を生かし、四川、貴州、雲南三省の境界沿いの広大な地域を縦横に走り、積極的に戦機を作り出して探し出し、効果的に敵軍を動かして殲滅し、戦場の主導権をしっかりと掌握し、蒋介石が四川、雲南、貴州三省の境界で紅軍を包囲殲滅する企てを徹底的に粉砕し、戦略的移転における決定的な勝利を収めた。

　　四渡赤水是中央红军长征中最惊心动魄而又最精彩的一次军事行动，是红军长征史上以少胜多，变被动为主动的光辉战例，是"毛主席用兵真如神"的真实写照，也因此被毛泽东本人认为是他军事生涯中的"得意之笔"。

　「四渡赤水」は、中央紅軍の長征において最も人の心を強く揺さぶり、且つ最も素晴らしい軍事行動であり、紅軍の長征史において、少ない兵力で多くの兵力に打ち勝ち、受動的立場から能動的立場に好転した輝かしい戦例であり、また、「毛主席用兵真如神（毛主席の兵力動員は正に神の如く）」という言葉を真に裏付けるものである。毛沢東本人も「四渡赤水」が自分の軍事生涯において「最も誇りに思う一筆」だと語った。

长征路上的独腿将军：钟赤兵

　　娄山关是大娄山脉主峰上的险要关隘，海拔1 576米，位于遵义与桐梓的交界处，北拒巴蜀，南扼黔桂，是川黔交通要塞，历来为兵家必争之地。1935年1月遵义会议后，中共中央和中革军委决定北渡长江到四川与红四

方面军会合,由于在习水土城发生的青杠坡战斗中失利,红军果断一渡赤水改向扎西集结,之后又决定趁黔北敌军兵力空虚,回师贵州,二渡赤水,重占娄山关,再占遵义城,摆脱敌军的围堵。由此打响了娄山关战斗,揭开了遵义战役的序幕。

長征途上の片脚将軍：鐘赤兵

　娄山関は大娄山脈の主峰にある険阻な関所で、海抜1 576メートル、遵義市と桐梓県が境を接するところに位置している。北は四川、南は貴州と広西に通じる。また、四川、貴州両省を結ぶ交通路の要衝として、古来より「兵家の必争の地」とされてきた。遵義会議後、中国共産党中央委員会と中央革命軍事委員会は、長江を渡って北上し、四川省で活動していた紅軍第四方面軍と合流することを決定した。しかし、習水県土城鎮で起こった青杠坡の戦いに挫折しため、紅軍は即断して一回目に赤水河を渡り、雲南省の扎西へ向かった。その後、紅軍は貴州省北部の敵軍が兵力が手薄になった機に乗じて、貴州に引き返し、二回目に赤水河を渡り、娄山関を再攻略し、遵義城を再占領し、敵の包囲追撃から脱出しようと決定した。そこで、娄山関の戦いの火蓋が切られ、遵義戦役の幕が開いた。

　1935年2月25日,彭德怀、杨尚昆率领的红三军团主力对先行抢占娄山关的黔军发动强攻,彭雪枫、李干辉率领的红十三团三营夺取娄山关东侧的点金山。黔军疯狂反扑,经过反复争夺,十三团最终攻下点金山及大小尖山,控制了娄山关。面对严峻的形势,彭德怀决定采取正面进攻和两翼包抄的迂回战术,并由红十二团接替红十三团担任正面主攻。26日拂晓,敌军为夺回失去的娄山关阵地进行疯狂反扑。

　1935年2月25日、彭徳懐、楊尚昆が率いる紅軍第三軍団の主力部隊は、先に娄山関を占領していた黔軍（貴州の国民党軍）に激しい攻撃をかけた。彭雪楓、李幹輝が率いる紅軍第十三団第三営は娄山関の東側にある点金山を攻め取ったが、黔軍の強い反撃を受け、陣地を敵に奪還された。一進一退の戦いを繰り返した結果、紅軍第十三団はついに点金山

と、大尖山・小尖山を攻略し、婁山関をコントロールした。厳しい情勢を目の前に、彭徳懐は正面攻撃と両翼包囲の迂回戦術を採用して、紅軍第十二団が第十三団の代わりに正面攻撃を行うことを決定した。26日の明け方、敵軍は婁山関で失った陣地を奪い戻そうとして、紅軍に猛烈な反撃を始めた。

红十二团团长谢松和政委钟赤兵带领部队向娄山关的制高点点金山发起猛攻。在激烈的争夺中,钟赤兵的右腿被敌人的子弹击中,鲜血直流。不顾团长谢松让其赶紧撤离的命令,还未等警务员为其包扎好伤口,钟赤兵又强忍疼痛拖着伤腿继续指挥战斗,直到失血过多晕了过去。最后红军牢牢占领了关口,取得娄山关战斗的胜利。敌军溃散南逃,红军乘胜追击,歼灭残敌,占领遵义。

紅軍第十二団の団長謝松と政治委員の鐘赤兵は部隊を率いて、婁山関の高地である点金山に猛烈な攻撃を行った。激しい戦闘の中で、鐘赤兵の右足は敵の銃弾に当たり、大量に出血した。団長謝松がすぐに撤退せよとの命令も構わず、警務員の手当てもまだ終わっていないうちに、鐘赤兵は猛烈な痛みを耐え忍び、出血が多すぎて倒れるまで、負傷した右足を引きずって戦いを指揮していた。最後に、紅軍は関所をしっかりと占領し、婁山関の戦いの勝利を勝ち取った。敗れた敵軍は慌てて南に逃げ去っていった。紅軍は勝利に乗じて追撃し、残敵を殲滅し、遵義を攻略した。

占领遵义后,医生立即为钟赤兵进行治疗。由于伤势严重,受伤后又未及时包扎,必须从小腿以下进行截肢。当时,红军医院的条件极其简陋,没有医疗器械,也没有麻药,只得用锯木头的锯子进行手术,强忍剧痛的钟赤兵手术中几度昏死。手术后,由于伤口反复感染,短短半个月内,钟赤兵便做了三次截肢手术,直至截掉整只右腿。部队领导建议钟赤兵留在当地疗伤,可他坚持要继续长征。凭着顽强的毅力,钟赤兵跟随红军爬雪山、过草地,最终到达了长征的终点陕北。

遵義を攻略した後、医者はすぐに鐘赤兵の右足を治療した。傷の具合がたいへんひどかったうえに、負傷後に傷口もよく手当てしなかったため、膝から下を切断せざるをえなかった。当時、紅軍病院の医療条件は極めて粗末で、医療器械もないし、麻酔薬もなく、メスの代わりに木を切るノコギリで手術をすることが余儀なくされた。鐘赤兵は激痛を忍び、手術中に何回も意識を失った。手術後、傷口が繰り返して感染し、わずか半月という短い間に、鐘赤兵は切断手術を3回も受け、最後になって右脚が完全に切断されてしまった。当地で手当てを受けようと部隊の指導者たちに勧められたが、鐘赤兵は長征を続けると堅持した。鐘赤兵は根気強い意志で紅軍と一緒に雪山を登り、大湿原を行軍し、ついに長征の終点である陝西省北部に辿り着いた。

第三节　红色景点

第三節　紅色観光スポット

黎平会议会址

　　黎平,位于湘黔交界,是中央红军长征进入贵州的第一城。1934年10月中旬,中央红军从中央苏区开始进行战略转移,同年11月底至12月初,红军主力血战湘江,以惨重的代价突破了敌军的封锁线。到达湘黔边界时,中央红军人数由长征出发时的8.6万余人锐减到3万余人。蒋介石集结兵力,妄图趁红军由通道北出湘西与红二、红六军团会合之机一举围歼红军。

图4-1　黎平会议会址

黎平会議会址

　　黎平県は湖南省と貴州省が境を接する所にあり、中央紅軍が長征の途中で、最初に辿り着いた貴州省の町である。1934年10月中旬、中央紅軍は中央ソビエト区から出発し、戦略的移転を開始した。同年11月末から12月初頭にかけて、紅軍の主力部隊は湘江で血戦をして、甚大な代価を払った後、敵軍による封鎖線を突破した。湖南省と貴州省の境界に着いたとき、中央紅軍は出発当初の8.6万余人から3万余人に激減した。蒋介石は兵力を引き寄せて、紅軍が通道県から北上して湖南省西部に入り、そこで紅軍第二軍団、第六軍団と合流するのを機に、紅軍を一挙に包囲殲滅しようとした。

　　在此危急关头,12月12日,中革军委在通道召开了紧急会议。在会上,毛泽东提出避实就虚,转向贵州前进的主张。在得到大多数人的赞同后,红军改变行军计划,分两路急转贵州,于12月14日一举攻克黎平县城,12月18日,中共中央在黎平召开了长征途中的第一次中央政治局会议——黎平会议。

　　この危機一髪の時期に、12月12日、中央革命軍事委員会は湖南省通道県で緊急会議を開いた。会議上、毛沢東は敵軍の主力を回避し、敵の兵力が手薄な部分を攻撃し、貴州省に前進するとの提案を出した。この提案は中央革命軍事委員会の圧倒的多数の賛同を得、採択された。その後、紅軍は行軍計画を変更し、二つのルートに分かれて貴州省へ急いだ。12月14日、紅軍は黎平県城を一気に攻め取り、12月18日に、中国共産党中央委員会は長征における初めての中央政治局会議を開催した。即ち、黎平会議なのだ。

　　会上,博古等人坚持进入湘西,同红二、红六军团会合的原定计划,而毛泽东则主张在川黔边地区创建新的根据地。经过激烈争论,政治局采纳了毛泽东的正确主张,通过了《中央政治局关于战略方针之决定》,按照此决议,中央红军分左、右两路纵队,向以遵义为中心的黔北地区进军,开启了长征以来具有决定意义的战略方向转变。

第四章　遵义:历史转折　出奇制胜

　　会議中、博古（秦邦憲）などは湖南省の西部に入り、紅軍第二軍団、第六軍団と合流するという元の計画を主張したが、毛沢東は四川省と貴州省の隣接地域で新しい根拠地を作ろうと主張した。激しい論争を経て、政治局は毛沢東の正しい主張を採択し、『中央政治局が戦略方針に関する決定』を可決した。この決定に従い、中央紅軍は左縦隊と右縦隊の二つのルートに分かれて、遵義を中心とする貴州省北部へ前進した。これによって、中央紅軍は長征以来の決定的な意義を持つ戦略的方向の転換を始めた。

　　黎平会议是中央红军长征以来,中共中央召开的第一次政治局会议,它完全接受了毛泽东的正确意见,否定了博古、李德的错误主张,从根本上实现战略转移,扭转了红军长征以来的被动挨打局面,为遵义会议的召开奠定了基础,是长征伟大转折的序曲。

　　黎平会議は、中央紅軍が長征以来、中国共産党中央委員会が開催した初めての政治局会議である。この会議では、毛沢東の正しい主張は完全に受け入れられ、博古（秦邦憲）と李徳（オットー・ブラウン）の誤った主張は否定され、兵力の戦略的移転は根本的に実現され、紅軍が長征以降の受動的局面を転換させた。また、黎平会議は遵義会議が順調に開催できるように準備を整え、長征における偉大な転換の序曲となった。

　　黎平会议会址所在的翘街,位于贵州省黔东南苗族侗族自治州黎平县的县城德凤镇。德凤镇始建于明朝洪武年间,距今已有600多年的历史,现在古镇风貌依旧、保存完好。古镇中央的翘街,全长一公里,因两头高、中间低,形如翘起的扁担而得名,自古就是黎平的繁华之地。站在街头放眼望去,整条街尽收眼底。翘街不仅有两湖会馆等历史悠久的古城文化,更有厚重的红色文化。

　　黎平会議会址が所在する翘街は、貴州省黔東南ミャオ族トン族自治州黎平県の県城徳鳳鎮にある。徳鳳鎮は明代洪武年間に建て始められ、600年以上の歴史を持っており、今でも昔の姿がよく保たれている。こ

・123・

の古い町の真ん中に位置している翹街は全長1キロメートルで、両端が高く、真ん中が低く、まるで両端が反り返った天秤棒のような特徴的な地形から「翹街」と名付けられ、昔から黎平で最も賑やかなところであった。街の端に立って見渡すと、街全体の景色が一望できる。翹街には両湖会館のような歴史の長い古城文化があるだけでなく、濃厚な紅色文化（革命文化）を味わうこともできる。

黎平会议会址坐落在翘街的中间，是一座始建于清代中叶的古建筑，占地面积近1 000平方米。原为胡氏住宅和商号，即"胡荣顺"店铺，现今墙面上仍留有"苏洋广货""绸缎布匹"等字迹。会址大门门楣上方悬挂着陈云同志题写的"黎平会议会址"黑底金字横匾，会址内有周恩来、朱德住室等7个小展室和1个藏品堂，陈列文物共370件。

黎平会議会址が翹街の真ん中に位置し、清代の半ば頃に建てられた古い建物で、敷地面積が約1 000平方メートルである。ここは元胡氏住宅とその商号、即ち「胡栄順」という店舗であった。今でも壁には「蘇洋広貨」「綢緞布疋」（蘇州と広州からの舶来品や絹織物と綿布が揃っている）の文字が残されている。会址の正門の上には陳雲が揮毫した「黎平会議会址」という黒地に金文字の扁額がかかっている。会址には周恩来や朱徳の居室など7つの小さい展示室のほか、蔵品堂が1つあり、370点の文物が陳列されている。

黎平会议纪念馆位于会址正对面，于2009年正式落成。展厅由"战略转移 北上抗日""黎平会议 伟大转折的起点""走向胜利""红色记忆""今日黎平"五个部分组成，生动形象地展现了黎平会议在中国革命史上的地位及作用，记忆红军长征艰苦卓绝的光辉历程。此外，翘街各处还散布着红军广场、红军干部休养连住址、毛泽东同志住址等革命遗址成为黎平古城文化与红色文化的聚集地。2020年，黎平翘街被贵州省人民政府列为贵州省历史文化街区。

黎平会議記念館は黎平会議会址のまっすぐ向こう側にあり、2009年に

落成した施設である。館内の展示は五つのセクションから構成されており、それぞれのテーマは「戦略的移転を行い、北上して日本の侵略に抵抗する」「黎平会議が長征における偉大な転換の起点」「勝利に向かって前進する」「革命の歴史に関する記憶」「今日の黎平」で、中国革命史における黎平会議の歴史的意義と貢献、及び紅軍の困難を極めた長征の輝かしい道程を生き生きと展示している。そのほかに、紅軍広場、紅軍幹部休養連住所、毛沢東住所などの革命遺跡が街の各所に点在しており、黎平の古城文化と紅色文化の集合地となっている。2020年に、翹街は貴州省人民政府によって貴州省歴史文化街区に指定された。

猴场会议会址

　　黎平会议后，中央红军按照黎平会议决议精神，挥戈西进，连克数镇，直抵乌江南岸，但处境仍很不利，前有乌江天险的阻拦，后有国民党追兵的步步紧逼。1934年12月31日，中央红军抵达贵州瓮安猴场。面对严峻的形势，为消除分歧、统一思想，进一步明确红军进入黔北建立根据地的战略方针和行动方向，中共中央于进抵猴场的当天召开长征途中的第二次中央政治局会议——猴场会议。

图4-2　猴场会议纪念馆

砥砺征途(中日対照):革命历史景点故事

猴場会議会址

　黎平会議後、中央紅軍は黎平会議で採択された決議の精神に従い、西へ向かい進んだ。いくつかの町を連続して攻略したあと、烏江の南岸に辿り着いた。しかし、前には烏江の天険が横たわっており、後ろにはひしひしと迫ってきた国民党軍があり、中央紅軍は依然として不利な状況に曝されていた。1934年12月31日、中央紅軍は貴州省甕安県猴場に到着した。こうした厳しい状況を目の前にして、意見の食い違いをなくし、思想の統一を図り、更に紅軍が貴州省北部に入ってからの根拠地創設の戦略方針と行動方向を明確にするために、中国共産党中央政治局は猴場に到着した当日、長征の途中における二回目の政治局会議——「猴場会議」を開いた。

　　会议再次讨论了红军的进军方向等问题,毛泽东反驳了博古、李德提出的不过乌江,留在乌江南岸打游击,回头再东进与红二、红六军团会合的主张,具体分析各方形势,坚持北渡乌江,在黔北建立川黔边新苏区根据地。

　会議では、紅軍の前進方向などの問題が再び討論された。毛沢東は博古(秦邦憲)、李徳(オットー・ブラウン)らが提出した烏江を渡らず、烏江の南岸に留まり、遊撃戦をしながら、機会を見て東へ戻り、紅軍第二軍団、第六軍団と合流するとの主張に反駁した一方、各方面の情勢を具体的に分析した上で、北へ烏江を渡り、貴州省北部で川黔辺(四川省・貴州省の隣接地方)新ソビエト根拠地を樹立することを堅持すべきだと主張した。

　　会议从1934年12月31日下午一直持续到次日凌晨,是中国共产党历史上唯一一次跨年的中央政治局会议。最终,会议重申了黎平会议的决定,再次肯定了毛泽东同志渡江北上的正确主张,并且通过了《中央政治局关于渡江后新的行动方针的决定》,命令红军立即强渡乌江,北上遵义。

　会議は1934年12月31日午後から1935年1月1日未明まで続き、中国共産党の歴史における唯一の二年越しの中央政治局会議となった。会議の最

後には、黎平会議の決定が再確認され、烏江を渡って北上するという毛沢東の正しい主張が再び採択され、『中央政治局が烏江を渡った後の新たな行動方針に関する決定』が可決され、紅軍に直ちに烏江を強行渡河し、北上して遵義を攻め取るように命じた。

会议特别强调了军事指挥权问题,明确了军事决策必须置于中央政治局的集体领导之下,实际上限制了李德的军事指挥权,开始把最高"三人团"的军事领导权收回由政治局集中统一领导,使党对军队的指挥正常化。这项决定,为渡江后的遵义会议明确取消博古、李德的军事领导权和指挥权,确立毛泽东在党中央和红军的领导地位奠定了基础。

会議では軍事指揮権の問題が特に強調され、軍事政策決定が必ず中央政治局の集中的指導のもとで行われなければならないことを明確にさせた。これは、李徳の軍事指導権を事実上に限し、軍事指導権を最高権力集団である「三人団」（博古、李徳、周恩来）から取り戻し、中央政治局による集中的指導に転じ、中国共産党が軍隊に対する指導の正常化を実現させた。この「決定」は、烏江強行突破した後で開催された遵義会議において、博古、李徳の軍事的指導権と指揮権を取り消し、中国共産党中央と紅軍における毛沢東の指導的地位の確立に基礎を固めた。

猴场会议后,中央红军按照会议精神,以势不可挡之势,强渡乌江,占领遵义。猴场会议重申了黎平会议应以遵义为中心建立根据地的战略决定,为遵义会议的召开奠定了坚实的基础,被周恩来誉为"伟大转折的前夜"。

猴場会議の後、中央紅軍は会議の精神に従い、阻むことのできない勢いで烏江を強行渡河し、遵義を占領した。猴場会議は黎平会議の決定を引き継ぎ、遵義を中心に根拠地を樹立すべきとの戦略的決定を再び強調し、遵義会議が順調に開催されるための基礎をしっかりと固めた。そのため、猴場会議は周恩来に「偉大な転換の前夜」と称えられた。

猴场会议会址位于贵州省黔南布依族苗族自治州瓮安县猴场镇宋家

湾,距县城 20 公里,原为宋泽生(小名:宋小安)的私宅,建于 1912 年,为标准的木结构四合院,俗称"一颗印"①房子,总占地面积 6 667 平方米。会址西侧有猴场会议纪念馆,于 2014 年建成并对外开放。纪念馆以红军四过瓮安为主题,以时间为主线,分"运筹帷幄战黔中、承前启后迎曙光、鱼水情深感瓮安"三个部分,将红军四过瓮安期间发生的所有历史事件串联起来,重点突出中央红军从黎平会议到猴场会议、再到遵义会议的过程,以及猴场会议历史转折的伟大意义。纪念馆内展存了大量红军长征期间留下的文物。

猴場会議会址は貴州省黔南プイ族ミャオ族自治州甕安県猴場鎮宋家湾にあり、県城から20キロ離れている。元々は宋沢生（幼名：宋小安）の私宅で、1912年に建てられ、俗に「一顆印（一粒の印）」②と呼ばれる典型的な木造四合院で、敷地面積は6 667平方メートルである。会址の西側には猴場会議記念館があり、2014年12月31日に落成し、そして一般公開された。記念館の展示は紅軍が甕安を四回通過したことをテーマとしており、時間軸に沿って、「運籌帷幄戦黔中（策を練って貴州での戦いを指揮する）」「承前啓後迎曙光（過去を受け継ぎながら新たな道を切り開いて曙光を迎える）」「魚水情深感甕安（紅軍と民衆は魚と水のような関係で、情けの深さが甕安の民衆を感動させる）」という三つのセクションからなっている。展示内容は紅軍が甕安を四回通過した過程で起きたすべての歴史事件を繋ぎ合わせ、特に中央紅軍が黎平会議から猴場会議、更に遵義会議へと発展していくプロセス、及び猴場会議が偉大な転換としての歴史的意義に重点を置いている。また、記念館には紅軍の長征途中で残した文物が沢山展示、収蔵されている。

猴场会议会址除了猴场会议会址、猴场会议纪念馆外,还有毛泽东行居、红军干部团休养连旧址等革命遗址。2009 年,猴场会议会址被中宣部列入全国爱国主义教育示范基地。2019 年 10 月,被中华人民共和国国务院公

---

① 传统民居建筑形式之一,其特点是:由正房、厢房、倒座围合成的四合院,外观呈方形,方方正正如一枚印章。
② 伝統民居の様式の一つ、特徴は母屋、両脇の棟、反対側の棟で囲まれる四合院で、外見は四角形で、その四角い形は印鑑に似ている。

布为第八批全国重点文物保护单位。

猴場会議会址エリアは猴場会議会址、猴場会議記念館のほか、毛沢東が甕安滞在中の住居、紅軍幹部休養連旧址などの革命遺跡がある。2009年に、猴場会議会址は中国共産党中央宣伝部によって全国愛国主義教育示範基地に指定され、2019年10月に、中華人民共和国国務院に第八陣全国重点文物保護単位に指定された。

遵义会议会址

1935年1月,红军突破乌江后,1月7日凌晨占领遵义,暂时摆脱了敌人的围追堵截,获得了进行短暂休整的机会。这为中央召开会议,总结经验教训提供了必要条件。1935年1月15日至17日,中共中央政治局扩大会议(即遵义会议)在遵义召开。会议改组了中央领导机构,选举毛泽东为中央政治局常委,取消了"三人团"。

图4-3 遵义会议会址

遵義会議会址

1935年1月、紅軍は烏江を強行突破してから、1月7日の未明に遵義を攻略した。これにより、紅軍は敵軍の包囲追撃から一時的に脱出し、短い休養再編の機会を得た。これは中国共産党中央が会議を召集し、経験と教訓を総括するために必要な条件を提供した。1935年1月15日から17日までの三日間、中国共産党中央政治局拡大会議（即ち遵義会議）が遵

義で開催された。会議では、党の中央指導機構を改組し、毛沢東を中央政治局常務委員として選出し、党の最高権力集団である「三人団」（博古、李徳、周恩来）を解散させた。

　　遵义会议在红军第五次反"围剿"失败和长征初期严重受挫的历史关头召开,结束了"左"倾教条主义在党中央的统治,事实上确立了毛泽东在党中央和红军的领导地位,开始形成以毛泽东为核心的第一代中央领导集体,开启了党独立自主解决中国革命和党内重大问题的新阶段,标志着中国共产党在政治上逐步走向成熟。从此,中国共产党在以毛泽东为代表的马克思主义正确路线领导下,克服重重困难,一步步地引导中国革命走向胜利。

　　遵義会議は紅軍が第五次反「包囲討伐」の失敗と、長征初期の深刻な挫折に見舞われたという重大な歴史の瀬戸際であった時機に開かれた会議で、「左翼」教条主義による党中央の支配が終焉を告げ、党中央と紅軍における毛沢東の指導的地位が事実上に確立され、毛沢東を核心とする第一世代の中央指導集団が形成し始め、党が中国革命と党内の重大問題を独立自主のもとに解決するという新たな段階がスタートした。それは中国共産党が政治的に成熟しつつあることを示している。それ以降、中国共産党は毛沢東を代表とするマルクス主義の正しい路線の指導の下で、数知れない難関を乗り越え、中国革命を一歩一歩と勝利へと導いていった。

　　遵义会议会址,位于贵州省遵义市红花岗区子尹路96号,原为国民党第二十五军第二师师长柏辉章的私邸,故名"柏公馆",建于20世纪30年代初,是一座坐北朝南、砖木结构的两层楼房。整个建筑分主楼、跨院两部分,是长征期间红军总部的所在地。遵义会议召开的会议室,位于会址主楼的二楼,面积约为27平方米。

　　遵義会議会址は、貴州省遵義市紅花崗区老城子尹路96号に位置し、国民党第二十五軍第二師の師長である柏輝章の私邸であったため、かつては「柏公館」と呼ばれていた。この二階建ての建築は1930年代の初め頃

に建てられ、南向きのレンガ・木材構造の建物である。建物全体は本館と横庭という二つの部分からなり、長征中の紅軍本部の所在地であった。遵義会議が開かれた会議室は、本館の2階にあり、面積は約27平方メートルである。

会议室墙上有一个挂钟和两个壁柜,壁柜上有一面穿衣镜。房间中心摆放着一张长200厘米、宽100厘米、高80厘米的板栗色长方形木桌,四周藤椅环绕,桌下有一只古老的炭火盆。此木桌漆色略退,见证了遵义会议的成功召开,见证了中国共产党和红军的一个生死攸关的历史转折点。1994年,经国家文物局专家组鉴定,被确定为国家一级革命文物,成为遵义会议纪念馆的"镇馆之宝"之一。

会議室の壁には掛け時計1つと戸棚2つが据え付けられ、戸棚には姿見がかけられている。部屋の真ん中には長さ200センチ、幅100センチ、高さ80センチの栗色の長方形の木製テーブルが置かれており、周りには藤椅子が並べられ、テーブルの下には古い炭火鉢がある。このテーブルは漆の色が少し褪せてはいるが、遵義会議が成功裏に開催され、中国共産党と紅軍にとって存亡に関わる厳しい試練に直面する歴史的転換点の目撃者である。1994年、国家文物局の専門家グループが鑑識した結果、国家一級革命文化文物と認定され、遵義会議記念館の「鎮館の宝」の一つとなった。

遵义会议纪念馆是为纪念中国共产党历史上具有伟大历史意义的遵义会议而建立的,是中华人民共和国成立后最早建立的21个革命纪念馆之一。1951年7月开始筹备,1955年1月开放,1961年,被国务院公布为全国第一批重点文物保护单位。纪念馆总占地面积6万多平方米,总建筑面积近4万平方米,展室面积6 083平方米。纪念馆包括遵义会议会址、遵义会议陈列馆、红军总政治部旧址、中华苏维埃共和国国家银行旧址、遵义红军街以及遵义会议期间毛泽东、张闻天、王稼祥故居等十余个红色景点。

遵義会議記念館は中国共産党の歴史において偉大な歴史的意義を持つ

遵義会議を記念するために設立され、中華人民共和国成立後にもっとも早く建てられた21カ所の革命記念館の一つである。同館は1951年7月に建設計画が立てられ、1955年1月に一般公開され、1961年に中華人民共和国国務院によって第一陣全国重点文物保護単位に指定された。同館の総敷地面積は約6万平方メートル、総建築面積は4万平方メートル近く、展示ホールの面積は6 083平方メートルである。同館には遵義会議会址、遵義会議陳列館、紅軍総政治部旧址、中華ソビエト共和国国家銀行の旧址、遵義紅軍街及び遵義会議期間中の毛沢東、張聞天、王稼祥の住居など、十数カ所の紅色（革命）観光スポットが含まれている。

馆内收藏了遵义会议会议室挂钟、遵义会议会议桌、中国工农红军第一军团总指挥部特务连印章等珍贵藏品。目前，馆藏文物共1 551件，其中包括726件原物、667件复制品、158件仿制品。遵义会议会址是遵义会议纪念馆的最核心部分。1964年1月，毛泽东为遵义会议纪念馆题写"遵义会议会址"的馆名。这是毛泽东唯一一次为革命历史纪念馆题写馆名。

館内には遵義会議会議室にあった掛け時計、遵義会議の会議卓、中国工農紅軍第一軍団総指揮部特務連印鑑を始めとする貴重な文物が数多く収められている。現在、同館の所蔵品は1 551点で、そのうち、オリジナルが726点、レプリカが667点、模造品が158点である。遵義会議会址は同記念館の最も中核的な部分である。1964年1月、毛沢東は遵義会議記念館のために「遵義会議会址」との館名を揮毫した。これは毛沢東が革命歴史記念館のために館名を書いた唯一の事例である。

苟坝会议会址

1935年2月，中央红军二渡赤水、强攻娄山关、再战遵义，取得了长征以来最大的一次胜利。之后于3月9日行军来到苟坝。3月10日1时，红一军团军团长林彪、政委聂荣臻发来一封万急电报，建议攻打打鼓新场（今金沙县城），歼灭驻扎在那里的黔军。接到电报后，张闻天随即召集毛泽东、周恩来、朱德等20余人召开会议，讨论是否要进攻打鼓新场。

第四章 遵义:历史转折 出奇制胜

图 4-4 苟坝会议会址

苟壩会議会址

　1935年2月、中央紅軍は赤水河を二回目に渡り、娄山関を強行突破し、遵義を再び占領し、長征以来の最大の勝利を収めた。その後、3月9日に苟壩まで行軍した。3月10日1時、紅軍第一軍団の軍団長林彪と政治委員の聶栄臻からの至急電報が中央に届き、打鼓新場（現在の金沙県城）を攻撃し、そこに駐屯している黔軍を殲滅しようと提案した。電報を受け取った後、張聞天はすぐに毛沢東、周恩来、朱徳、王稼祥など20余人を集めて会議を開き、打鼓新場を攻撃するかどうかを検討した。

　　会议在苟坝一处民宅内召开,除毛泽东外,所有与会者都一致主张进攻打鼓新场。但正如毛泽东所预见和担忧的那样,蒋介石已令重兵驰援打鼓新场。危险正一步一步向红军袭来。

　会議は苟壩のある民家で行われた。毛沢東を除き、すべての参加者が打鼓新場を攻撃することに賛同した。ところが、正に毛沢東が予見し、懸念していたように、蒋介石はすでに強兵を動員し、打鼓新場へ増援するように命じた。危険がひしひしと紅軍のほうに襲いかかってきた。

　　会后,毛泽东回到自己住所,依然十分担忧党和红军的前途及命运。尽管已是深夜,毛泽东仍手提马灯,沿着崎岖不平的田埂小道,来到2公里外周恩来的住处,再次向周恩来分析了攻打打鼓新场面临的巨大危险,希望周

· 133 ·

恩来能够暂缓下发作战命令。周恩来接受了毛泽东的建议,积极支持毛泽东的正确判断,并决定于3月11日清早继续召开会议,重新讨论进攻打鼓新场的问题。

　　散会後、自分の住居に戻っても党と紅軍の安否と革命の前途を心配していた毛沢東は再三に考えたすえ、深夜にも関わらず、カンテラを提げながら、でこぼこの畦道を歩き、2キロぐらい離れた周恩来の住居まで行った。毛沢東は周恩来に打鼓新場を攻撃することに伴う大きな危険を分析し、打鼓新場を攻撃する命令をしばらく見合わせように勧めた。周恩来は毛沢東の意見を受けて、その正しい判断を積極的に支持し、そして3月11日の早朝に、引き続いて会議を行い、打鼓新場を攻撃するかどうかを再検討することにした。

　　在此期间,中革军委二局截获了敌军电报,确认国民党中央军、川军、滇军、黔军、湘军正从四面八方迅速向打鼓新场集结,意图围歼红军,新的敌情验证了毛泽东的正确预判。最终,中央撤销了进攻打鼓新场的计划。毛泽东的正确主张,又一次在关键时候,使红军避免了可能遭受的重大损失。

　　その間、中央革命軍事委員会二局は敵軍の電報を傍受し、国民党の中央軍、四川軍、雲南軍、貴州軍、湖南軍は各方向から打鼓新場へ速やかに集結し、紅軍を包囲殲滅しようとしていることが分かった。敵軍に関するこの新しい情報は毛沢東の予測の正しさを裏付けた。最終的には、中央は打鼓新場を攻撃する計画を取り消した。毛沢東の正しい主張は、また危機一髪の時に、紅軍の重大な損失を免れた。

　　3月12日,在继续召开的中央政治局会议上,决定成立由毛泽东、周恩来、王稼祥组成的"新三人团",代表中央政治局全权指挥军事。由此,从组织上进一步巩固和保证了毛泽东在党内和军内的领导地位。从此以后,中国革命节节走向胜利。

　　3月12日、引き続いて開かれた中央政治局会議において、毛沢東、周

第四章　遵义：历史转折　出奇制胜

恩来、王稼祥からなる「新三人団」の結成が決定された。「新三人団」は中央政治局を代表して軍事を全面的に指揮する権力を委ねられた。これにより、毛沢東が党中央と紅軍における指導的地位が組織上に一層固められ、そして保証された。それ以降、中国革命は勝利に向かって一歩一歩と着実に進んでいった。

　　　苟坝会议会址位于贵州省遵义市播州区枫香镇苟坝村马鬃岭山脚，距遵义60公里。苟坝是一块三面高山环绕的坝子，苟坝会议会址是一座老式黔北农家三合院。三合院正中处有一个2米高的朝门，朝门瓦檐下面挂着一块刻有"苟坝会议会址"的黑底金字匾额。走进朝门，一栋长三间的木质结构房屋，左右两边配有厢房，房屋坐北朝南，显得质朴简略。房屋的正中央是一间堂屋，房屋的堂屋内摆放着2张方形木桌，木桌四周围着数根木凳，桌上放着2个茶壶及10来个瓷碗，桌下有两个炭火盆。四周墙上的红色标语依稀可辨。当年，红军就是在这个堂屋内，围坐在木桌旁召开了"苟坝会议"。

　苟壩会議会址は貴州省遵義市播州区楓香鎮苟壩村馬鬃嶺の麓にあり、遵義市からおよそ60キロ離れている。苟壩は三方が高い山に囲まれた平地で、苟壩会議会址は貴州省北部でよく見かける古いスタイルの三合院①の民居である。　三合院の正面には高さ2メートルぐらいの朝門（正門）があり、朝門の軒下に「苟壩会議会址」という黒地に金文字の扁額がかかっている。　朝門を潜ると、すぐ目に映ったのは南向きの「長三間」②と呼ばれる木造の建築物であり、左右両側に脇棟があり、全体としては、とても質素に見える。　真ん中に位置する母屋の中には、木製の四角いテーブルが2つあり、テーブルの周りにはいくつかの木製の椅子が並べられ、テーブルの上には急須2つと茶碗10数個が置いてあり、下には火鉢が2つある。　周囲の壁には、革命のスローガンがまだかすかに見える。　当時、正にこの母屋で、紅軍はテーブルを囲んで、苟壩会議を開いたのである。

----

　①　三合院とは、三方が家で一方が塀になっている中庭のある中国伝統の建築様式である。
　②　長三間とは、北に正房または堂屋という母屋、東と西にはそれぞれ廂房という脇部屋を配する中国の伝統的な住宅の形式である。

・135・

2014年10月,距离苟坝会议会址3公里的苟坝会议陈列馆全面建设完工。陈列馆占地面积2 143平方米,室外广场17 000平方米。馆中展陈了大量的历史文物、文献、图片资料,通过雕塑、绘画、场景以及声光影像多媒体等现代技术手段,全面再现了中国工农红军在苟坝的活动情况。2017年1月,苟坝会议会址入选中国红色旅游经典景区名录,被中宣部命名为全国爱国主义教育示范基地,2019年10月,被中华人民共和国国务院公布为第八批全国重点文物保护单位。

　　2014年10月、苟壩会議会址から3キロぐらい離れたところに建てられた苟壩会議陳列館が落成した。陳列館は敷地面積が2 143平方メートルで、屋外の広場が17 000平方メートルの広さもある。館内には多くの歴史文物や文献、写真資料などが展示されており、更に彫刻、絵画、場面再現及びマルチメディアなどのハイテク手段を通じて、中国工農紅軍が遵義苟壩での活動を全面的に再現している。2017年1月、苟壩会議会址は中国紅色観光経典風景区リストに入選し、中国共産党中央宣伝部に全国愛国主義教育示範基地に指定され、2019年10月、中華人民共和国国務院に第八陣全国重点文物保護単位に登録された。

四渡赤水纪念馆

　　四渡赤水纪念馆位于贵州省遵义市习水县土城镇长征街,于2007年7月建成并开放,由中央军委原副主席张震题写馆名。四渡赤水纪念馆为黔北民居建筑风格,占地面积约7 700平方米,共九个展厅。纪念馆序厅正面墙为50多个红军人物形象与红军渡赤水河情景的浮雕,浮雕高7米,宽18.8米,场面宽阔,气势恢宏。浮雕上刻有"四渡赤水是毛泽东军事生涯中的得意之笔"几个大字,为纪念馆整个陈列的主题词。浮雕前为四渡赤水战役的主要领导人毛泽东、周恩来、朱德、张闻天、王稼祥的雕像。

四渡赤水記念館

　　四渡赤水記念館は貴州省遵義市習水県土城鎮長征街に位置し、2007年7月に竣工し、一般公開された。中央軍事委員会元副主席の張震が館名

図 4-5　四渡赤水纪念馆

を揮毫した。四渡赤水記念館は貴州省北部の典型的な民居の建築スタイルを採用している。敷地面積は約7 700平方メートルで、9つの展示ホールから構成されている。記念館序庁の正面の壁には、50余人の紅軍兵士の人物像と、紅軍が赤水河を渡る場面を描いているレリーフがある。レリーフは高さ7メートル、幅18.8メートルで、壮大な雰囲気を見せている。レリーフの目立つ所に、「四渡赤水戦役是毛沢東軍事生涯中的得意之筆（四渡赤水戦役は毛沢東の軍事生涯において最も誇りに思う一筆だ）」という大きな文字が刻まれており、同館の展示内容のテーマとなっている。レリーフの前に、四渡赤水戦役の主要指導者である毛沢東、周恩来、朱徳、張聞天、王稼祥の銅像が置かれている。

　　纪念馆分战史陈列和辅助陈列两部分。战史陈列通过"土城战役 四渡序曲""一渡赤水 扎西整编""二渡赤水 再战遵义""三渡赤水 调虎离山""四渡赤水 出奇制胜"五个篇章,详实地再现了红军四渡赤水河,巧渡金沙江,摆脱几十万敌军围追堵截,取得战略转移伟大胜利的光辉历史。辅助陈列包括"四渡赤水精神,光耀革命老区"的专题书画展,彭德怀、杨尚昆的住室复原等。馆内收藏红军文物300余件。

　　記念館の展示内容は戦史展示と補助展示という二つの部分に分けられている。戦史展示では「土城戦役 四渡赤水の序曲」「一渡赤水 扎西で再編」「二渡赤水 遵義再攻略」「三渡赤水 巧みに敵軍を動かす」「四渡赤水 奇兵を出だして勝ちを制す」という五つのセクションから構成さ

れ、紅軍が赤水河を四度渡り、巧みに金沙江を渡河し、数十万人の敵軍による包囲追撃から脱出し、戦略的転移の勝利を収めたという輝かしい歴史を再現した。補助展示で展示されているのは、「四渡赤水の精神は、革命老区で光芒を放つ」をテーマとした書道・絵画の特別展や、彭徳懐、楊尚昆の住居の復元などである。館内には紅軍に関する文物が300点以上収蔵されている。

　　　四渡赤水纪念馆包括四渡赤水纪念馆主馆、中国女红军纪念馆、红军医院纪念馆、红九军团陈列馆、土城古镇博物馆等馆群，以及毛泽东、周恩来、朱德等领导人住居，红军总司令部驻地、红三军团司令部驻地、青杠坡战斗遗址等十多处全国重点文物保护单位，是全国爱国主义教育示范基地、国家国防教育示范基地、全国青少年教育基地、全国十大红色旅游景区，2020年12月，被评定为国家一级博物馆。

　四渡赤水記念館は四渡赤水記念館本館を除き、中国女紅軍記念館、紅軍病院記念館、紅軍第九軍団陳列館、土城古鎮博物館などの博物館グループ、及び毛沢東、周恩来、朱徳などの指導者の住居、紅軍総司令部駐在地、紅軍第三軍団司令部駐在地、青杠坡の戦いの遺跡など、十数カ所の全国重点文物保護単位がある。同館は相次いで全国愛国主義教育示範基地、国家国防教育示範基地、全国青少年教育基地、全国トップ10の紅色観光スポットに指定された。2020年12月に、同館は国家一級博物館に選ばれた。

专栏4:遵义会议精神

2021年春节来临之际,习近平总书记第六次亲临贵州考察时强调,遵义会议的鲜明特点是坚持真理、修正错误,确立党中央的正确领导,创造性地制定和实施符合中国革命特点的战略策略。2022年4月25日,中国共产党贵州省第十三次代表大会隆重开幕,会议强调,要大力弘扬伟大建党精神,大力弘扬长征精神和"坚定信念、坚持真理、独立自主、团结统一"的遵义会议精神。历史证明,遵义会议精神是中国共产党的宝贵精神财富,是中国革命、建设和改革的"内生动力",为实现中华民族伟大复兴提供了强大精神动力,在今天仍然具有十分重要的意义。

コラム4:遵義会議精神

2021年、春節を迎えようとする時に、習近平総書記は六回目の貴州視察をした。その際、習近平総書記は次のようなことを強調した。遵義会議の鮮明な特徴は真理を堅持し、誤りを是正し、党中央の正確な指導を確立し、中国革命の特徴に合った戦略策略を創造的に制定・実施することにある。2022年4月25日、中国共産党貴州省第十三次代表大会が盛大に行われた。会議は偉大な建党精神を大いに発揚し、長征精神と「信念を固め、真理を堅持し、自主独立して、団結統一を強化する」ことを内容とする遵義会議精神を大いに発揚することを強調した。遵義会議精神は中国共産党の貴重な精神的財宝であり、中国革命、建設と改革の「内生的な力」であり、中華民族の偉大な復興の実現に強大な精神的エネルギーを提供したことが歴史的に証明された。今日においても、遵義会議精神は依然として重要な意義がある。

第五章　延安:革命圣地　抗战中枢

第五章　延安：革命の聖地　抗戦の中枢

　　延安,古称肤施,是中华民族重要的发祥地,也是民族圣地、中国革命圣地。从 1935 年至 1948 年,中共中央和毛泽东等老一辈无产阶级革命家在此生活和战斗了 13 个春秋,宝塔山、清凉山、凤凰山、枣园、杨家岭、南泥湾……一段段红色记忆、一个个革命故事,透过厚重的黄土和斑驳的岁月印记,向我们走来。

　　延安は旧名膚施で、中華民族の重要な発祥地であり、中華民族と中国革命の聖地でもある。1935年から1948年にかけて、中国共産党中央と毛沢東を始めとする古参のプロレタリア革命家たちはここで13年間も生活し、戦っていた。宝塔山、清涼山、鳳凰山、棗園、楊家嶺、南泥湾……過去の赤い記憶、革命の物語は厚い黄土地とまだらになっている歳月の印を通して、一つ一つと色鮮やかに蘇ってきて、私たちの目の前に浮かんでくる。

第一节　历史回眸

第一節　歴史の回顧

一二・九运动和抗日救亡运动的新高潮

　　九一八事变后,日本侵略者侵占了东北,同时加紧了对华北的争夺。1935 年 5 月,日本寻找借口向国民政府提出对华北统治权的无理要求,并调

第五章 延安：革命圣地 抗战中枢

动日本关东军入关,以武力相威胁。国民政府妥协退让,使华北主权大部分丧失,华北危在旦夕。正如北平学生所说:"华北之大,已经安放不得一张平静的书桌了!"

一二・九運動と抗日救国運動の新たな高まり

九一八事変後、日本侵略者は中国の東北地方を占領し、そして華北に対する侵略に拍車をかけた。1935年5月、日本は口実をつけて国民党政府に華北統治権に対する理不尽な要求を出した。更に関東軍を中国本部に行かせ、武力で国民党政府を威嚇した。国民党政府が妥協を重ねたため、華北主権の大部分が日本に奪われた。華北が最も危険な局面に晒された。正に北平の学生の言ったように、「このような広々とした華北では、机を置けるような落ち着くところはもうどこにもない」。

1935年12月9日,在中国共产党的领导下,北平学生数千人举行了声势浩大的抗日游行示威,遭到国民党军警的镇压。学生一边同军警搏斗,一边向群众进行抗日救国宣传。翌日,北平全市学生举行总罢课,抗议国民党反动政府的暴行。12月16日,北平一万多名学生和市民群众举行了更大规模的抗日游行。北平学生的爱国行动得到全国各地学生、工人和知识分子的广泛响应和支持,全国抗日救亡运动空前高涨。一二・九运动粉碎了日本吞并华北进而独占中国的阴谋,打击了国民党的妥协退让政策,极大促进了中华民族的觉醒,标志着中国人民抗日救亡运动新高潮的到来。

1935年12月9日、北平数千名の学生が中国共産党の指導の下で、大規模な抗日救国デモを行った。示威する学生達が国民党軍隊と警察に鎮圧された。学生たちは軍隊や警察と戦いながら、大衆に抗日救国の宣伝を行った。翌日、国民党反動政府の暴行に抗議するため、北平全市の学生が総ストライキを開始した。12月16日、北平1万余名の学生と市民達は更に大きな規模の抗日デモを行った。北平学生の愛国行為は全国各地の学生、労働者及び知識階層から広範な呼応と支持を受けた。全国の抗日救国運動はかつてないクライマックスを迎えた。一二・九運動は華北を占領し、更に中国全土を独占しようとする日本の陰謀を粉砕し、国民党の

・141・

妥協政策を揺るがし、中華民族の目覚めを大いに促進し、中国人民の抗日救国運動の新たな高まりの到来を告げた。

抗日民族统一战线策略的制定

　　在中华民族遭遇空前危机的紧要关头,中国共产党率先举起了武装抗日旗帜,广泛开展抗日救亡运动。1935年8月1日,中共驻共产国际代表团以中华苏维埃共和国政府和中国共产党中央委员会的名义发表了《为抗日救国告全体同胞书》(八一宣言),主张停止内战,组织国防政府和抗日联军,对日作战。12月,毛泽东在党的活动分子会议上,作了《论反对日本帝国主义的策略》的报告,号召建立广泛的抗日民族统一战线。但是,蒋介石却顽固地坚持"攘外必先安内"的方针,坚持先消灭共产党,再抵抗日本侵略者的政策。

抗日民族統一戦線策略の制定

　　中華民族がかつてない重大な危機に立たされたこの決定的時点に際し、中国共産党は率先して武力抗日の旗印を高く掲げ、抗日救国運動を広く展開した。1935年8月1日、駐コミンテルン中国共産党代表団が中華ソビエト共和国政府と、中国共産党中央委員会の名義で『抗日救国の為に全同胞に告ぐる書』（八一宣言）』を公表した。宣言は国共内戦の停止、統一的国防政府の樹立、抗日連合軍の編成及び対日作戦を主張した。それに続き、同年12月、毛沢東は党の活動分子会議において、『日本帝国主義に反対する策略を論じる』と題する報告を行い、広範な抗日民族統一戦線の結成を呼びかけた。しかし、蒋介石は国外の敵を討つ前にまず国内の反対勢力を平定しなければならないという「安内攘外」の路線に固執し、共産党を滅ぼしてから日本侵略者に抵抗する政策を貫いていた。

西安事变的和平解决

　　1936年12月4日,蒋介石亲赴西安,逼迫张学良、杨虎城率部"剿共"。已经丢失了自己的故乡东北三省的张学良请求蒋介石不要再打内战,救国要紧,却遭到蒋介石的训斥。张学良、杨虎城看劝说无效,只好另想办法,逼蒋抗日。12月12日凌晨,张学良、杨虎城发动兵变,在临潼华清池扣留了蒋介石。这便是震惊中外的"西安事变"。

第五章　延安：革命圣地　抗战中枢

西安事変の平和的解決

　1936年12月4日、蒋介石は自ら西安に赴き、東北軍の指導者張学良と西北軍の指導者楊虎城に部隊を率いて、「共産党討伐」を行うよう迫った。故郷の東北三省を既に失った張学良は蒋介石に内戦をやめ、救国を優先させるよう説いたが、蒋介石の叱責を受けただけであった。張学良と楊虎城は説得に失敗したため、他の方法で蒋介石に抗日の主張を受け入れさせようと策謀した。12月12日の未明、張学良と楊虎城が軍事クーデターを行い、臨潼華清池で蒋介石を拘束した。これが国内外を震撼させた「西安事変」である。

　　事变发生后,应张学良、杨虎城的邀请,共产党派周恩来去西安商讨解决问题的办法。经过各方面的努力,终于迫使蒋介石答应"停止剿共,联红抗日",西安事变和平解决。西安事变的和平解决,对促成以国共两党合作为基础的抗日民族统一战线的建立起到了重要作用。此后,十年内战的局面基本结束,抗日民族统一战线初步形成。

　事変発生後、張学良と楊虎城の招きに応じて、共産党が周恩来を西安に派遣し、問題解決の方法を共に相談した。各方面の努力を通して、蒋介石は「共産党討伐を停止し、紅軍と連合して抗日する」との主張を受け入れ、西安事変が平和的に解決された。西安事変の平和的解決により、国共両党の二度目の合作を基礎とする抗日民族統一戦線の結成を促進する面で大きな歴史的役割を果たした。これより、十年にわたる国共内戦が大体において終わり、抗日民族統一戦線が初歩的に結成された。

卢沟桥事变

　1937年7月7日夜,驻扎在北平郊区卢沟桥一带的日本军队举行军事演习。演习结束后,日军借口有一个士兵失踪,又说好像听到卢沟桥附近的宛平城内有枪声,要强行进入宛平县城搜查,遭到中国守军的拒绝。日军随即炮轰卢沟桥,向宛平城发起进攻。中国军队奋起还击,驻守卢沟桥的100多名士兵战斗到只剩4人,其余全部牺牲,终于打退了日军的进攻。这便是卢沟桥事变。因发生于7月7日,又叫"七七事变"。

砥砺征途(中日对照)：革命历史景点故事

盧溝橋事変

1937年7月7日の夜、北平郊外の盧溝橋付近に駐屯していた日本軍が軍事演習を行った。演習が終わった後、日本軍は一人の兵士が行方不明になったと言い、そしてまた盧溝橋付近の宛平県城から銃声が聞こえたことを口実に、宛平県城を強制捜査しようとしたが、中国の守衛軍に拒絶された。日本軍は即刻に盧溝橋を砲撃し、宛平県城へ攻めかかった。中国軍は奮って反撃した。盧溝橋を守衛していた100余名の中国兵士が自らの命を犠牲にして勇敢に戦い、最後に4人しか生き残らなかったが、漸く日本軍の進攻を撃退した。これが「盧溝橋事変」である。7月7日に起きたため、「七七事変」とも呼ばれている。

第二次国共合作的成立

卢沟桥事变发生的第二天，中共中央向全国发出通电："平津危急！华北危急！中华民族危急！只有全民族实行抗战，才是我们的出路！"呼吁"立刻给进攻的日军以坚决的反攻！立刻放弃任何与日寇和平苟安的希望和估计！"。全国各界群众、爱国党派和团体、海外华侨也纷纷举行集会，强烈要求政府抗战。

第二次国共合作の成立

盧溝橋事変の翌日、中国共産党中央が「北平・天津危うし！華北危うし！中華民族危うし！全民族が抗戦を実行してのみ、われわれの活路がある！」という通電を全国に発信し、「われわれに攻撃してくる日本軍に対しただちに断固たる反撃を加えよう！日本侵略者に一時的な平和や安息を求めようとするいかなる希望や思惑をもただちに放棄しなければならない」と呼びかけた。全国各界の大衆、愛国党派と団体及び海外の華僑も次々と集会を行い、政府に対日作戦をするようと強く訴えた。

在严峻的形势和全国人民高昂的抗日热情面前，1937年7月17日、蒋介石发表第二次庐山谈话，表示了准备抗战的决心。国共两党经过谈判，决定将共产党领导的主力红军改编为国民革命军第八路军(简称"八路军")，开赴华北抗日前线。南方八省的红军游击队则被改编为国民革命军陆军新

编第四军(简称"新四军")。9月,国共合作宣言发表,国共两党重新合作,抗日民族统一战线正式形成。

　　厳しい情勢と全国人民が抗日に対する高まった情熱を目の前に、1937年7月17日に、蒋介石は二回目の廬山談話を発表し、抗日戦争を準備する決心を示した。国共両党は談判を通じて、共産党指導下の主力紅軍を国民革命軍第八路軍（略称「八路軍」）に改編し、華北の抗日前線に赴くことにした。更に、南方八省の紅軍遊撃隊が国民革命軍陸軍新編第四軍（略称「新四軍」）に改編された。同年9月、国共合作宣言が発表され、これで国共両党の二回目の合作が実現し、抗日民族統一戦線が正式に結成された。

南京大屠杀

　　1937年12月13日上午,以松井石根为司令官的日军侵入当时中国的首都南京城内,南京沦陷。日军采用极其野蛮的手段,对中国平民和解除武装的军人进行了长达6周的血腥屠杀,制造了震惊中外的"南京大屠杀"。

南京大虐殺

　　1937年12月13日午前、松井石根を司令官とする日本軍が当時中国の首都であった南京に侵入し、南京を陥落させた。その後の6週間の間に、日本軍は何の抵抗力もない一般市民と武装解除した中国兵士に対して、残酷を極めた手段で虐殺し、国内外を震撼させる「南京大虐殺」を起こした。

　　日军在南京下关江边、草鞋峡、煤炭港、上新河、燕子矶、汉中门外等地制造了多起集体屠杀事件,还实行了分散屠杀。日军的屠杀手段残忍至极,人类史上罕见。主要有砍头、刺杀、枪击、活埋、火烧等,还有惨无人道的杀人比赛。屠杀后,日军又采取了抛尸入江、火化焚烧、集中掩埋等手段,毁尸灭迹。据调查统计,被日军屠杀的人数达30万以上。在日军的屠刀下,南京这座昔日繁华的古都成了阴森可怕的人间地狱。侵华日军在南京的反人类罪行,为人类历史上十分黑暗的一页。

日本軍は南京の下関江、草鞋峡、煤炭港、上新河、燕子磯、漢中門外などの所で何度も集団虐殺を行ったほか、個別分散虐殺も行った。日本軍の虐殺手段の残酷さは人類史上においても稀なもので、首をはね、銃剣で刺し、機関銃で掃射し、生き埋め、ガソリンをかけて焼却し、非道な殺人競争もあった。虐殺してから、日本軍は死体を川に捨てたり、焼却したり、あるいは集団埋葬をしたりして、虐殺の現場を破壊した。統計によると、日本軍に虐殺された中国人が30万人も超えた。日本軍の虐殺により、かつて繁盛を極める古都南京は暗くて恐ろしい地獄となった。中国を侵略した日本軍が南京で犯した反人類的暴行は、人類の歴史における最も暗黒な一ページとなった。

1945年8月15日,日本无条件投降。其后,中国军事法庭及东京军事法庭都对南京大屠杀进行了严肃认真的调查、审理并作出审判。集体屠杀列为28案,零散屠杀列为858案。东京军事法庭对东条英机等28名日本甲级战犯进行了审判。至此,国际社会对侵华日军南京大屠杀事件定下了铁案。2014年2月27日,第十二届全国人民代表大会常务委员会第七次会议表决通过,决定将12月13日设立为南京大屠杀死难者国家公祭日。中国以立法形式设立南京大屠杀死难者国家公祭日,表明中国人民反对侵略战争、捍卫人类尊严、维护世界和平的坚定立场。

1945年8月15日、日本は無条件降伏を公表した。その後、中国軍事法廷及び極東国際軍事法廷が南京大虐殺について詳しく事実認定、調査、審理を行ったうえで、判決を下した。集団虐殺28件、個別分散虐殺858件に達し、東条英機ら28人をA級戦犯として断罪した。これで国際社会は中国を侵略した日本軍が起こした南京大虐殺について歴史的審判を下し、動かぬ定論となった。2014年2月27日、第十二期全国人民代表大会（全人代）常務委員会第七回会議では、毎年12月13日を南京大虐殺犠牲者国家慰霊日として制定することを決定した。中国は国家的な立法の形で、南京大虐殺犠牲者国家慰霊日を設立することは、中国人民が侵略戦争に反対し、人類の尊厳を守り、世界平和を維持する決意を表明した。

80余年过去了,一些日本军国主义者仍想否认侵略中国犯下的罪行,甚至为那些双手沾满鲜血的刽子手唱赞歌。但是,南京大屠杀铁证如山,侵略者的名字将永远被钉在历史的耻辱柱上。

南京大虐殺からすでに80年以上も過ぎ去ったが、日本では、一部の軍国主義者は今でも中国を侵略した日本軍の暴行を否認し、両手を中国人民の鮮血で塗らした戦争犯罪者の犯罪事実を抹殺し、戦争を粉飾しようとしている。しかし、南京大虐殺は動かぬ証拠が山ほどあり、侵略者の名前は永遠に歴史の恥辱の柱に釘でしっかりと打ち付けられていく。

持久战之战略

在抗日战争初期,"亡国论"和"速胜论"等观点都有相当大的市场。为批驳这些错误观点,向全国人民指出抗日战争的正确道路,必须明确提出抗战的军事战略,系统阐明党的抗日持久战方针。

持久戦の戦略

抗日戦争の初期、「亡国論」や「速勝論」などの論調が大いに盛り上がった。こうした誤った観点を批判し、全国人民に抗日戦争が勝利への正しい道を明らかにするために、抗日戦争の軍事戦略を明確に提示し、共産党の持久戦方針を系統的に説明しなければならない。

1938年5月26日至6月3日,毛泽东在延安抗日战争研究会上发表了题为《论持久战》的长篇演讲。毛泽东在演讲中驳斥了"亡国论"和"速胜论":"抗战十个月以来,一切经验都证明下述两种观点的不对:一种是中国必亡论,一种是中国速胜论。前者产生妥协倾向,后者产生轻敌倾向。他们看问题的方法都是主观的和片面的,一句话,非科学的。"在此基础上,毛泽东指出:"于是问题是:中国会亡吗?答复:不会亡,最后胜利是中国的。中国能够速胜吗?答复:不能速胜,抗日战争是持久战。"

1938年5月26日から6月3日にかけて、延安で開催された抗日戦争研究会で、毛沢東は『持久戦論』と題する講演を行った。毛沢東は講演の中

で「抗戦十カ月来のすべての経験は、次の二つの観点が間違っていることを立証している。一つは中国必亡論、もう一つは中国速勝論である。前者は妥協の傾向を生み、後者は敵を軽視する傾向を生む。彼らの問題の見方は主観的、一面的であり、一言で言えば、非科学的である。」と述べ、「亡国論」と「速勝論」に反駁した。更にこれを踏まえて、毛沢東は「そこで問題は、中国は滅びるかということで、答えは、滅びない、最後の勝利は中国のものである。また、中国は速勝できるかということで、答えは、速勝できない、抗日戦争は持久戦だということである」と指摘した。

毛泽东在《论持久战》中深刻地分析了中日双方的形势,科学地预见了抗日战争将具体地表现为三个阶段:第一个阶段,是敌之战略进攻、我之战略防御的时期;第二个阶段,是敌之战略保守、我之准备反攻的时期;第三个阶段,是我之战略反攻、敌之战略退却的时期。简言之,抗日战争将经过战略防御、战略相持、战略反攻三个阶段。《论持久战》论述了只有实行人民战争,才能赢得胜利的思想;强调为了胜利,必须坚持抗战、坚持统一战线、坚持持久战。《论持久战》对中国取得抗日战争的最终胜利起到了重要的理论指导作用。此外,毛泽东还撰写了《抗日游击战争的战略问题》(1938年)一文,强调了游击战在抗日战争全过程中的重要战略地位。

毛沢東は『持久戦論』において、中日双方の状況を深く分析し、抗日戦争が具体的に三つの段階として現れると科学的に予見した。第一段階は敵の戦略的進攻、我が方の戦略的防御の時期である。第二段階は、敵の戦略的保持、我が方の反攻準備の時期である。第三段階は、我が方の戦略的反攻、敵の戦略的退却の時期である。簡単に言えば、抗日戦争は戦略的防御、戦略的対峙、戦略的反攻という三つの段階を経るのである。『持久戦論』は、人民戦争を行って初めて勝利を勝ち取ることができるという思想を述べ、勝利するには、抗戦を堅持し、統一戦線を堅持し、持久戦を堅持しなければならないことを強調した。『持久戦論』は、中国が抗日戦争で最終的に勝利するために重要な理論上での指導的役割を果たした。『持久戦論』のほかに、毛沢東は『抗日遊撃戦争の戦

略問題』（1938年）を書き、遊撃戦が抗日戦争の全過程における重要な戦略的地位を強調した。

抗日根据地军民的反扫荡斗争

　　抗日战争进入战略相持阶段后,日本侵略军对中国共产党领导下的敌后抗日根据地进行了疯狂"扫荡",推行烧光、杀光、抢光的"三光"政策。在日军的疯狂攻击下,抗日根据地的面积缩小,八路军、新四军由50万人减少到约40万人,总人口由1亿人减少到5 000万人以下。在此背景下,敌后军民创造了很多有效的歼敌方法,如麻雀战、地道战、地雷战、破袭战、水上游击战等,开展了形式多样的抗日斗争。

抗日根拠地の軍民の反「掃蕩」闘争

　抗日戦争が戦略的対峙段階に入ってから、日本侵略軍が中国共産党が敵の後方に設立した抗日根拠地に対して、苛烈な「大掃蕩」を繰り返し、焼き尽くし、殺し尽くし、奪い尽くすという野蛮な「三光政策」を実施した。日本軍の激しく頻繁な攻撃のもと、八路軍・新四軍の人数は50万人から40万人に減少し、抗日根拠地の面積は縮小し、総人口は1億人から5 000万人以下となった。そうした中で、中国共産党が指導する敵後抗日根拠地の軍民が、スズメ戦、地下道戦、地雷戦、破壊・襲撃戦、水上遊撃戦など、種類多くの敵を殲滅する有効な戦法を創出し、さまざまな形で抗日闘争を幅広く展開した。

华侨与抗日战争

　　海外华侨有着爱国的光荣传统,是中华民族抗日战争中的重要力量。从1931年的九一八事变到1945年抗日战争胜利,他们同祖国人民一起,为世界反法西斯战争作出了不可磨灭的贡献。

華僑と抗日戦争

　中国の海外華僑は昔から愛国主義の光栄ある伝統に富み、中華民族の抗日戦争における重要な力であった。1931年の「九一八事変」から1945年抗日戦争の勝利を勝ち取った時まで、海外華僑は祖国の人民と共に反

砥砺征途(中日对照):革命历史景点故事

ファシズム戦争に身を投じ、不滅な貢献をした。

　　华侨利用自己侨居海外的便利条件,在欧洲、美洲、大洋洲以及东南亚组织抗日团体,开展各种各样的爱国抗日活动,为抗日战争争取广泛的国际同情和援助。他们积极捐款捐物,支持祖国抗战;他们还积极宣传抗日,支持团结抗战,反对分裂投降。

　　より多くの国際社会の理解と援助を獲得するために、華僑は海外に住んでいる条件を生かし、ヨーロッパ、アメリカ、大洋州及び東南アジアで相次いで抗日団体を創立し、様々な愛国抗日活動を繰り広げた。彼らは惜しみなく資金を寄付し、祖国の抗戦を支えた。また、統一戦線を堅持し、分裂と降伏に反対する華僑は積極的に抗戦の宣伝活動に身を投じた。

　　全面抗战开始后,很多华侨回国参战。1938年10月以后,中国东南的海陆交通被日军切断,新开辟的滇缅公路工程完成后,亟需大批汽车司机和修理工。爱国华侨陈嘉庚先生在新加坡成立的"南洋华侨筹赈祖国难民总会"(简称"南侨总会")受国民政府的委托,招募3 200名华侨机工回国效力[①]。1940年5月31日,陈嘉庚先生冲破国民政府重重阻挠到访延安。在延安实地考察期间,陈嘉庚先生亲眼见到共产党人艰苦奋斗、清正廉洁的优良作风,意味深长地说:"中国的希望在延安!"

　　全面的抗戦が始まった後、数多くの華僑が参戦のために帰国した。1938年10月以降、中国東南部の海陸交通が日本軍に遮断され、新しく建設した滇緬公路が開通してから、多くの自動車運転手と整備員が必要となった。3 200名の技術者が国民政府と愛国華僑陳嘉庚がシンガポールで創立した「南洋華僑籌賑祖国難民総会」の呼びかけに応じて、外国から帰国し、祖国のために力を尽くした。1940年5月31日、陳嘉庚は国民政府の阻止を突破し延安を訪れた。延安で見学したとき、陳嘉庚は中国共

---

① "南侨机工"滇缅公路上的华侨先锋运输队[EB/OL].[2022-05-15].https://gddazx.southcn.com/node_592e5fc643/2f4f1de28c.shtml.

産党人の刻苦奮闘、公正清廉の気風を見て感動し、「中国の希望は延安にある」と感慨深げに断言した。

中国人民经过 14 年艰苦卓绝的斗争,终于取得了抗日战争的伟大胜利,爱国华侨为祖国抗战做出了巨大贡献。毛泽东曾高度赞扬陈嘉庚先生的爱国主义精神,称他为"华侨旗帜,民族光辉"。

中国人民は14年間に亘る艱難辛苦の戦いを通して、ようやく抗日戦争の偉大な勝利を勝ち取り、海外の愛国華僑は祖国の抗戦に大きく貢献した。長年に愛国活動に身を投じた陳嘉庚は毛沢東に「華僑の模範・民族の栄光」と賞賛された。

大生产运动与南泥湾
1941 年,由于日本侵略军的疯狂"扫荡"及国民党顽固派的军事包围和经济封锁,中国共产党领导下的敌后抗日根据地面临前所未有的经济困难。为克服经济上的严重困难,中共中央制定了"发展经济、保障供给"的总方针,在抗日根据地掀起军民大生产运动。

大生産運動と南泥湾
1941年、日本侵略軍の激しい「大掃蕩」と国民党の頑固派による軍事包囲や経済封鎖を受けて、中国共産党が指導する各敵後抗日根拠地は未曾有の経済的困難状態に置かれていた。厳しい経済的困難を乗り越えるために、中国共産党中央が「経済を発展させ、供給を保障する」という総方針を制定し、各根拠地において、軍民大生産運動を幅広く展開した。

1941 年春,王震率领的八路军第一二〇师第三五九旅开进南泥湾垦荒屯田。他们发扬自力更生、奋发图强的精神,使昔日荒无人烟的南泥湾变成了"陕北的好江南",而三五九旅也被誉为大生产运动的模范。抗日根据地开展大生产运动后,根据地实现了粮食等物资的自给自足,度过了严重的经济困难,为争取抗日战争的胜利奠定了物质基础。

1941年春、王震が率いる八路軍第一二〇師第三五九旅は延安南部の南泥湾に赴き、荒地を開墾して、屯田に従事していた。彼らは「自力更生、刻苦奮闘」の精神を発揚し、嘗て無人の荒野であった南泥湾を「陝北の好江南」（陝西省北部の良き江南）に変貌させ、大生産運動の模範とたたえられた。抗日根拠地で大生産運動を展開してから、根拠地は食糧などの自給自足を実現し、厳しい経済的困難を切り抜け、抗日戦争の勝利を勝ち取るための物質的基礎を固めた。

"革命圣地"延安

1937年1月13日,毛泽东率领中共中央机关进驻延安,直至1948年3月23日东渡黄河前往华北,党中央在延安度过了十三年。延安既是红军"北上抗日"长征的"落脚点",也是建立抗日民族统一战线、赢得抗日战争胜利的"出发点"。全民族抗战开始后,党中央所在地延安成为革命者向往的"圣地"。大批爱国志士和知识青年背着行李,燃烧着希望,冲破敌占区的重重封锁,冒着生命危险,从全国各地来到延安寻求救国真理和道路。为培养革命干部,开展文化教育,党中央先后创办了抗日军政大学、陕北公学、鲁迅艺术学院、中共中央党校、中国女子大学、民族学院、卫生学校等一批学校,取得了显著成绩。

「革命の聖地」延安

1937年1月13日、毛沢東が率いる中国共産党中央機関が延安に進駐した。1948年3月23日、黄河を東に渡り、華北に進むまでの13年間、中国共産党中央はずっと延安にあった。延安は紅軍が「北上抗日」という新たな使命を果たした長征の帰着点であり、抗日民族統一戦線を結成し、抗日戦争の勝利を勝ち取る出発点でもある。全面的な抗日戦争が始まってから、党中央の所在地延安は革命者の憧れる「聖地」となった。大勢の愛国志士と知識青年が、荷物を背負い、希望に燃えて、命の危険を顧みずに敵の占領区の厳重な封鎖を突破して、救国の真理と道を求めるために全国各地から延安に駆けつけてきた。革命幹部を養成し、文化教育を行えるように、党中央は中国人民抗日軍事政治大学、陝北公学、魯迅芸術学院、中国共産党中央党校、中国女子大学、民族学院、衛生学校など

の学校を設置して、大きな成果を収めた。

抗日战争的伟大胜利

1945年上半年,世界反法西斯战争进入最后胜利阶段。4月25日,联合国制宪会议在美国旧金山举行,包括中国解放区代表董必武在内的中国代表团出席会议。中国成为联合国的创始会员国之一和安理会五个常任理事国之一。

抗日戦争の偉大な勝利

1945年前半、世界反ファシズム戦争が最後の勝利を迎えようとしている段階に入った。4月25日、国際連合憲章を制定するための会議がアメリカのサンフランシスコで行われ、中国解放区の代表董必武を含む中国代表団がこの会議に参加した。これで中国は国連創始加盟国の一つとなり、国連安全保障理事会常任理事国5カ国の一つとなった。

1945年5月8日,纳粹德国无条件投降,欧洲战场的反法西斯战争胜利结束。8月15日,日本天皇裕仁以广播《终战诏书》的形式,宣布接受《波茨坦公告》,无条件投降。9月2日,日本代表在投降书上签字。9月3日,成为中国人民抗日战争胜利纪念日。

1945年5月8日、ナチスドイツが無条件降伏し、ヨーロッパ戦場における反ファシズム戦争が勝利に終わった。8月15日、日本の天皇裕仁が『ポツダム宣言』を受諾し、無条件降伏を告げる『終戦の詔書』を朗読した音声がラジオで放送され、9月2日、日本側の代表が降伏文書に調印した。9月3日は中国人民抗日戦争勝利記念日となった。

2020年9月3日,习近平总书记在纪念中国人民抗日战争暨世界反法西斯战争胜利75周年座谈会上的讲话中指出:"中国人民经过14年不屈不挠的浴血奋战,打败了穷凶极恶的日本军国主义侵略者,取得了中国人民抗日战争的伟大胜利！这是近代以来中国人民反抗外敌入侵持续时间最长、规模最大、牺牲最多的民族解放斗争,也是第一次取得完全胜利的民族解放

斗争。这个伟大胜利,是中华民族从近代以来陷入深重危机走向伟大复兴的历史转折点,也是世界反法西斯战争胜利的重要组成部分,是中国人民的胜利,也是世界人民的胜利。中国人民抗日战争的伟大胜利,将永远铭刻在中华民族史册上！永远铭刻在人类正义事业史册上！"①

　2020年9月3日、習近平総書記は中国人民抗日戦争並びに世界反ファシズム戦争勝利75周年を記念する座談会における講話の中でこう語った。「中国人民は14年間にわたる不撓不屈で、血を浴びた戦いを経て、凶悪極まる日本軍国主義侵略者を打ち負かし、中国人民抗日戦争の偉大なる勝利を収めた。これは近代以降の外敵の侵略に対する中国人民の抵抗の中で期間が最も長く、規模が最も大きく、犠牲が最も多かった民族解放闘争であり、初めて完全な勝利を勝ち取った民族解放闘争でもある。この偉大な勝利は、中華民族が近代以降に陥った深刻な危機から偉大な復興へと向かう歴史的転換点であり、世界反ファシズム戦争の勝利の重要な一部でもある。この偉大な勝利は中国人民の勝利であり、世界人民の勝利でもある。中国人民抗日戦争の偉大なる勝利は中華民族の歴史に永遠に刻まれ、人類正義事業の歴史に永遠に銘記されるだろう！」②

第二节　红色故事

第二節　革命物語

瓦窑堡革命故事

　1935年7月25日,共产国际召开第七次代表大会,制定了建立世界反法西斯统一战线的方针。此时中国红军尚在长征途中,与共产国际的联系在长征前便已中断。为恢复联系,共产国际在作出多次努力之后,最终决定派遣中国共产党员林育英带回最新的电讯密码。化名"张浩"的林育英还肩

---

① 习近平.在纪念中国人民抗日战争暨世界反法西斯战争胜利75周年座谈会上的讲话[EB/OL].[2022-05-07].http://www.qstheory.cn/yaowen/2020-09/03/C_1126450023.htm.
② 中国人民抗日戦争・世界反ファシズム戦争勝利75周年座談会開催　習近平氏が重要演説[EB/OL].http://jp.xinhuanet.com/2020-09/04/C_139341545.

负另一项更为重要的责任：向中共中央传达共产国际第七次代表大会的会议精神。

瓦窑堡革命物語

1935年7月25日、コミンテルン第七回代表大会が行われ、世界反ファシズム統一戦線を結成する方針が定められた。この時、中国紅軍がまだ長征中で、コミンテルンとの連絡が長征前から既に途切れた。双方の連絡を立て直すため、数回に渡って努力した結果、コミンテルンは中国共産党員の林育英を派遣し、新しい通信暗号を中国に持ち帰らせることにした。暗号伝達の他に、「張浩」という偽名を使った林育英はもう一つの大事な任務を任された。即ち、中国共産党中央にコミンテルン第七回代表大会の決定を伝えることだ。

林育英牢记会议内容和电讯密码，跋山涉水、南下归国的时候，红军三大主力尚在艰难险阻的长征途中。1935年10月，中共中央终于带领中央红军到达陕北，完成了长征。11月，进驻陕西省安定县（今子长县）瓦窑堡。林育英也终于到达了安定县，与党中央取得了联系。林育英的到来，让中共中央与共产国际重新取得了联系，加速了抗日民族统一战线的确立。

林育英が大会の決定と通信暗号を頭の中にしっかりと覚えて、山を踏み越え、川を渡り、南に向かって帰国の道についた。ちょうど同じ時期に、紅軍の三大主力はまだ苦難に満ちた長征の途中にあった。1935年10月、中国共産党中央は中央紅軍を率いて、陝西省の北部に辿り着き、長征を終えた。同年11月、陝西省安定県（現在の子長県）の瓦窑堡に進駐した。林育英もやっと安定県に到着し、党中央と連絡を取った。林育英のおかげで、中国共産党中央はコミンテルンと再び連絡を取れるようになり、抗日民族統一戦線の結成を促した。

1935年，日本在华北制造了一系列事端，加紧了对华北的侵略。面对日益加深的民族危机，中国很多大中城市爆发了大规模的抗日学生运动。各地工人在全国总工会的号召下，纷纷举行罢工，支援学生斗争。爱国人士、

爱国团体也纷纷成立各界救国会,要求停止内战,一致抗日。抗日救亡斗争迅速发展成为全国规模的群众运动。在此背景下,中共中央于12月17日至25日,在瓦窑堡举行了政治局扩大会议,毛泽东、张闻天、周恩来等出席了会议。会议讨论了军事战略问题、全国的政治形势和党的策略路线问题,通过了《中央关于军事战略问题的决议》和张闻天起草的《中央关于目前政治形势与党的任务决议》。

1935年、日本は華北地方で一連の事件を引き起こし、華北に対する侵略を急いだ。日々深刻になりつつある民族危機を直面して、中国の数多くの大中都市で大規模な学生の抗日救国デモが起こった。全国各地の労働者は全国労働組合総連合会の呼びかけに応じて、相次いでストライキをして、学生たちを応援した。さらに、愛国人士や愛国組織による各界の救国会も次々と成立し、内戦を停止し、挙国一致で抗日に当たるように要求した。抗日救国闘争は急速に全国的な民衆運動に発展した。そうした中で、12月17日から25日にかけて、中国共産党中央は瓦窰堡で政治局拡大会議を開き、毛沢東、張聞天、周恩来らが会議に出席した。会議で軍事戦略問題、全国の政治情勢及び党の策略路線を討論し、『軍事戦略問題に関する中央の決議』と、張聞天が起草した『当面の政治情勢と党の任務に関する決議』を採択した。

会后,毛泽东在12月27日召开的党的活动分子会议上作了《论反对日本帝国主义的策略》的报告,阐明了抗日民族统一战线的策略方针。为准备东渡黄河进入山西抗击日寇,中共中央组织了东征部队,由毛泽东亲自率领。1936年2月,东征部队途经清涧县袁家沟时,毛泽东提笔写下了被柳亚子先生推为千古绝唱的《沁园春·雪》。

会議後、毛沢東は12月27日に行われた党の活動分子会議において、『日本帝国主義に反対する策略を論じる』と題する報告を行い、抗日民族統一戦線の策略方針を述べた。黄河を東に渡り、山西省に入り、日本侵略者に抵抗するために、中国共産党中央は東征部隊を組織し、毛沢東がその部隊を率いることにした。1936年2月、東征部隊が清澗県袁家溝

を経た時、毛沢東は柳亜子先生に「千古絶唱」と褒められた『沁園春·雪』を揮毫した。

沁园春·雪

北国风光,千里冰封,万里雪飘。
望长城内外,惟余莽莽;
大河上下,顿失滔滔。
山舞银蛇,原驰蜡象,
欲与天公试比高。
须晴日,
看红装素裹,分外妖娆。

江山如此多娇,
引无数英雄竞折腰。
惜秦皇汉武,略输文采;
唐宗宋祖,稍逊风骚。
一代天骄,成吉思汗,
只识弯弓射大雕。
俱往矣,
数风流人物,还看今朝。

沁園春·雪①

北国の風光、氷 千里をとざし 雪 万里に舞う。
見渡せば 長城の内外 ただ茫々として白く
黄河の上下 滔々たるさま たちまち消えぬ。
山は銀蛇の舞うがごとく 原は白象の馳するに似て
天と高きをくらべらんとす。
晴れし日をまちて
白衣に紅きをまとえるを見なば
ことのほか なまめかしからん。

---

① 毛泽东.毛泽东诗词(中日对照)[M].北京:外文出版社,2006:49.

山河かくも麗し
数しれぬ英雄さそわれ　きそいてぬかずきぬ。
惜しむらくは　秦皇　漢武　いささか文采におとり
唐宗　宋祖　やや詩魂を欠く。
一代の天の驕児　成吉思汗も
弓ひきて大鷲射るを識れるのみ。
みな過ぎ去りぬ
秀ずる人物挙げんには
なお見よ　今の世を。

《黄河大合唱》的诞生

《黄河大合唱》是冼星海、光未然创作的一部极具影响力的大型合唱声乐套曲。1938年10月，武汉沦陷后，诗人光未然带领抗敌演剧队第三队，从陕西宜川县的壶口附近东渡黄河，转入吕梁山抗日根据地。他在途中目睹了黄河船夫们与狂风恶浪搏斗的情景，聆听了高亢、悠扬的船工号子。

『黄河大合唱』の誕生

『黄河大合唱』は冼星海と光未然によって作られた影響深い大型合唱声楽組曲である。1938年10月、武漢が陥落した後、詩人光未然は抗敵演劇隊第三隊を率いて、陝西省宜川県壺口辺りから黄河を東に渡り、呂梁山抗日根拠地に赴いた。途中で、光未然は黄河の船頭達が狂風荒波と闘った情景を見て、彼らの響き渡る掛け声を聞いた。

1939年1月，光未然抵达延安后，创作了朗诵诗《黄河吟》，并在这年的除夕联欢会上朗诵此作。冼星海听后非常兴奋，表示要为演剧队创作《黄河大合唱》。同年3月，在延安一座简陋的土窑里，冼星海抱病连续创作6天，于3月31日完成了《黄河大合唱》。全曲由《序曲》《黄河船夫曲》《黄河颂》《黄河之水天上来》《黄水谣》《河边对口曲》《黄河怨》《保卫黄河》和《怒吼吧！黄河》八个乐章组成。

1939年1月、光未然は延安に着いてから、すぐ『黄河吟』という詩を書き上げて、除夜の交歓会において朗誦した。それを聞いた冼星海は胸が躍り、演劇隊に『黄河大合唱』を作ろうと決意した。同年3月、延安のある粗末な窰洞で、冼星海は病気を抱えながらも、わずか6日間後の3月31日に『黄河大合唱』組曲を完成させた。全曲は「序曲」「黄河船頭曲」「黄河頌」「黄河の水天上より来たり」「黄水謡」「河辺対口曲」「黄河の怨み」「黄河を守れ」及び「怒鳴れ！黄河」という八つの楽章からなっている。

《黄河大合唱》表现了抗日战争年代里中国人民的苦难与顽强斗争精神，讴歌了中华儿女不屈不挠，保卫祖国的必胜信念。它以我们民族的发源地——黄河为背景，展示了黄河岸边曾经发生过的事情，以启迪人民来保卫黄河、保卫华北、保卫全中国。《黄河大合唱》以其独特的个性，恢宏的气势，催人奋进的强烈号召力和凝重深刻的哲学气息征服了世界。就如埃德加·斯诺所言:《黄河大合唱》永永远远，都属于明日的中国。①

『黄河大合唱』は抗日戦争中に中国人民が味わった苦難と粘り強い闘争精神を反映していると同時に、中華民族がどんな困難にも挫けず、祖国を守りぬく不屈の信念を歌いあげた。この曲は中華民族の発祥地である黄河を背景に、かつて黄河沿岸で起こったことを展示することによって、中国人民に黄河を守ろう、華北を守ろう、中国を守ろうと呼びかけた。『黄河大合唱』はその独特な個性、雄大な勢い、勝利に向かって突き進むように人々に働きかける力、及び音楽の中に含まれている深い哲学思想を以って世界中の聴衆を魅了した。正にエドガー・スノーの言ったように、『黄河大合唱』はいつまでも明日の中国に属するのである。

斯诺与《红星照耀中国》

北大未名湖南岸，有一座长方形汉白玉墓碑，碑上镌刻着"中国人民的美国朋友埃德加·斯诺之墓"。埃德加·斯诺是一名美国记者，1905年出生于密苏里州堪萨斯，大学毕业后从事新闻工作。1928年23岁时抵达上海，

---

① 黄河大合唱[EB/OL].[2022-05-10].https://music.163.com/#/album?id=39258.

其后遍访南京、天津、东北、内蒙古等地,足迹几乎踏遍中国大地。1930年,作为美国统一新闻协会记者远行至缅甸、印度,随后又返回中国。1934年在燕京大学担任新闻系讲师。也就是在燕京大学任职期间,他去了陕北,真实地记录了当时红军的状况,写下了著名的《红星照耀中国》。

エドガー・スノーと『中国の赤い星』

　北京大学のキャンパスにある湖「未名湖」の南岸に、漢白玉で作られた長方形の墓碑が一つ立っており、その上には「中国人民の米国友人エドガー・スノーの墓」との銘が刻まれている。エドガー・スノー（Edgar Snow）はアメリカのジャーナリストで、1905年にミズーリ州カンザスシティで生まれた。大学を卒業した後、ジャーナリズム関連の仕事に携わった。1928年に23歳で上海に到着し、その後、南京、天津、東北、内モンゴルなどを歴訪し、ほぼ中国全土に足跡を残した。1930年、スノーはアメリカ統一新聞協会のジャーナリストとして、ミャンマーやインドまで足を運び、後にまた中国に戻った。1934年、スノーは講師として燕京大学でジャーナリズムを教えていた。この期間中に、スノーは陝西省北部へ行き、紅軍のありのままの姿を記録し、有名な『中国の赤い星（(*Red Star Over China*)）』を書き上げた。

　　自从1927年第一个苏维埃政权诞生以来,国民党就对红军进行了新闻封锁,并在报纸上肆意抹黑共产党。这导致了外界对苏区、对共产党一无所知。斯诺就是在这种重重封锁下,得到了前往延安的机会。为打破国民党的新闻封锁,向全世界报道中国红军和苏区的真相,1936年6月,斯诺带着他的采访工具,冒险前往延安。

　1927年、中国初のソビエト政権が生まれて以来、国民党は紅軍に関する情報をシャットアウトする一方、新聞で共産党のことを恣意的にねじ曲げた。それ故、ソビエト区や共産党について、外部の人はほとんど知らなかった。スノーはまさにこうした厳重な封鎖のもとで、延安へ行くチャンスを得たのである。国民党による情報シャットアウトを突破し、中国紅軍とソビエト区の事実と真相を世界に報道するため、1936年6

第五章　延安：革命圣地　抗战中枢

月、スノーは取材器材を携えて、危険を顧みず、毅然として延安に向かった。

　　在宋庆龄的引荐下，斯诺突破重重关卡，最终于1936年7月13日抵达当时中共中央驻地保安（现志丹县）。斯诺在苏区的采访被给予了高度自由。周恩来亲自为斯诺确定好了在苏区采访的日程安排。原计划共有92天，实际上斯诺在苏区待满了四个月。他在保安采访了毛泽东、彭德怀等中共领导人，成为第一位到达陕甘宁边区进行采访的外国记者。

　宋慶齢の紹介のもとで、スノーは当局の様々な妨害を突破し、1936年7月13日に当時中国共産党中央の駐在地である陕西省保安県（現在の志丹県）に辿り着いた。ソビエト区での取材活動について、スノーはきわめて高い自由度を与えられた。周恩来は自らスノーのためにソビエト区での取材スケジュールを作成した。もともとは92日の取材計画だったが、結局4カ月にまで延長した。スノーは保安で毛沢東、彭德懐など中国共産党の指導者たちをインタビューし、陕西・甘粛・寧夏ソビエト地域で取材した最初の外国人ジャーナリストとなった。

　　斯诺对根据地和工农红军进行了深入的采访，采访了红军将士和当地百姓，对根据地的军民生活、地方政治改革以及风俗习惯等作了广泛深入的调查。斯诺还多次受到毛主席的会见，从而使他获得了许多关于毛泽东个人和中国共产党以及工农红军的第一手珍贵资料。在斯诺的再三请求之下，毛泽东还讲述了自己从童年到长征的革命经历。这也是毛泽东唯一一次比较完整地详谈自己的经历。

　スノーは根拠地で紅軍将兵や地元の人々を訪ね、ソビエト区における軍民生活、地方政治改革及び当地の風俗習慣などについて幅広く、深く調べていた。スノーは毛沢東と面会する機会を何回も恵まれ、毛沢東個人及び中国共産党、中国紅軍に関する貴重な一次資料をたくさん手に入れた。更にスノーの再三の懇請により、毛沢東は自分の少年時代から長征に至るまでの革命経歴を語った。それは毛沢東が自分の少年・青年時代

· 161 ·

についてかくも詳しく語った唯一の記録となった。

　　斯诺把他的采访详细记录在了他的笔记本上，四个月的采访，他密密麻麻写满了 14 个笔记本。此外，他当时还带了 2 架相机，24 卷胶卷，在苏区拍了大量的照片。他的照片大致有以下几类：1）领导人照片；2）苏区生活照片；3）红军的照片；4）苏区文化生活和少先队的照片。这些照片真实地记录了当时的历史，给后人留下了弥足珍贵的图像资料。

スノーは自分が取材した内容をノートに詳しく書き留めた。4カ月にわたった取材で獲得した資料は14冊のノートにぎっしりと書き綴られた。その他、スノーはカメラを2台、フィルムを24個持って行き、ソビエト区でたくさんの写真を撮った。スノーが撮った写真は主に以下の4種類に分けられ、指導者たちの写真、ソビエト区の生活、紅軍兵士の写真、ソビエト区の文化生活と少年先鋒隊員の写真である。これらの写真は当時の歴史をリアルに記録しており、後世の人々に貴重な映像資料を残した。

　　当年 10 月底，斯诺带着他的采访资料、胶卷和照片，从陕北回到北平。他将他在苏区的所见所闻写了多篇报道，随后汇集成一部纪实性很强的报道性作品——《红星照耀中国》，于 1937 年 10 月在伦敦出版。为了能在国民党统治区出版发行，中文译名改为《西行漫记》。这本书让世界初窥中国革命根据地、中国共产党、中国红军的真实面貌，粉碎了外界对于中国共产党和中国红军的不实谣言。《红星照耀中国》发表后，国际社会掀起了支持中国人民抗日战争的热潮。加拿大医生白求恩、印度医生柯棣华、美国记者艾格尼丝·史沫特莱、安娜·路易斯·斯特朗等纷纷来到中国，帮助中国人民进行抗战。

同年10月末、スノーは彼が取材した資料、フィルムと写真を持って、陝西省北部のソビエト区から北平に戻った。彼はソビエト区での取材をもとにいくつかの記事を公表し、更にそれらを一冊の写実性の高いノンフィクション作品にまとめ、1937年10月にロンドンで出版した。それが

『中国の赤い星（Red Star Over China）』であった。国民党統治区で出版できるように、当作品を中国語に翻訳したとき、書名を『西行漫記』に変えた。この本を通して、世界各国は中国の革命根拠地、中国共産党、中国紅軍の真実を初めて知り、中国共産党及び中国紅軍に関する様々な偽情報やデマを粉砕した。『中国の赤い星』が発表されてから、国際社会では中国人民の抗日戦争を支援しようとの動きが巻き起こった。カナダ人医師ノーマン・ベチューン（Henry Norman Bethune、1890～1939）、インド人医師ワルカナート・シャンタラム・コトニス（Dwarkanath Shantaram Kotnis、1910～1942）、米国人ジャーナリストのアグネス・スメドレー（Agnes Smedley、1894～1950）、アンナ・ルイス・ストロング（Anna Louise Strong、1885～1970）のような中国にやってきて、中国人民の抗日戦争を支援する国際友人は後を絶たなかった。

新中国成立后,斯诺先后三次来访中国。1972年逝世后,他的夫人遵照他的遗嘱,将他的部分骨灰带到了中国,埋在了北大未名湖湖畔,埋在了他曾留下浓墨重彩印记的红色土地。

中華人民共和国が成立した後、スノーは中国を三回訪問した。1972年、スノーはこの世を去った。奥さんは彼の遺言を守り、遺灰の一部を中国に持ってきて、北京大学未名湖の湖畔に埋め、彼がかつて色鮮やかな印を残したこの赤い土地に埋葬した。

第三节　红色景点

第三節　紅色観光スポット

延安革命纪念馆

在陕西省延安市宝塔区西北延河东岸,距离市区1公里的背山面水之处,坐落着新中国成立后最早建立的革命纪念馆之一的延安革命纪念馆。延安革命纪念馆始建于1950年,1951年正式对外展出。纪念馆建成后几经更名,在1955年正式定名为"延安革命纪念馆",馆名为1971年郭沫若前来

参观时题写。纪念馆前方是占地面积 2.7 万平方米的广场。广场正中耸立着巍峨的毛主席青铜像铜像高 5 米,加上 3.15 米的底座,总高 8.15 米。

图 5-1　延安革命纪念馆

延安革命記念館

　　陝西省延安市宝塔区の北西を流れる延河の東岸に、市内まで約1キロぐらい離れたところに、中華人民共和国が成立して以来、最も早く創設された革命記念館の一つである延安革命記念館がある。延安革命記念館は1950年に建設し始められ、1951年に正式に開館された。記念館が落成してから、名称の変更が繰り返され、1955年に「延安革命記念館」という名称に決めた。館名は1971年、郭沫若が当記念館を見学した時に揮毫したものである。記念館の前は敷地面積が2.7平方メートルの広場で、その真ん中には毛沢東主席の青銅像が聳えている。当青銅像は高さ5メートルで、3.15メートルの台座と合わせて、総高さは8.15メートルにも及んだ。

　　延安革命纪念馆总建筑面积约为 29 853 平方米。主体建筑呈"门"字形,东西长 222 米,南北共 119 米,宛如张开的手臂欢迎游客的光临。2021年 6 月,在第 10 次陈列提升改造工作之后,纪念馆重新免费开放,陈列面积10 677 平方米。正对广场的主楼的序厅由主题雕塑和环绕浮雕组成。主题

雕塑有毛泽东、朱德、刘少奇、周恩来、任弼时塑像以及工农阶级、国际友人等群像。其背后的浮雕为冉冉升起的红日及沐浴在阳光下的延安宝塔,左上侧写着"1935~1948延安"字样。右侧浮雕是黄帝陵及长城,左侧浮雕为大禹治水的黄河壶口瀑布。

延安革命記念館の総建築面積は29 853平方メートルである。建築の主体は「門」字型となっており、東西222メートル、南北119メートルであり、まるで両手を広げて観光客を出迎えるようである。2021年6月、館内陳列が10回目にアップグレードされてから再開館し、陳列面積が10 667平方メートルに達し、そして無料で見学できるようになっている。広場の向こう側にある主楼序庁の陳列は主題彫刻と環形のレリーフからなっている。主題彫刻は毛沢東、朱徳、劉少奇、周恩來、任弼時の彫刻のほか、工農階級と国際友人の群像も作られている。その後ろにあるレリーフはゆっくりと昇る太陽と日光を浴びた延安宝塔で、左上に「1935～1948延安」と書いてある。右側のレリーフは黄帝陵と万里の長城で、左側は大禹が黄河の氾濫を治めた時に通った黄河壺口滝である。

这里共有两层展区,展出内容分为五个单元:第一单元 红军长征的落脚点;第二单元 抗日战争的政治指导中心;第三单元 新民主主义的模范实验区;第四单元 延安精神的发祥地;第五单元 毛泽东思想的形成与发展。共展出文物2 000余件,照片900余张。同时还有红军长征胜利到陕北、大生产、干部学习等26项艺术品场景。还用3D裸眼技术展现了直罗镇战役,还有瓦窑堡会议、延安文艺座谈会等科技互动展40项。

ここの展示エリアは二階あり、五つのセクションに分かれている。第一セクションは紅軍長征の帰着点、第二セクションは抗日戦争の政治的指導センター、第三セクションは新民主主義の模範実験区、第四セクションは延安精神の発祥地、第五セクションは毛沢東思想の形成及びその発展である。ここには2 000点余りの革命文物と900点の歴史写真が展示されている。また、紅軍が勝利のうちに陝西省北部に到着、大生産運

動、幹部学習など26の場面再現のほか、グラスレス3D技術で直羅鎮戦役、瓦窯堡会議、延安文芸座談会など、40個のマルチメディア体験項目がある。

广场左右两侧的纪念馆还有4个大型专题展。右侧为《伟大长征 辉煌史诗》《强基：延安时期党的组织建设》，左侧是《铸魂：延安时期的从严治党》《学习用典：中国优秀经典故事全国连环画作品展》两个专题展。延安革命纪念馆2008年3月，被国家文物局评定为国家一级博物馆，2016年12月，被列入全国红色旅游经典景区名录。2017年入选教育部首批全国中小学生研学实践教育基地营地名单。

広場の左右両側にある記念館には四つの大型テーマ常設展がある。右側は「偉大な長征　輝かしい史詩」と「基礎を固める：延安時期における共産党の組織建設」という展示で、左側は「魂を鍛える：延安時期における厳格な党内統治」と「典故を学ぶ：中国の優れた経典物語の連環画コレクション展」である。延安革命記念館は2008年3月に、国家文物局に国家一級博物館に指定され、2016年12月に、「全国紅色観光典型風景区リスト」に登録された。更に、2017年、教育部によって第一陣「全国小中学生研学実践教育基地リスト」に登録された。

见证历史的宝塔山
　　宝塔山，古称丰林山，宋时改名为嘉岭山，现在人们又称宝塔山。宝塔山位于延安城东南方，延河西岸，海拔1 135.5米，为周围群山之冠。宝塔山上视野开阔，林木茂盛，山林空气清新，凉爽宜人，夏季平均气温较内低3～4摄氏度，是消夏避暑的好地方。

歴史を見守ってきた宝塔山
　宝塔山は古代に豊林山と称され、宋の時代に嘉嶺山と名を変え、今は宝塔山と呼ばれている。宝塔山は延安城の東南、延河の西岸に位置し、海抜1 135.5メートルで、周りの山々の中で一番の高さを誇っている。宝

第五章 延安:革命圣地 抗战中枢

图 5-2 延安宝塔山

塔山の頂上に登ると、視野がとても広く、周辺の風景を堪能できる。また、山内には木々がうっそうと生い茂り、空気が澄み、涼しくて居心地のいい所である。宝塔山は夏の平均気温が市内より3～4度ぐらい低いので避暑地として最適な場所である。

宝塔始建于唐代宗大历年间(766～779),距今已有 1 200 多年的历史。塔用砖砌筑,平面呈八角形,九层,通高 44 米。登上塔顶,全城风貌可尽收眼底。宝塔是历史名城延安的标志,是引领中国革命走向胜利的熊熊火炬和航标灯。在塔旁边有一口明代铸造的铁钟,1938 年,日本飞机轰炸延安时,这口钟曾被多次敲响,为保卫延安人民的生命安全作出过特殊贡献。

宝塔は唐の代宗大歴年間（766～779）に建てられ、今から既に1 200年の歴史を持つ。塔はレンガ造りで、八角形の形をした九層構造で、高さは約44メートルある。塔の頂上まで登ると、延安市の全景を一望に収めることができます。宝塔は歴史名城延安市のシンボルで、中国革命を勝利に導くぼうぼうと燃えた松明と灯台である。塔の隣には明代に鋳造された鉄鐘が一つあり、1938年、日本軍が延安を空爆した時、この鐘は何回も鳴らされ、延安の人々の命を守るために特別な貢献をしていた。

此外,山上还有长达 260 米的摩崖石刻群和碑林,占地面积 2 864 平方米,高 6~7 米。石刻大部分是北宋时期的石刻,有"嘉岭山""云生幽处""嘉岭胜境称第一""先忧后乐""一韩一范、泰山北斗""胸中自有数万甲兵"等

九组。摩崖石刻中最具有历史意义的是毛泽东手书"实事求是"和"发扬革命传统、争取更大光荣"等,体现了中国共产党的初心使命。

　また、山の中には、全長260メートルの摩崖石刻のほか、たくさんの石碑があり、敷地面積は2 864平方メートルで、高さは6～7メートルである。石刻の多くは北宋時代の作品で、よく保存されているのは「嘉嶺山」「雲生幽處（雲　幽々たる處から生ず）」「嘉嶺勝境稱第一（嘉嶺の勝境　第一と称される）」「先憂後楽（憂を先に楽を後にす）」「一韓一範、泰山北斗（唐の韓愈と宋の範仲淹は泰山や北斗のように人々から高く仰ぎ尊ばれている」「胸中自有数万甲兵（胸中に自ら　数万甲兵あり）」など9組の作品である。また、石刻の中で最も歴史的意義があるのは毛沢東自筆の「実事求是（実事　是を求む）」と「発揚革命伝統、争取更大光栄（革命伝統を高揚し、更なる光栄を勝ち取る）」という文字で、中国共産党の初心と使命を表している。

杨家岭革命旧址
　　杨家岭革命旧址位于陕西省延安市西北约3公里的杨家岭村。1938年至1940年、1942年至1943年,中共中央曾在此领导中国革命。毛泽东1938年11月至1943年5月在此居住,1940年秋,因修建中央大礼堂等工程,环境嘈杂,毛泽东等领导人和中央一些机关搬到枣园居住,1942年又搬回杨家岭。

楊家嶺革命旧址
　　楊家嶺革命旧址は、陝西省延安市の西北約3キロの楊家嶺村に位置している。1938年から1940年まで、そして1942年から1943年までの間、中国共産党中央がここで中国革命を指導していた。毛沢東は1938年11月から1943年5月までここに滞在し、1940年の秋に、中央大礼堂の改修工事で周りの環境が騒がしくなったため、毛沢東をはじめとする指導者と、一部の中央機関は、同じく延安にある「棗園」へと移転した。1942年にまた楊家嶺に戻った。

图 5-3　杨家岭革命旧址

　　1943年,毛泽东等领导人又从这里陆续搬往枣园。毛泽东在此写下了《五四运动》《青年运动的方向》《被敌人反对是好事而不是坏事》《共产党人发刊词》《纪念白求恩》《中国革命和中国共产党》《新民主主义论》《抗日根据地的政权问题》《目前抗日统一战线中的策略问题》《〈农村调查〉的序言和跋》《改造我们的学习》《整顿党的作风》《反对党八股》《经济问题与财政问题》等光辉著作。

　　1943年、毛沢東を始めとする指導者たちは再び棗園へ移った。毛沢東はここで『五四運動』『青年運動の方向』『敵に反対されるのは悪事ではなく良い事だ』『「共産党員」の発刊の辞』『ベチューンを記念する』『中国革命と中国共産党』『新民主主義論』『抗日根拠地の政権問題』『目下抗日統一戦線の策略問題』『「農村調査」の序言と跋』『われらの学習を改造』『党の作風を粛正する』『党八股に反対せよ』『経済問題と財政問題』など、一連の重要な文章を執筆した。

枣园革命旧址

　　枣园革命旧址位于延安城西北8公里处,占地面积80亩,环境清幽,景色秀丽。园林中央坐落着中央书记处礼堂,依山分布着五座独立的院落,分别是毛泽东、朱德、周恩来、刘少奇、任弼时、张闻天、彭德怀等中央领导的旧居。

图 5-4 枣园革命旧址

棗園革命旧址

　　棗園革命旧址は延安市西北から8キロぐらい離れた所に位置している。敷地面積は約80ムーで、静かな環境と美しい自然に恵まれている。棗園の真ん中には中央書記処講堂があり、山に沿って建てられた五つの民居には、毛沢東、朱徳、周恩来、劉少奇、任弼時、張聞天、彭徳懐などの中央指導者の旧居がある。

　　1943年10月至1947年3月,枣园是中共中央书记处所在地。期间,中共中央书记处继续领导了全党的整风运动和解放区军民大生产运动,筹备了中国共产党第七次全国代表大会。抗日战争胜利后,为争取和平建国,毛泽东、周恩来等从这里启程前往重庆,同国民党政府进行了针锋相对的斗争,领导解放区军民,为粉碎国民党发动的全面内战作了充分准备。[1]

　　1943年10月から1947年3月にかけて、棗園は中国共産党中央書記処の所在地であった。この期間中、中国共産党中央書記処は全党の整風運動（作風粛正）と解放区における軍民の大生産運動を指導し、中国共産党

---

[1] 【红色故事会】枣园见证中国革命走向高潮[EB/OL].[2022-03-14].http://news.cnwest.com/sxxw/a/2021/09/03/19929014.html.

第七次全国代表大会の開催準備をしていた。抗日戦争が勝利を勝ち取った後、平和建国を図るために、毛沢東、周恩来一行はここから重慶へ赴き、国民党政府と真っ向から闘った。また、解放区の軍民を率いて、国民党による全面的な内戦を粉砕するためにいろいろと準備を整えた。

枣园内有一座苏式小礼堂,是中共中央书记处的会议室,也是俱乐部。中央书记处和中央政治局的许多重要会议都在这里召开。1945年毛泽东接受蒋介石的邀请去重庆谈判的决策就是在这里召开的政治局扩大会议上做出的。

棗園には旧ソ連式の小さい講堂が一つあり、中国共産党中央書記処の会議室である一方、クラブの機能も兼ねていた。中央書記処と中央政治局のたくさんの重要な会議はここで行われた。1945年、毛沢東が蒋介石の招きに応じて重慶談判に行く決定はまさにここで行われた政治局拡大会議で決められたのである。

在枣园后沟西山脚下,有一方简陋的土平台。1944年9月8日,在这里举行了张思德追悼会,毛泽东在会上发表著名的题为《为人民服务》的演讲。张思德出生在四川仪陇一个穷苦农民家庭,1933年参加红军,1937年加入中国共产党。他曾爬雪山、过草地,作战机智勇敢,奋不顾身,屡立战功,后到中央警备团当战士,在延安枣园毛泽东等中央领导工作的地方执行警卫任务。

棗園後溝にある西山の麓には粗末な土台がある。1944年9月8日、ここで張思徳の追悼式が行われた。毛沢東はこの式で、『人民に奉仕する』と題する有名な講演を行った。張思徳は四川省儀隴県の貧しい家に生まれ、1933年に紅軍に参加し、1937年に中国共産党に入党した。彼は万年雪を頂く急峻な雪山を踏破し、果てしない大湿原地帯を通過し、勇敢かつ機知に富んだ人であった。戦闘の時、彼は身の危険を顧みず、数々の戦功を立てた。後に中央警備団の戦士になり、延安の棗園で毛沢東をはじめとする中央指導者達が活動する場所の警備に当たった。

1944年夏,张思德去安塞执行烧炭任务,在工作中不怕苦累,充分发挥了共产党员的先锋模范作用。1944年9月5日,即将挖成的炭窑突然坍塌,张思德奋力把战友推出洞外,自己却被埋在洞里,牺牲时年仅29岁。

1944年の夏、張思徳は炭焼きの任務を執行するために、安塞へ行った。仕事の中で、彼は苦しみも疲れも恐れず、共産党員が先頭に立って模範となる役割をよく果たした。1944年9月5日、まもなく出来上がる炭焼き窯が急に崩壊し、張思徳は一生懸命に戦友を外へ押し出したが、自分が中に埋められ、僅か29歳の若さで革命に命を捧げた。

得知张思德牺牲的消息后,毛泽东心情十分悲痛,提出要为张思德开追悼会,他要参加并讲话。据1944年9月21日《解放日报》的报道记载,9月8日下午"到会者千余人"。毛泽东以沉痛、激动的语气向大家说:"我们的共产党和共产党所领导的八路军、新四军,是革命的队伍。我们这个队伍完全是为着解放人民的,是彻底地为人民的利益工作的。张思德同志就是我们这个队伍中的一个同志。"毛泽东的演讲,由中央速记室主任认真记录,后由胡乔木整理成文,经毛泽东审阅,被收入《毛泽东选集》第三卷。

張思徳が犠牲したことを聞いた毛沢東は悲しみを抑えきれず、張思徳のために追悼式を行い、そして自らも追悼式に参加し、演説することを提出した。1944年9月21日の『解放日報』の記事によると、9月8日の「追悼式に参加した人は千人も超えた」という。毛沢東は沈痛な気持ちを抱いて、高ぶった声で追悼式に参加した人々にこう語った。「われわれの共産党と共産党の指導する八路軍、新四軍は革命の部隊である。われわれのこの部隊は、完全に人民を解放するための部隊であり、徹底的に人民の利益のために働く部隊である。張思徳同志はわれわれのこの部隊の中の一人である。」毛沢東のこの演説は中央速記室の主任に記録され、後に胡喬木によって文章に整理され、毛沢東にチェックされた後、『毛沢東選集』第三巻に収録された。

1953年,枣园革命旧址开始修复,1959年正式对外开放。1961年3月4

日,被国务院公布为第一批全国重点文物保护单位,1996年,被中宣部命名为全国爱国主义教育示范基地。

1953年、棗園革命旧址の修繕工事が開始され、1959年に正式に一般公開された。1961年3月4日、棗園革命旧址は国務院によって第一陣「全国重点文物保護単位」に指定され、1996年、中国共産党中央宣伝部によって全国愛国主義教育示範基地に指定された。

中国人民抗日军政大学纪念馆

中国人民抗日军政大学旧址位于延安城内二道街,是抗日战争时期,由中国共产党创办的培养军事和政治干部的学校。古色古香的校门上方书写着"中国抗日军政大学"的字样,校门两边墙上写着"团结、紧张、严肃、活泼"的校训。抗大的前身是1933年11月在江西瑞金成立的中国工农红军大学,1936年6月恢复开学后,更名为中国抗日红军大学,校址设在瓦窑堡,后迁至延安,更名为中国人民抗日军政大学。抗大开办第五期时,总校于1936年7月迁出延安,到达晋东南敌后根据地,1943年返回陕北绥德,抗战胜利后迁往东北,改为东北军政大学。1949年后迁到北京,改为中国人民解放军军政大学。

图5-5 抗日军政大学纪念馆

砥砺征途(中日対照)：革命历史景点故事

中国人民抗日軍政大学記念館

　中国人民抗日軍政大学（略称は「抗大」）旧址は延安市内二道街にあり、抗日戦争の時に、中国共産党によって作られた軍事や政治幹部を養成する学校である。古色蒼然とし校門に「中国抗日軍政大学」の扁額がかかっており、門の両脇には、「団結、緊張、厳粛、活発」という校訓が大書されている。抗日軍政大学の前身は1933年11月に江西省瑞金で設立された中国工農紅軍大学で、1936年6月に学校の再開を機に、校名を中国抗日紅軍大学に変更した。中国抗日紅軍大学は最初の頃、瓦窰堡に置かれ、後に延安に移動し、中国人民抗日軍政大学に改名された。1936年7月、第五期生を迎えてきた時に、中国人民抗日軍政大学の本部は延安から撤退し、山西省東南部にある「晋東南敵後根拠地」に移った。1943年、抗日軍政大学は陝西省北部の綏徳に戻り、抗日戦争勝利後に東北へ移動し、「東北軍政大学」と改名された。1949年に北京に移り、中国人民解放軍軍政大学に名を変えた。

　在延安抗大纪念馆里，有一幅复原的会场画面：会场上方悬挂着"造就成千成万的铁的干部"的横幅，毛泽东、朱德等党中央领导同志的塑像站在画面的中央。这是1939年6月1日抗大隆重举行纪念成立三周年庆祝活动时的一个感人场面。而"造就成千成万的铁的干部"正是党中央的伟大战略决策。

　延安抗日軍政大学記念館に、会場の様子をリアルに復原した場面が展示されている：会場には「造就成千成万的铁的干部（何千何万に上る鉄のように堅い意志の持つ幹部を養成する）」と書いてある横断幕が掲げられており、毛沢東、朱徳を代表とする中国共産党中央の指導者たちの像がその前に立っている。これは1939年6月1日抗日軍政大学が成立三周年を盛大に祝うときの感動的なシーンである。「何千何万に上る鉄のように堅い意志を持つ幹部を養成する」ことは正に党中央の偉大な戦略策定であった。

　1937年7月7日夜，日本侵略军制造了震惊中外的"卢沟桥事变"，日本

第五章　延安：革命圣地　抗战中枢

帝国主义的全面侵华战争开始。延安成为全国人民抗战的中枢，抗大也成为全国人民心目中的抗战堡垒，成为进步青年向往的革命熔炉。一批又一批的爱国青年从全国各地纷纷奔赴延安，报考延安各抗日院校。抗大每天都要接待几十名甚至上百名的新学员。从抗战爆发到1938年底，就有15 000多名爱国青年涌入抗大学习。在投奔抗大的人流中，除了青年学生外，还有东北军张学良部和西北军杨虎城部的进步军官和抗日志士。

1937年7月7日夜、日本軍が中国の内外を震撼させた「盧溝橋事変」を起こし、日本帝国主義が中国に対する全面的侵略戦争は始まった。延安は中国人民抗日戦争の中枢となり、「抗大」も中国人民に抗日戦争の堡塁と認められ、進歩青年が憧れた革命の溶鉱炉となった。大勢の愛国青年が、全国各地から延安に駆けつけてきて、延安の各抗日学校を受験したりした。「抗大」は毎日数十名ないし百名の新入生を受けていた。抗日戦争が勃発してから1938年の年末にかけて、15 000名以上の愛国青年は「抗大」で勉強していた。「抗大」に赴く人々のなかには、青年学生の他に、張学良が率いた東北軍と楊虎城が率いた西北軍の進歩兵士および抗日志士もいた。

1955年9月，在被共和国授予军衔的10名元帅、10名大将、57名上将、177名中将、1 359名少将中，就有7名元帅、8名大将、26名上将、47名中将和129名少将是曾在抗大工作、学习的干部或学员。抗大之所以能成功地为中国革命培养出大批德才兼备的人才，关键是理论与实践相结合、教学与战局相结合、党和军队建设相结合。灵活多样的办学方式，也为新中国办学积累了经验。今天，中国共产党和人民军队形成的优良作风，就是在大批抗大干部的影响下形成的，中国共产党治党、治军的经验也是从抗大学来的。

1955年9月、中華人民共和国は初めての軍位授与式を行った。元帥10名、大将10名、上将57名、中将177名、少将1 359名のうち、元帥7名、大将8名、上将26名、中将47名、少将129名がかつて「抗大」で働いたり、勉強したりしたことのある幹部や学生であった。「抗大」はかくも大勢の才徳兼備な人材を輩出したのは理論と実践、教学と戦局、党と軍隊の

· 175 ·

建設を密接に結びつけた人材育成方式にある。「抗大」が実践した柔軟かつ多様な教学方式は中華人民共和国の教育事業の発展に貴重な経験を積んできた。今日、中国共産党と人民軍隊の優れた作風は数多くの「抗大」から卒業した幹部の影響の元で形成され、中国共産党が党を治め、軍隊を治める経験も「抗大」から学んできたのである。

专栏5：延安精神与伟大抗战精神

延安精神

党中央在延安13年，形成了伟大的延安精神。延安精神的主要内容是"坚定正确的政治方向、解放思想实事求是的思想路线、全心全意为人民服务的根本宗旨、自力更生、艰苦奋斗的创业精神"。

2020年4月，习近平总书记在陕西考察时指出"延安精神培育了一代代中国共产党人，是我们党的宝贵精神财富。要坚持不懈用延安精神教育广大党员、干部，用以滋养初心、淬炼灵魂，从中汲取信仰的力量、查找党性的差距、校准前进的方向"。①

コラム5：延安精神と偉大な抗戦精神

延安精神

中国共産党中央が延安で闘った13年において、偉大な延安精神を築き上げた。延安精神の主な内容は「確固とした正しい政治方向、思想を解放し実事求是の思想路線、誠心誠意人民に奉仕する根本的な理念、自力更生・刻苦奮闘する創業精神」である。

2020年4月、習近平総書記は陝西省で視察した時にこう語った。「延安精神は一世代また一世代の中国共産党人を培い、わが党の貴重な財産である。弛まずに延安精神で広範な党員と幹部を教育し、初心を固め、魂を鍛えることを堅持しなければならない。延安精神の中から信仰の力を汲み取り、党性との距離を見比べ、前進の方向を正しく保たなければならない。」

---

① 对延安精神，总书记有切身感悟[EB/OL].[2022－05－15].http://www.qstheory.cn/zhuanqu/2021－09/13/C_1127856331.htm.

伟大抗战精神

　　中国人民在抗日战争的壮阔进程中孕育出伟大抗战精神，其主要内容是"天下兴亡、匹夫有责的爱国情怀，视死如归、宁死不屈的民族气节，不畏强暴、血战到底的英雄气概，百折不挠、坚忍不拔的必胜信念"。

　　2020年9月3日，习近平总书记在纪念中国人民抗日战争暨世界反法西斯战争胜利75周年座谈会上的讲话中指出："伟大抗战精神，是中国人民弥足珍贵的精神财富，将永远激励中国人民克服一切艰难险阻、为实现中华民族伟大复兴而奋斗"。[1]

偉大な抗戦精神

　　中国人民は抗日戦争の雄大な過程で偉大な抗戦精神を育んだ。その主な内容は「国家の興亡は、匹夫に責ありという愛国精神、死を視ること帰るがごとしという民族の気骨、強暴な勢力を恐れず、血を浴びて最後まで戦う英雄気概、不撓不屈、堅忍不抜という必勝の信念」である。

　　2020年9月3日、習近平総書記は中国人民抗日戦争並びに世界反ファシズム戦争勝利75周年を記念する座談会における講話の中で「偉大な抗日戦争精神は中国人民にとって非常に大切な精神的財産であり、あらゆる艱難険阻を克服して中華民族の偉大な復興の実現のために奮闘するよう中国人民を永遠に勇気づけていく」と述べた。

---

[1] 伟大抗战精神是中国人民弥足珍贵的精神财富[EB/OL].[2022-05-15].http://www.gov.cn/xinwen/2020-09/05/content_5540769.htm.

第六章　重庆：艰苦斗争　红岩精神

第六章　重慶：刻苦奮闘　紅岩精神

　　巴蜀之地,人杰地灵,其独特的人文地理令人神往。沿着四川、陕西边界的苏维埃区域走进有着光荣革命传统的历史文化名城重庆,一路都可以感受到璀璨的历史文化和红色文化。1937年11月,国民党政府迁都重庆,使得这座位于大后方的城市一跃成为中国战时首都和世界反法西斯战争东方战场的指挥中心。1947年前后,由于敌人破坏和叛徒出卖,重庆地下党组织遭到严重挫折,大批地下党员被捕,关押在重庆市西北郊歌乐山的白公馆和渣滓洞集中营。这些共产党人在身陷囹圄的情况下依然坚持原则,在狱中与敌人英勇斗争,为重庆留下了一段可歌可泣的英雄故事。从这里诞生的红岩精神,成为中国共产党人和中华民族宝贵的精神财富。

　　人傑地霊の巴蜀の地は独特な地理的・人文的環境に恵まれ、人々をうっとりさせるところである。四川省、陝西省の境にあるソビエト区に沿いながら、優れた革命伝統を有する歴史文化名城の重慶に入ると、輝かしい歴史文化と赤色（革命）文化が所々で感じられる。1937年11月、国民党政府が重慶に遷都し、それによって後背地に位置するこの町は一躍に中国の戦時下における首都と、世界反ファシズム戦争の東方における主戦場の指揮センターとなった。1947年前後、敵の妨害と裏切り者の売り渡しにより、重慶の共産党地下組織がひどく破壊され、数多くの地下党員が逮捕され、重慶市西北の歌楽山にある白公館と渣滓洞の収容所に監禁された。牢獄につながれた共産党人は始終原則を貫き、敵と勇敢に闘い、重慶に数々の感動的な英雄物語を残した。ここで形成された「紅岩

精神」は、中国共産党人と中華民族の貴重な精神的財産となった。

第一节　历史回眸

第一節　歴史の回顧

1937年11月20日,在日军进攻首都南京之前,国民政府发表迁都重庆宣言,直至抗战胜利后的1946年5月,重庆成为国民政府的陪都,是当时中国的政治、经济、军事、文化中心。重庆郊外的红岩,作为抗日战争时期和解放战争初期中共中央南方局领导机关所在地和重庆谈判期间中共代表团驻地,与中国革命的历史紧密联系在了一起。

1937年11月20日、日本軍の首都南京侵攻を前にして、国民政府は重慶への遷都宣言を発表し移転を開始した。抗日戦争勝利後の1946年5月にかけて、重慶が国民政府の戦時首都となり、当時中国の政治、経済、軍事、文化の中心であった。一方、重慶郊外にある紅岩は抗日戦争期と解放戦争初期における中国共産党中央南方局の指導機関の所在地であり、また、重慶談判期間中、中国共産党代表団の駐在地でもあったため、中国革命の歴史と緊密に繋がっているのである。

中共中央南方局在红岩的斗争
1938年,抗日战争进入相持阶段。这年秋天召开了中共中央六届六中全会,决定成立以周恩来为书记的中共中央南方局,加强党对国民党统治区工作的领导。1939年1月16日,中共中央南方局在重庆正式成立,最初在机房街70号和八路军重庆办事处一起办公,同年5月因驻地被日军炸毁搬迁到红岩嘴。"红岩"从此与中国革命的历史紧密联系在一起。

中国共産党中央南方局が紅岩での戦い
1938年、抗日戦争は戦略的対峙段階に入った。この年の秋、中国共産党第六期中央委員会第六回全会が開催され、周恩来を書記とする中国共産党中央南方局を組織し、共産党が国民党支配地域に対する工作への指

導の強化が決定された。1939年1月16日、中国共産党中央南方局が重慶で正式に成立した。最初は機房街70号にある八路軍重慶事務所と一緒に活動したが、同年5月、事務所は日本軍の空爆で壊れたので、紅岩嘴に移転された。これより、「紅岩」は中国革命の歴史と緊密に繋がるようになった。

在党中央的坚强领导下,中共中央南方局通过长期艰苦卓绝的工作,为将南方国统区共产党组织建设成为坚强战斗堡垒、巩固抗日民族统一战线、发展人民民主统一战线、争取民族独立和人民解放,为最终赢得抗日战争的全面胜利和世界反法西斯战争胜利都作出了重大历史性贡献。

中国共産党中央の力強い指導の下で、南方局は長期に亘る困難に満ちた奮闘を経て、国民党支配地域における共産党組織を強靱な戦闘堡塁に建設し、抗日民族統一戦線を固め、人民民主統一戦線を発展し、民族の独立と人民の解放を勝ち取るために、そして抗日戦争の全面的勝利と世界反ファシズム戦争の勝利に重要な歴史的貢献をした。

重庆谈判和《双十协定》
抗战胜利后,蒋介石一方面准备发动内战,一方面又受到国内外要求和平、反对内战的舆论压力,于是采取了"假和平,真内战"的策略。1945年8月14日、20日、23日,蒋介石三次邀请毛泽东去重庆"商讨"国内和平问题。他的真实意图是:如果毛泽东不去,就宣传共产党没有和平诚意,把发动内战的责任加在共产党身上;如果去了,就可以借谈判逼共产党交出人民军队和解放区政权。

重慶談判と『双十協定』
抗日戦争が勝利した後、蒋介石は内戦を開始しようとする一方、国内外の世論を欺くため、平和を装い、「表は平和、裏は内戦」という政略を取った。1945年8月14日、20日、23日、蒋介石は重慶で交渉しようと三度に渡り毛沢東を招き、その真の意図とは、もし毛沢東が行かなければ、共産党が平和を願わないことを世に宣伝し、内戦の責任を共産党に

押し付け、もし毛沢東が行けば、交渉により共産党に人民軍隊と解放区政権を引き渡すよう強く求めるということであった。

1945年8月28日，为谋求和平，毛泽东、周恩来、王若飞等中共领导人毅然从延安前往重庆，与国民党谈判。国民党派王世杰、张治中、邵力子为谈判代表。这次谈判共进行了43天。中共代表团提出了和平建国的基本方针，即坚决避免内战，在和平、民主、团结的基础上实现全国统一，建立独立、自由、富强的新中国。蒋介石不得不表面同意结束专制统治，召开各党派政治协商会议，保障民主自由，保障各党派平等合法地位等主张，并于10月10日公布了《政府与中共代表会谈纪要》，即《双十协定》。

1945年8月28日、平和を勝ち取るために、毛沢東、周恩来、王若飛などの中国共産党指導者は毅然として延安から重慶に向かい、国民党の代表王世杰、張治中、邵力子と交渉を行った。重慶談判は43日間に亘って行われた。中国共産党代表団は平和的な建国の基本方針を提出し、即ち内戦を避け、平和、民主、団結の上で全国統一を実現し、独立し、自由で富強な新しい中国を建設するという方針であった。そこで、蒋介石は独裁統治を終わり、各党派の政治協商会議を召集し、民主自由と各党派の平等かつ合法的地位を保障するなどの主張を同意せざるを得ず、10月10日に『国共代表会議紀要』（即ち『双十協定』）を締結し、公表した。

这次谈判，国共双方在解放区的政权问题和军队问题上争论激烈。中共代表团要求承认人民军队和解放区民主政权的合法地位，蒋介石则要求中共交出军队和解放区。为了争取和平，中共代表团作出让步，将人民解放军减少为24个师，并退出广东、湖南等八个解放区。重庆谈判期间，毛泽东在红岩村亲自指挥上党战役，揭穿了国民党假和平、真内战的阴谋，使得中国共产党在政治上取得主动，国民党在政治上陷入孤立。

重慶談判の間に、国共両党は解放区の政権問題と軍隊問題に関して激しく論争した。共産党代表は人民解放軍と解放区の合法的地位を承認す

ることを主張したが、蒋介石は共産党に軍隊と解放区を国民党に引き渡すよう要求した。平和を求めるために、共産党代表団は人民解放軍を24の師に削減し、そして広東、湖南など八つの解放区から撤兵すると譲歩した。重慶談判の期間中、毛沢東は自ら紅岩村で上党戦役を指揮し、国民党の「表は平和、裏は内戦」の陰謀を暴露した。そのため、国民党が政治的孤立状態に陥り、共産党が有利な立場を確立した。

《红岩》中的革命先烈

《红岩》是罗广斌、杨益言创作的一部长篇革命小说，以1949年人民解放军进军大西南，全国胜利在即，山城重庆处于"黎明前的白色恐怖"为背景，讲述了在白公馆、渣滓洞集中营里，身陷囹圄的共产党员许云峰、江姐、成岗等与国民党反动派英勇斗争的故事。

革命小説『紅岩』に登場した英雄達

『紅岩』は羅広斌、楊益言が共著した長編革命小説で、1949年、人民解放軍が大西南を進攻し、全国的勝利を迎えようとする時に、「夜明け前の白い恐怖」に置かれていた「山城」重慶を舞台としている。小説は国民党政府が設けた白公館、渣滓洞という二つの収容所に捕えられた中国共産党重慶地下組織の共産党員許雲峰、江姐、成崗らが獄中で国民党反動派と勇敢な闘争を行っていたエピソードを描いている。

罗广斌、杨益言曾于1948年被国民党反动派逮捕，囚禁在重庆渣滓洞、白公馆集中营。他们和小说中的英雄人物共同经历了监狱中的斗争生活。新中国成立后，为了"把这里的斗争告诉后代"，罗广斌、杨益言把狱中亲历写成小说，于1961年12月出版。截至目前，该书再版51次，发行量逾1 000万册，堪称新中国建国以来最畅销的图书。《红岩》中最动人的情节、最令人崇拜的英雄，都有现实依据和人物原型，如江姐的主要原型是中共重庆市委江竹筠，许云峰的主要原型是中共重庆市委工运委员许建业。

羅広斌と楊益言は二人とも1948年に国民党反動派に逮捕され、重慶の渣滓洞、白公館に監禁され、小説に登場した英雄たちと一緒に監獄で闘

争生活を送った。中華人民共和国が成立した後、「ここでの闘争を後代に伝える」ために、羅広斌と楊益言は監獄で経験した事実を小説に著し、1961年12月に出版した。2021年までに、『紅岩』は51回再版され、発行部数は既に1 000万部も超えて、中華人民共和国が成立して以来のロングセラーとなっている。『紅岩』に描かれている感動的なエピソードと読者に崇められる英雄たちはいずれも事実依拠と実在の人物原型がある。例えば、江姉の原型は中国共産党重慶市委員会の江竹筠、許雲峰の原型は中国共産党重慶市委員会労働者運動委員の許建業である。

　　《红岩》后来被改编成歌剧《江姐》、电影《烈火中永生》,还被拍成电视剧等。1963年,日本共产党中央将《红岩》翻译成日文,发行量达100万部。此外,《红岩》还先后被译成英、德、法、朝、越等多种语言。

　　その後、『紅岩』はオペラ『江姉』、映画『烈火中の永生』などに改編され、テレビドラマ化もされている。1963年、日本共産党中央が『紅岩』を日本語に翻訳し、発行部数は100万部にも達した。日本語のほかに、『紅岩』は英語、ドイツ語、フランス語、朝鮮語、ベトナム語などの言語にも翻訳された。

第二节　红色故事

第二節　革命物語

江竹筠:红梅傲雪红岩上

　　江竹筠,1920年8月20日出生于四川省自贡市大山铺江家湾的一个农民家庭。人们习惯称她江姐,以表敬爱之情。她于1939年秘密加入共产党,1946年到重庆参加和领导学生运动。1947年春,中共重庆市委创办《挺进报》,江竹筠具体负责校对、整理、传送电讯稿和发行工作。《挺进报》在几个月的时间,就发行到1 600多份,引起了敌人的极大恐慌。

紅岩の雪を凌ぐ紅梅：江竹筠

　　江竹筠は1920年8月20日に四川省自貢市大山埔江家湾の農家に生まれ

た。いつも周りの人々に「江姉」と呼ばれ、敬愛されている。1939年、江竹筠は秘密に中国共産党に入党し、1946年、重慶に行って、当地の学生運動に参加・指導した。1947年春、中国共産党重慶市委員会は『挺進報』という新聞を創刊し、江竹筠が内容校正、整理、電報送信、及び新聞配給などの仕事を担当することになった。『挺進報』はわずか数カ月で1 600部以上も発行されたので、敵のパニックを引き起こした。

　　1948年6月14日,由于叛徒的出卖,江姐不幸被捕,被关押在重庆渣滓洞监狱。国民党军统特务用尽各种酷刑折磨江姐,然而,江姐始终坚贞不屈,并领导狱中的难友同敌人展开坚决的斗争。1949年11月14日,在重庆解放的前夕,江姐被国民党军统特务杀害于渣滓洞监狱,为共产主义理想献出了年仅29岁的生命。江姐就像傲立雪中的红梅花一样,在中国的革命史上永放光彩。

　1948年6月14日、裏切り者の売り渡しにより、江姉は不幸にも逮捕され、渣滓洞の収容所に監禁された。国民党の軍統（国民政府軍事委員会調査統計局の略称で、国民党の特務機関である）特務は様々な過酷な拷問方法で江姉を苦しめたが、江姉は終始不撓不屈で、獄中の戦友を団結して敵との断固たる闘争を繰り返した。1949年11月14日、重慶が解放される直前、江姉は国民党軍統特務によって渣滓洞で殺害され、共産主義の理想のために29歳の命を捧げた。江姉は正に雪を凌いで咲く紅梅のように、中国の革命史において永遠に光り輝き、光彩を放つ。

"小萝卜头"：共和国年龄最小的烈士
　　小萝卜头名叫宋振中,是共和国年龄最小的烈士,牺牲时年仅8岁。1941年,宋振中出生于江苏邳州,是中国共产党党员、革命烈士宋绮云、徐林侠夫妇的幼子。宋振中8个月的时候,就随父母被带进监狱,由于终年住在阴暗、潮湿的牢房里,加之长期营养不良,8岁的孩子却只有四五岁孩子那么高,成了一个大头细身、面黄肌瘦的孩子,难友们都疼爱地叫他"小萝卜头"。

中華人民共和国最年少の烈士：「小大根ちゃん」宋振中
　「小大根ちゃん」の名前は宋振中で、犠牲になったは僅か8歳で、中華

人民共和国最年少の烈士である。宋振中は1941年に江蘇省邳州に生まれ、中国共産党党員、革命烈士の宋綺雲、と徐林俠夫婦の幼い息子であり、生後8カ月で両親とともに監獄に入れられた。年間を通じて、暗くて湿気の強い牢獄に住んでいた宋振中は長年栄養不良のため、8歳の子供なのに身長が4〜5歳ぐらいの子供に見え、細い体に大きい頭、顔色が悪く、ひどく痩せた様子から、みんなに「小大根ちゃん」と呼ばれて可愛がられていた。

　虽然年纪很小,但宋振中在父母及狱中爱国志士的教导下学会了明辨是非,他对国民党反动派深恶痛绝,小小年纪就帮着地下党传递消息。敌人觉得"小萝卜头"年纪小不懂事,恰恰利用这一点,宋振中帮助地下党做了很多成年人做不了的事情,为打倒反动派,建立新中国立下了不可磨灭的功劳。因此,重庆解放后,"小萝卜头"宋振中被追认为革命烈士,成为共和国最小的烈士。

　宋振中は幼いながらも、両親や牢獄中の愛国志士たちの教育のもとで、是非のよく分かる人となった。彼は国民党反動派をひどく憎悪し、小さい子供でありながら、地下党員の間で情報の伝達を手伝ったりしていた。幼くて物事が分からないと敵に思われる点を利用して、宋振中は地下党のために大人にはできないことをたくさんやり、反動勢力の打倒と新中国の建設に不滅の功績を立てた。そのため、重慶解放後、「小大根ちゃん」宋振中は革命烈士に追認され、中華人民共和国最年少の革命烈士となった。

"狱中八条":血与泪的嘱托

　1949年11月27日,在重庆解放前夕,国民党特务对关押在白公馆、渣滓洞监狱内的共产党员和其他进步人士进行了残酷的大屠杀。当天夜里,共产党人罗广斌带领十多位革命者成功脱险后,将大家在狱中总结出的意见进行了梳理,完成了这部饱含英烈血泪的《关于重庆组织破坏经过和狱中情况的报告》,报告的第七部分就是广为人知的"狱中八条":

　第一条　防止领导成员的腐化;

第六章　重庆:艰苦斗争　红岩精神

　　第二条　加强党内教育和实际斗争锻炼；
　　第三条　不要理想主义,对上级也不要迷信；
　　第四条　注意路线问题,不要从"右"跳到"左"；
　　第五条　切勿轻视敌人；
　　第六条　注意党员,特别是领导干部的经济、恋爱和生活作风问题；
　　第七条　严格整党整风；
　　第八条　严惩叛徒特务。

獄中八条：「血と涙に満ちた嘱託」

　1949年11月27日、重慶解放の前夜、国民党の軍統特務は白公館と渣滓洞に拘禁されていた中国共産党員と愛国志士を残酷に大虐殺した。当日の夜、羅広斌が十数名の革命者を率いて大虐殺から逃げきった後、獄中でまとめた戦友達の意見を整理し、『重慶の共産党組織が破壊された経過及び獄中の状況に関する報告』を書き上げた。この報告の第七部分は広く知られている「獄中八条」で、その内容は次の通りである。
　　（一）　指導層の腐敗を防止する；
　　（二）　党内の教育と実践的闘争能力を強化する；
　　（三）　理想主義に陥らず、上司を盲目的に信じない；
　　（四）　路線問題に注意し、右傾化も左傾化もしたりしない；
　　（五）　敵を絶対に軽視してはならない；
　　（六）　党員、特に指導者の経済状況、恋愛状況、生活態度に注意すべきだ；
　　（七）　党風建設を厳正に行う；
　　（八）　裏切り者と特務を厳重に処罰する。

　　"狱中八条"内容的背后,是共产党人面对信仰的抉择,是革命先烈用生命换来的经验与教训,是一份沉甸甸的政治嘱托。"狱中八条"经历几十载岁月洗礼,在全力推进党的建设新的伟大工程的今天,依然闪烁着信仰与忠诚、责任与意志、忧患与担当的璀璨光芒。

　　「獄中八条」は共産党人が信仰を直面するときの選択で、革命烈士が

命の代価を払って得た経験と教訓であり、また、重々しい政治的嘱託でもある。「獄中八条」は数十年にわたる歳月の洗礼を受けて、党の建設という新たな偉大なプロジェクトが全面的に推進されている今日においても、信念と忠誠、責任と意志、憂患と担当という輝かしい光芒を放っている。

第三节　红色景点

第三節　紅色観光スポット

红岩革命纪念馆

红岩革命纪念馆位于重庆市嘉陵江畔,主要包括红岩村13号(中共中央南方局暨八路军重庆办事处旧址)、曾家岩50号(周公馆)、桂园(《双十协定》签字处)、《新华日报》旧址等革命遗址。抗日战争时期,它们都是中共中央南方局的活动基地,是我党在国民党统治区巩固和发展抗日民族统一战线、领导人民群众进行革命斗争的中心。

图6-1　红岩革命纪念馆

紅岩革命記念館

紅岩革命記念館は重慶市嘉陵江のほとりに位置し、紅岩村13号（中国共産党中央南方局と八路軍重慶事務所の旧址）、曾家岩50号（周公

館)、桂園(『双十協定』の調印所)、『新華日報』の旧址などの革命遺跡が含まれている。これらのスポットはいずれも抗日戦争時期における中国共産党中央南方局の活動拠点であり、中国共産党が国民党の支配地域で抗日民族統一戦線を強化・発展させ、人民の革命闘争を指導するセンターであった。

红岩村位于渝中区化龙桥,因为其附近为丹霞地貌,有着大片红色的岩石,红岩村因此得名。红岩村13号是一座三层简易建筑,占地面积800平方米,共有54间房,是由当时中共中央南方局和八路军驻重庆办事处工作人员动手改建的。一楼是八路军重庆办事处的办公室,二楼是南方局机关和领导人的办公室兼卧室,三楼则是南方局、办事处干部的工作间及宿舍,还设有秘密电台。

紅岩村は重慶市渝中区化龍橋にあり、その辺りは丹霞地形で、赤みがかった岩が沢山あることから、「紅岩村」と名づけられた。紅岩村13号は三階建ての簡素な建物で、敷地面積は800平方メートル、部屋が54個あり、中国共産党中央南方局と八路軍重慶事務所のスタッフによって改築されたものである。当時、一階は八路軍重慶事務所の事務室で、二階は南方局とその指導者の事務室兼寝室で、三階は南方局と八路軍重慶事務所の職員の事務室と寝室で、秘密の放送局も設立されていた。

曾家岩50号,是八路军办事处旧址,是周恩来同志长期战斗过的地方,史称周公馆,是具有重要意义的革命纪念地。1945年8月,毛泽东同志在重庆与国民党谈判期间,曾在底楼会议室接见过中外人士,周恩来同志会见各界人士和中外记者也常在这里。

曾家岩50号は八路軍重慶事務所の旧址で、周恩来が長期にわたり戦っていたところでもある。普通「周公館」と呼ばれ、重要な意義を持つ革命記念地である。1945年8月、毛沢東が重慶で国民党と談判していた期間中、一階の会議室で中国内外の要人と会談し、周恩来もよくここで各界の人士や中国内外の記者と会見したりしていた。

桂园位于重庆市渝中区中山四路65号，原是国民政府军事委员会政治部部长张治中将军公馆。1945年8月重庆谈判期间，张治中将桂园让给毛泽东使用。毛泽东与周恩来白天常来这里办公和会客，著名的《双十协定》就在桂园客厅签署。1977年桂园正式对外开放，2001年被列为全国重点文物保护单位。

　　桂園は重慶市渝中区中山四路65号にあり、元々は国民党代表団の団長である張治中の公館であった。1945年8月重慶談判の期間中、張治中は毛沢東の安全のためにここを提供した。毛沢東と周恩来は昼間にここで事務を執ったり、来客と会談したりしていた。有名な『双十協定』は桂園の応接間で調印されたのである。1977年、桂園は正式に一般公開され、2001年に全国重点文物保護単位に指定された。

歌乐山革命烈士陵园

　　重庆歌乐山烈士陵园原为国民党军统特务机关大本营（1939～1949年）和中美特种技术合作所（1943～1946年）旧址。1939年，国民党军统局用重金购来原四川军阀白驹的郊外别墅白公馆，霸占渣滓洞煤窑，将其改为监狱，同时还在这里设置了许多秘密囚室，形成了一个规模庞大的秘密集中营。这里曾经关押过爱国将领杨虎城，新四军军长叶挺，以及共产党人罗世文、车耀先、陈然、江竹筠等。1949年国民党溃逃前夕，在这里制造了系列大屠杀，300余人被杀害。新中国成立后，重庆市人民政府修建了烈士公墓。

图 6-2　歌乐山革命烈士陵园

歌楽山革命烈士陵園

　重慶歌楽山革命烈士陵園はもともと国民党の特務機関である「軍統」の大本営（1939〜1949年）で、中米特種技術合作所（1943〜1946年）の旧址でもあった。1939年、国民党軍統局は元四川省軍閥白駒の郊外別荘「白公館」を大金で買い取り、渣滓洞という石炭窯を占拠して、監獄に改造した。それと同時に、秘密監房をたくさん設置し、極めて規模の大きい秘密収容所がここで出来上がった。愛国将軍の楊虎城、新四軍軍長の葉挺、及び中国共産党党員の羅世文、車耀先、陳然、江竹筠などはかつてここに拘禁されていた。1949年、国民党が敗走する前夜、ここで一連の大虐殺事件を起こし、300余人の革命者が殺害された。中華人民共和国が成立した後、重慶市人民政府はここで烈士陵園を建設した。

白公馆与渣滓洞

　提起重庆的白公馆、渣滓洞，在中国可谓无人不晓，很多人都是从长篇小说《红岩》中了解到并留下了深刻的印象。白公馆和渣滓洞位于重庆西北的歌乐山，这里山峰连绵，风光秀美。抗日战争和解放战争期间，国民党军统特务在这两座人间地狱里关押、迫害、屠杀了大量的革命志士。

图6-3　歌乐山渣滓洞"小萝卜头"像

白公館と渣滓洞

　重慶の白公館や渣滓洞と言えば、中国では知らない人は殆どいないだ

ろう。大勢の人は長編小説『紅岩』からそれを知り、そして深い印象を残した。白公館と渣滓洞は重慶北西の歌楽山にあり、ここは峰が連なり、景色が美しく澄んでいる。抗日戦争と解放戦争の時期に、国民党の軍統特務は多くの革命志士をこの二つの「人間地獄」に拘禁・迫害し、そして多くの革命者を虐殺した。

　　白公馆原为四川军阀白驹的郊外别墅。白驹自诩是白居易的后代，就借用白居易的别号"香山居士"，把自己的别墅取名为"香山别墅"。1939年，戴笠在歌乐山下选址时看中了它，便用重金将它买下，改造为关押革命者的监狱。它和渣滓洞一并被人们称作"两口活棺材"。但是它们又有所区别，白公馆里关押的都是军统认为"案情严重"的政治犯。1943年"中美合作所"成立后，白公馆改为"中美合作所第三招待所"，关押人员迁往渣滓洞。到1945年又作为特别看守所重新关人。

白公館はもともと四川省の軍閥白駒の郊外別荘であった。白駒は白居易の子孫だと自慢し、白居易の別号「香山居士」に因んで、自分の別荘を「香山別荘」と名付けた。1939年、軍統局の支配者であった戴笠は歌楽山の麓で収容所の場所を選んだ時、「香山別荘」が気に入り、大金でそれを買い取り、革命者を拘禁する監獄に改造した。白公館は渣滓洞と共に「二つの生きた棺」と呼ばれていたが、両者の間には違いがある。白公館に収容されたのは、軍統に「重刑犯人」と考えられた政治犯であった。1943年、「中米特殊技術合作所」が設立され、白公館はしばらく米軍人の住む「中美合作所第三招待所」として利用され、ここに収容された「犯人」を渣滓洞に移送した。1945年に、白公館は再び「特別収容所」となり、革命者を拘禁するようになった。

　　白公馆院内的墙上写了"进思进忠、退思补过""正其谊不计其利，明其道不计其功"等标语。白公馆曾关押过抗日爱国将领黄显声、同济大学校长周均时、爱国人士廖承志、中共党员宋绮云、徐林侠夫妇及幼子"小萝卜头"等，关押的政治犯最多时达200多人。

第六章　重庆:艰苦斗争　红岩精神

　　白公館の壁には、「進思進忠、退思補過」（官として仕える場合は誠心誠意を尽くして皇帝に奉仕し、官から退く場合は過去を反省し過ちを補う）や「正其義不計其利、明其道不計其功」（君子は其の義を正して其の利を計らず、其の道を明らかにして其の功を謀らず。）などのスローガンが書いてある。抗日将校黄顕声、同済大学の学長周均時、愛国者の廖承志、中国共産党党員の宋綺雲、徐林侠夫婦及び彼らの幼い息子「小蘿卜頭（小大根ちゃん）」はここに収容され、最も多いときには、200人余りの革命者がここに拘禁されていた。

　　距白公馆2.5公里的渣滓洞更是声名狼藉。这里原是重庆郊外的一个小煤窑,三面是山,一面是沟,位置较隐蔽。1939年,国民党军统特务逼死矿主,霸占煤窑,在此设立了监狱。渣滓洞分内外两院,外院为特务办公室、刑讯室等,内院一楼一底16间房间为男牢,另有两间平房为女牢。这里关押着江竹筠、许建业、何雪松等300余名革命者。

　　一方、白公館から2.5キロぐらい離れているところにある渣滓洞は、さらに悪名が高い。渣滓洞はもともと重慶郊外の小さな石炭窯で、三面は山で、一面は溝で、位置は比較的に隠されている。1939年、国民党の軍統特務は鉱主を追い詰め、炭窯を占拠し、ここに収容所を設立した。収容所は内、外の二院からなっており、外院は特務の事務室や拷問室などで、内院の二階建ての建物は男性用の監房で16室あり、また二室の平屋があり、女性用の監房であった。渣滓洞には江竹筠、許建業、何雪松など、300人ほどの革命者が収容されていた。

　　1949年10月1日,当新中国成立的消息传到渣滓洞和白公馆监狱后,革命者欣喜若狂。被关押在白公馆监狱的罗广斌、陈然、丁地平等100多人难平心中的激动,他们用一床红色的被单和几个纸剪的五角星做了一面红旗。1949年11月27日,国民党特务在溃逃前夕策划了震惊中外的大屠杀,除罗广斌等15名同志脱险以外,其他同志全部英勇牺牲。革命小说《红岩》便再现了监狱内部残酷恐怖的囚禁生活及革命党人经受住种种酷刑、矢志不渝的坚定信念。

· 193 ·

1949年10月1日、中華人民共和国が成立したニュースが渣滓洞と白公館に届き、革命者たちは喜び勇んだ。白公館に収容されていた羅広斌、陳然、丁地平など100余人の革命者が興奮を抑えきれず、赤いシーツと紙で作った五角星で新中国の国旗を作った。1949年11月27日、国民党が敗走する前夜、軍統特務が国内外を驚かせた大虐殺を起こし、羅広斌ら15人が脱出した以外、すべての革命者が命を捧げた。よく知られている革命文学の代表作である『紅岩』は、収容所における残酷で恐ろしい監禁生活と、共産党員たちが過酷な拷問に耐え抜き、革命の信念を貫き通していく姿が描かれている。

专栏 6：红岩精神

红岩精神是中国共产党在国民党统治地区革命实践中形成的最具代表性的革命精神，是中国共产党人精神谱系的重要组成部分。红岩精神的主要内容是共产党人的崇高思想境界、坚定理想信念、巨大人格力量和浩然革命正气，是中华民族宝贵的精神财富。2019年4月17日，习近平总书记在重庆考察时指出：解放战争时期，众多被关押在渣滓洞、白公馆的中国共产党人，经受住种种酷刑折磨，不折不挠、宁死不屈，为中国人民解放事业献出了宝贵生命，凝结成"红岩精神"。

コラム6：紅岩精神

紅岩精神は中国共産党が国民党支配地域における革命実践の中で打ち立てた最も代表的な革命精神であり、中国共産党員の精神系譜における重要な一部分である。紅岩精神の主な内容は、「中国共産党人の崇高な思想境界、確固たる理想信念、強大な人格的力と浩然とした革命の正気」で、中華民族の貴重な精神的財宝である。2019年4月17日、習近平総書記は重慶で視察した時に、こう述べた。「解放戦争の時、渣滓洞、白公館に監禁された数多くの中国共産党人は、様々な過酷な拷問を受けたにも関わらず、不撓不屈で、たとえ命を犠牲にしようとも決して敵に屈服せず、中国人民の解放事業に貴重な命を捧げ、紅岩精神を築き上げた。」

第七章　西柏坡：人民胜利　日出东方

第七章　西柏坡：人民が勝利を勝ち取り
　　　　日が東方より出る

　　"磨盘上布下了雄兵百万，土屋里奏响了胜利的凯歌。农家院捣毁一个旧世界，小山村走出了一个新中国。"1947年5月，中共中央工委来到河北省平山县，确定工委驻地以太行山深处的西柏坡为中心。1948年5月，毛泽东等来到西柏坡，与中央工委会合。从此，西柏坡成为中国革命的中心，也成为中国革命最后一个农村指挥所。在这里，党中央和毛主席指挥了震惊中外的辽沈、淮海、平津三大战役。三大战役的胜利，奠定了人民解放战争在全国胜利的基础，西柏坡也因此享有"新中国从这里走来"的美称。以毛泽东为代表的中共中央在这里铸就的"西柏坡精神"，犹如一座不熄的灯塔，激励着一代又一代人。1949年10月1日，中华人民共和国成立，庄严的五星红旗在首都北京升起。从此，在党的领导下，我们伟大的祖国意气风发地走向了新的历史时期。

　　「ひきうすには雄兵百万人が敷かれ、土屋には勝利の凱歌が奏でられた。農家は古い世界を破り、小さな山村から新しい中国が誕生した」。1947年5月、中国共産党中央工作委員会は河北省平山県を訪れ、太行山の奥にある西柏坡村を中心とする地域を工作委員会の駐屯地にすることを決めた。1948年5月、毛沢東一行は西柏坡に到着し、中国共産党中央工作委員会と合流した。その後、西柏坡は中国革命の中心となり、中国革命が農村における最後の指揮所にもなった。ここで、党中央と毛沢東主席は国内外を驚かせた遼沈戦役、淮海戦役、平津戦役という「三大戦役」を指揮した。「三大戦役」の勝利は、人民解放戦争が全国的勝利を

勝ち取るための基礎を固め、西柏坡も「新中国はここからやって来た」という美称を持つようになった。毛沢東主席をはじめとする中国共産党中央委員会がここで構築した「西柏坡精神」は消えない灯台のように一代また一代の中国人を激励してきた。1949年10月1日、中華人民共和国が成立した。荘厳な五星紅旗が首都北京に高く掲げられた。これより、党の指導の下で、わが偉大な祖国は意気揚々と新しい歴史時期に向かい始めた。

第一节 历史回眸

第一節 歴史の回顧

全面内战爆发

1946年6月，蒋介石下令向中原、华东、晋冀鲁豫、晋绥等解放区全面进攻，解放区军民奋起抗击，全面内战爆发了。在战争初期，国民党军在军事和经济力量上占有明显优势，拥有430多万人的庞大军队，控制着全国所有的大城市和绝大部分交通干线，还得到美国在军事上和经济上的支持。面对严峻的形势，1946年8月，毛泽东在同美国女记者安娜·路易斯·斯特朗的谈话中提出了"一切反动派都是纸老虎"的著名论断。

全面的内戦の勃発

1946年6月、蒋介石が中国共産党指導下の中原、華東、晋冀魯豫（山西・河北・山東・河南）、晋綏（山西省と内蒙古の西南部）などの解放区を全面的に攻めようと命令し、解放区の軍民が奮起してそれに抵抗し、全面的内戦が勃発した。開戦当初、国民党は430万人の兵力を擁する強大な軍隊のほか、全国すべての大都市と大部分の交通幹線を支配し、しかもアメリカからの軍事的、経済的支持もあるので、圧倒的に優勢であった。厳しい情勢を直面して、1946年8月に、毛沢東はアメリカ人の女性記者アンナ・ルイス・ストラーンとの会見で、「一切の反動派は張り子の虎に過ぎない」という有名な論断を述べた。

中共中央进驻西柏坡村

　　1947年2月,解放区军民打破了国民党军的全面进攻。1947年3月起,国民党军从原来对解放区的全面进攻改为对陕甘宁和山东两个解放区的重点进攻,最终也以失败告终。至1947年7月,国共双方力量对比发生了显著变化。国民党军队总兵力从430万人下降到373万人,士气低落。国民党政府在政治上、经济上也陷入严重危机。人民解放军的总兵力则由127万人增加到195万人,武器装备也有很大改善,全军士气高涨。人民解放军开始从积极防御转入战略进攻。

中国共産党中央が西柏坡村に進駐

　　1947年2月、解放区の軍民が国民党軍の全面的侵攻を撃退した。同年3月より、国民党軍が作戦方略を変え、解放区への全面的侵攻から陝甘寧(陝西・甘粛・寧夏)と山東という二つの解放区への重点攻撃に変更したが、ついに失敗に終わった。1947年7月にかけて、国共双方の兵力に著しい変化が起こり、国民党軍の総兵力は430万人から373万人に減少し、士気も低落し、政治面と経済面においても深刻な苦境に陥った。一方、人民解放軍の総兵力が127万人から195万人に増加し、武器装備も大きく改善され、全軍の士気も高揚した。これより、人民解放軍は積極的防御から戦略的進攻へと転じた。

　　1948年3月23日,毛泽东率领中央机关和人民解放军总部东渡黄河,前往华北。5月27日,进驻河北建屏县西柏坡村(今属河北平山县)。党中央在这里指挥了震惊中外的辽沈、淮海、平津三大战役,召开了具有深远历史意义的七届二中全会,为新中国绘制了宏伟蓝图,成为党中央解放全中国前的最后一个农村指挥所。

　　1948年3月23日、毛沢東は中国共産党の中央機関と人民解放軍総本部を率いて、黄河を東に渡り、華北に進んだ。5月27日、河北省建屏県西柏坡村(現在の河北省平山県西柏坡村)に進駐した。中国共産党中央は、ここで国内外を震撼させた遼瀋戦役、淮海戦役、平津戦役の三大戦役を指揮し、深遠な歴史的意義を持つ中国共産党第七期中央委員会第二

回全体会議を開き、新中国の将来のビジョンを描き、構想を練った。西柏坡は党中央が全国を解放するまで農村に置かれた最後の指揮所であった。

"进京赶考"的中国共产党人

1949年3月23日上午,毛泽东率领中央机关离开西柏坡,向北平(现北京)进发。临行前,毛泽东对周恩来说:"今天是进京的日子,进京'赶考'去。"周恩来说:"我们应当都能考试及格,不要退回来。"毛泽东说:"退回来就失败了。我们决不能当李自成,我们都希望考个好成绩。"在不久前召开的党的七届二中全会上,毛泽东告诫全体党员:"夺取全国胜利,这只是万里长征走完了第一步。……中国的革命是伟大的,但革命以后的路程更长,工作更伟大,更艰苦。这一点现在就必须向党内讲明白,务必使同志们继续地保持谦虚、谨慎、不骄、不躁的作风,务必使同志们继续地保持艰苦奋斗的作风。……我们不但善于破坏一个旧世界,我们还将善于建设一个新世界。"3月25日,毛泽东等中央领导人与中央机关、人民解放军总部进驻北平香山,标志着中国革命的重心从农村转向城市。

「上京して科挙に臨む」中国共産党人

1949年3月23日午前、毛沢東は中央機関を率いて西柏坡を離れ、北平（現在の北京）へ向かった。出発する前に、毛沢東は周恩来に「今日は上京して『科挙』に臨む日だ。」と言った。周恩来は「もちろん私たちは良い成績を収めるでしょう。撤退はあり得ません。」と言葉を返した。毛沢東は更に「撤退はすなわち失敗。李自成の轍を踏むわけにはいかない。われわれはみな良い成績を望んでいる」と言った。その直前に開かれた中国共産党第七期中央委員会第二回全体会議においても、毛沢東は全党員に向けて、「全国的な勝利を勝ち取ること、これは万里の長征の第一歩を踏み出したことにすぎない。……中国の革命は偉大であるが、革命後の道のりはもっと長く、その仕事はもっと偉大であり、もっと困難なものである。この点は、今から党内にはっきりと言っておかなければならない。そして、同志たちに、謙虚で慎重な、おごらず、焦らない気風を引き続き保持させなければならないし、同志たちに、刻苦奮

闘の作風を引き続き保持させなければならない。……我々は古い世界を破壊することができるだけでなく、新しい世界を建設することもできる」と訓示した。①3月25日、毛沢東を初めとする中央指導者及び中央機関、人民解放軍総本部は北平香山に移駐し、中国革命の重心は農村から都市へと転じた。

党的七届二中全会

在中国人民解放战争即将取得全国胜利的前夕，经过充分准备，中国共产党于1949年3月5日至13日在西柏坡中央机关食堂召开了第七届中央委员会第二次全体会议。出席这次全会的有中央委员34人，候补中央委员19人，列席会议的11人。毛泽东主持会议并做了重要报告。会议决定了以下几个方面的问题：

中国共産党第七期中央委員会第二回全体会議

中国人民戦争が全国的勝利を迎えようとする直前に、周到な準備を経て、1949年3月5日から13日にかけて、中国共産党は、西柏坡の中央機関食堂で中国共産党第七期中央委員会第二回全体会議を開いた。この会議には中央委員34人と中央候補委員19人のほか、列席代表11人も会議に参加した。会議を主宰した毛沢東は重要な報告を行った。この会議で下記いくつかの内容を決定した。

（一）确定了促进革命迅速取得全国胜利的各项方针。

会议认为，今后解决国民党残余军队的方式，不外天津、北平、绥远三种：天津方式，即用战斗去消灭敌军的方式；北平方式，即和平改编国民党军队的方式；绥远方式，即暂时维持原状、以后再改编敌军的方式。会议认为，在进行军事斗争的同时，还必须积极开展政治斗争，无论在军事和政治斗争中，都应把原则的坚定性同策略的灵活性紧密结合起来。为了适应斗争的需要，必须培养大批革命干部，要把人民解放军看成培养干部的学校。

（一）革命の迅速な勝利を促し、全国的な勝利を収める方針を確定

---

① 习近平谈治国理政(第三卷)[M].北京：外文出版社，2021：596.

した。

　会議では今後、国民党残留部隊への対応において、天津方式、北京方式、绥遠方式という三つの方式が考えられる。天津方式とは即ち戦闘によって敵軍を殲滅する方式であり、北京方式とは即ち国民党の軍隊を平和的に改編する方式であり、绥遠方式とは即ち現状を暫定的に維持し、後に敵軍を改編する方式である。会議では、軍事闘争を行うと同時に、政治闘争も積極的に行わなければならない。また、どちらの闘争においても、原則を堅持しつつ柔軟な方策を取っていく必要がある。また、闘争の必要に応じて、今後数多くの革命幹部を養成しなければならない。そのため、人民解放軍には幹部の養成学校としての役目を発揮させる必要があると指摘した。

（二）决定将党的工作重心由乡村转到城市。

　会议认为,从1927年大革命失败到现在,由于敌强我弱,党的工作重心一直在乡村。在乡村开展武装斗争,发动农民实行土地革命,建立革命根据地,为夺取城市作好了准备。现在经过辽沈、平津和淮海三大战役后,敌我力量发生了根本变化,继续采取农村包围城市的工作方式已经不适应了。从现在起,党的工作重心,应该由乡村转向城市,实行由城市领导乡村的工作方式。当然城乡必须兼顾,必须使城市工作和乡村工作、工业和农业、工人和农民紧密地结合起来,巩固工农联盟。

（二）党の活動の重点を農村部から都市部へと移すことを決定した。

　会議では、1927年に大革命が失敗してから現在まで、敵が強く我々が弱かったことを理由に、党の活動の重点は農村部に置かれ続けてきた。農村で武装闘争を繰り広げ、農民を発動して土地革命を行い、革命根拠地を整備し、都市を勝ち取るための準備は着実に整えられた。現在は、遼瀋、平津、淮海という三大戦役を経て、敵軍と我が軍の力量に根本的な変化が起きた。そのため、現在の情勢においては、農村から都市を包囲するという戦略はすでにふさわしいとは言えない。これより、党の活動の重点を農村部から都市部へと移し、都市が農村を指導するという方針を実施すべきである。もちろん、都市と農村を共に配慮しなければな

（三）强调要加强党的思想建设,防止资产阶级思想的腐蚀。

会议认为,在伟大的胜利面前,党的骄傲情绪,贪图享乐的情绪可能滋长。为了预防这种情况的发生,会议号召全党同志要树立无产阶级的世界观,防止骄傲自满情绪。

（三） 党の思想教育を強化し、ブルジョワジー思想に対する腐敗防止を強調した。

会議では、偉大な勝利の前に、党が驕り、享楽に耽ってしまう恐れがあるので、そうはならないように、党員たちはプロレタリア階級の世界観を確立し、傲慢にならないように注意するべきだと指摘した。

らない。都市部の活動と農村部の活動を、工業と農業を、労働者と農民を緊密に結び付けることで、工農連盟を強固なものにすべきであると指摘した。

七届二中全会是一次制定夺取全国胜利和胜利后的各方面政策的极其重要的会议。这次会议解决了中国共产党夺取民主革命的最后胜利和由新民主主义革命向社会主义革命转变的一系列重大方针问题;并为这种转变,在政治上、思想上和理论上作了重要的准备。[1]

中国共産党第七期中央委員会第二回全体会議は、全国的勝利への方略及び勝利後の各方面の政治方針を定める極めて重要な会議である。この会議により、中国共産党が民主革命の最後の勝利を勝ち取り、さらに、新民主主義革命から社会主義革命へと変換するための一連の重大な政治方針が定められ、更にこの変換に政治上、思想上、理論上の準備がなされた。

伟大的战略决战

1947年6月起,解放军三路大军挺进中原,展开进攻。至1948年8月,

---

[1] 七届二中全会(1949年3月5—13日)[EB/OL].[2022－05－30].http://www.workercn.cn/c/2012/11/04/121104150401254592065.html.

国共双方的力量对比发生了进一步变化。人民解放军的人数上升到280万人，解放区面积也扩大了。从1948年9月12日至1949年1月31日，中共中央先后组织了辽沈、淮海、平津三大战役，基本上消灭了国民党的主力部队，解放了全国大部分地区，加速了全国解放战争胜利的到来。

偉大な戦略決戦

　1947年6月より、解放軍が三つの大部隊に分けて中原への進攻を開始した。1948年8月、国共双方の力に更なる変化が起こった。人民解放軍の兵力は280万人に増加し、解放区の面積も一層拡大した。そこで、1948年9月12日から1949年1月31日にかけて、中国共産党中央が遼瀋戦役、淮海戦役、平津戦役という三大戦役を指導し、国民党の主力部隊を殲滅し、中国全土の殆どの地域を解放し、解放戦争の全国的勝利の訪れを速めた。

　三大战役以后，国民党继续在长江南岸部署兵力，妄图凭借长江天险，阻止人民解放军渡江向南进发。1948年12月30日，毛泽东在新年献词中发出"将革命进行到底"的号召，强调必须用革命的方法，坚决彻底干净全部地消灭一切反动势力。1949年4月21日，毛泽东主席和朱德总司令发布向全国进军的命令。人民解放军在东起江阴，西至湖口，长达500多公里的江面上，分三路发起渡江战役。4月23日，人民解放军占领南京，宣告延续22年的国民党反动统治覆灭了。毛泽东在看到这个捷报后，写下《七律·人民解放军占领南京》。

七律·人民解放军占领南京

钟山风雨起苍黄，百万雄师过大江。
虎踞龙盘今胜昔，天翻地覆慨而慷。
宜将剩勇追穷寇，不可沽名学霸王。
天若有情天亦老，人间正道是沧桑。

　三大戦役後、国民党が長江南部に兵力を配置し、長江の天然要害を頼りに、人民解放軍が渡江し、南へ進攻するのを阻止しようと企てた。1948年12月30日、毛沢東は新年祝辞の中で「革命を最後まで遂行せよ」

との呼びかけを発し、革命の手段で一切の反動勢力を徹底的に消滅することを強調した。1949年4月21日、毛沢東主席と朱徳総司令は全国へ進撃せよとの命令を発した。人民解放軍は東の江陰より西の湖口まで、500キロに亘る川面で、人民解放軍を三つの部隊に分けて、長江渡江作戦を起こした。4月23日、人民解放軍は南京入城を果たし、22年も続いた国民党反動政府による統治を覆した。毛沢東は南京占領の朗報を見て、『七律・人民解放軍　南京を占領す』を揮毫した。

七律・人民解放軍　南京を占領す[①]
鐘山に風雨にわかに起こり、
百万の雄師　長江をわたる。
龍虎に似たる都　今や昔に勝り、
天地をくつがえし　意気まさに高し。
更に奮いたちて窮まれる敵を追うべく、
名を売らんとて覇王に学ぶべからず。
天も情あらば　天もまた老いん、
桑海の変ぞ人の世の理なる。

中华人民共和国成立

1949年9月21日至30日，中国人民政治协商会议第一届全体会议在北平（现北京）举行，会议决定成立中华人民共和国，选举毛泽东为中华人民共和国中央人民政府主席，朱德、刘少奇、宋庆龄等为副主席，决定把北平改名为北京，作为中华人民共和国的首都，以五星红旗为国旗，《义勇军进行曲》为代国歌。

1949年9月21日から30日まで、中国人民政治協商会議第一回全体会議が北平（現在の北京）で開催された。会議では、中華人民共和国を成立することが決定され、選挙によって毛沢東が中華人民共和国中央人民政府主席に就任し、朱徳、劉少奇、宋慶齢らが副主席に就任することが決まり、さらに北平を北京に名を改め、中華人民共和国の首都とし、「五

[①] 毛泽东.毛泽东诗词（中日对照）[M].北京：外文出版社，2006：53.

星紅旗」を国旗にし、『義勇軍行進曲』を仮国歌とすることが決議された。

1949年10月1日下午2时,国家领导人宣布就职,任命周恩来为中央人民政府政务院总理兼外交部长,毛泽东为人民革命军事委员会主席,朱德为人民解放军总司令。下午3时,首都北京30万军民齐聚天安门广场,举行开国大典。毛泽东站在天安门城楼上向世界庄严宣告:"中华人民共和国中央人民政府今天成立了!"在礼炮声中,毛泽东主席亲手按动电钮升起了第一面五星红旗。接着举行了盛大的阅兵式和群众游行。

1949年10月1日午後2時、国家指導者が就任を宣告し、周恩来が中央人民政府政務院総理と外交部部長に任命され、毛沢東が人民革命軍事委員会主席に、朱徳が人民解放軍総司令に任命された。午後3時、首都北京では30万人の軍民が天安門広場に集まり、開国大典が行われた。毛沢東は天安門の城楼に立ち、「中華人民共和国中央人民政府が今日をもって、成立しました!」と、全世界に厳かに宣言した。礼砲が轟き、毛沢東は自らスイッチを押して最初の五星紅旗を掲揚した。その後、盛大な陸海空軍の閲兵式と祝賀パレードが繰り広げられた。

中华人民共和国的成立"彻底结束了旧中国半殖民地半封建的历史,彻底结束了极少数剥削者统治广大劳动人民的历史,彻底结束了旧中国一盘散沙的局面,彻底废除了列强强加给中国的不平等条约和帝国主义在中国的一切特权,实现了中国从几千年封建专制向人民民主的伟大飞跃,也极大改变了世界政治格局,鼓舞了全世界被压迫民族和被压迫人民争取解放的斗争。实践充分说明,历史和人民选择了中国共产党,没有中国共产党领导,民族独立、人民解放是不可能实现的。中国共产党和中国人民以英勇顽强的奋斗向世界庄严宣告,中国人民从此站起来了,中华民族任人宰割、饱受欺凌的时代一去不复返了,中国发展从此开启了新纪元。"①

---

① 中共中央关于党的百年奋斗重大成就和历史经验的决议(全文)[EB/OL].[2022-06-01]. http://www.gov.cn/zhengce/2021-11/16/content_5651269.htm.

中華人民共和国の成立は「旧中国の半植民地・半封建社会の歴史と、広範な勤労人民がごく少数の搾取者に支配された歴史が完全に終わり、旧中国の四分五裂の状態に完全に終止符が打たれ、列強が中国に押しつけた不平等条約と中国における帝国主義のすべての特権が完全に廃止された。また、中国で数千年に及ぶ封建的専制政治から人民民主主義への偉大な飛躍が実現したばかりでなく、世界の政治的構図も大きく変わり、全世界の被抑圧民族と被抑圧人民が解放を勝ち取る闘争を勇気づけた。こうした実践によってはっきりと示されているように、中国共産党は歴史と人民によって選ばれたものであり、中国共産党の指導がなければ、民族の独立と人民の解放は不可能であった。中国共産党と中国人民は勇ましい不屈の奮闘をもって、中国人民はここから立ち上がったことを、中華民族がなすすべなく蹂躙され、散々に虐げられていた時代は永久に過ぎ去ったことを、そして中国の発展の新紀元がこの時から切り開かれることを、全世界に向けて厳かに宣言した。」①

第二节　红色故事

第二節　革命物語

一个苹果也是纪律

　　1948年秋,辽沈战役锦州攻坚战前夕,正值苹果成熟收获之际。在东北野战军的战前政工会议上,罗荣桓指着院子里果实累累的苹果树说:"要教育部队保证不吃老百姓一个苹果,无论是挂在树上的、收获在家里的、掉在地上的,都不要吃,这是一条纪律,要坚决做到。"

リンゴ一つでもルールだ

　　これは1948年秋、遼沈戦役の錦州攻略戦の直前に、ちょうどリンゴの果実が成熟し収穫し始める時のことであった。東北野戦軍の政治委員である羅栄桓は戦前政治工作会議で、庭の果実が鈴なりになっているリン

---

① 党の百年奮闘の重要な成果と歴史的経験に関する中共中央の決議[EB/OL].[2022-06-01]. https://jp.theorychina.org.cn/c/2021-11-16/1424154.shtml.

第七章　西柏坡：人民胜利　日出东方

ゴの木を指しながら、こう言った。「部隊が民衆のリンゴを一つでも食べてはいけないと教育しなければならない。木に実ったリンゴにしても、収穫されたり地面に落ちたりしたリンゴにしても、絶対食べないと銘記しなけばならない。これは規律であり、断固として執行しなければならない」。

兴城攻克后，四纵10师29团一部奉命来到城西一个大果园执行任务。七班长执行任务结束急匆匆地赶回连队，一进果园，顺手就捡起一个落地果，刚想咬，便被司号员小丁看见了。小丁连忙喊道："你干什么吃苹果？忘了决心吗？一个苹果也是纪律！"七班长一听，赶忙放下苹果，连声检讨。这时，二排长走过来带领大家将落在地上的苹果全部捡起，装在筐里，放在老乡家的窗户底下。打扫完果园，战士们便整队出发了。

興城を攻略した後、東北野戦軍の第四縦隊第十師団第二十九団の一部は命令を奉じて興城の西にある大きな果樹園に着いて任務を執行する。七班長は任務を終えて急いで連隊に戻り、果樹園に入ったら、手を伸ばして地面に落ちたリンゴを拾いあげて噛もうとしたところを、司号員の丁さんに見られた。丁さんは急いで「何でリンゴを食べますか。決心を忘れましたか。リンゴ一つでもルールを守るべきです。」と大声で叫び、七班長を阻止しようとした。七班長はそれを聞いて、すぐリンゴを置いて、自己反省した。この時、二排の排長が歩いてきて、皆といっしょに地面に転がっているリンゴを全部拾って、カゴに入れて農家の窓下に置いた。果樹園の片づけが終わると、兵士たちは隊列を整えて出発した。

老乡们回到果园，看到扫得干干净净的果园和窗下一筐筐的落地果，心里激动不已。他们望着解放军队伍远去的背影，不停地说："真是一支仁义之师啊！"很快，"不吃老百姓一个苹果"的事迹上报到东野总部，10师也因此荣获了"仁义之师"的奖旗。

農家の人たちは果樹園に帰って、きれいに片づけられた果樹園と窓下

· 207 ·

にあるカゴ詰めの落ちたリンゴを見て、心から感動が溢れた。彼らは遠ざかっていく解放軍隊列の後ろ姿を見ながら、「本当に仁義の師（仁愛正義の軍隊）だなあ」と言い続けた。その後まもなく、「民衆のリンゴを一つも食べない」という事績が東北野戦軍の本部に報告され、第10師もこれで「仁義の師」の表彰旗を授与された。

小车推出大胜利

　　在气势恢宏的淮海决战前线和广大后方，各解放区人民掀起了一场轰轰烈烈的支前运动，其规模之巨大，任务之浩繁，动员人力物力之众多，为古今中外战争史上所罕见。淮海战役支前工作最动人的场面，是几百万的民工大军推着小推车运送粮食。"最后一把米，用来做军粮，最后一尺布，用来做军装，最后的老棉被，盖在担架上，最后的亲骨肉，含泪送战场。"老百姓们正是唱着这样的歌谣、推着小推车勇往直前冲向战场。

民衆の手押し車の支援で大勝利を収めた

　気勢雄大な淮海戦役の前線と広大な銃後で、各解放区の民衆は大規模な前線支援活動を繰り広げた。その規模の大きさ、任務の繁雑さ、動員されたヒト・モノの多さは、古今東西の戦争史においても珍しいと言える。淮海戦役の前線支援活動で最も感動的な場面は、数百万の農民工が手押し車を押して食糧を運ぶ場面であった。「最後の米を兵糧に使い、最後の布を軍服に使い、最後の厚い布団を傷病兵を運ぶ担架にかけ、最後の肉親を涙ながらに戦場に送る。」民衆たちはまさにこのような歌謡を歌いながら、手押し車を押して顧みることなく勇敢に戦場へ向かった。

　　淮海战役胜利后，华东野战军司令员陈毅曾深情地说："淮海战役的胜利，是人民群众用小车推出来的。"据统计，淮海战役中，华东、中原、冀鲁豫、华中四个解放区前后共出动民工543万人，支前群众所用的小推车达41万辆。

　淮海戦役が勝利した後、華東野戦軍司令官の陳毅は「淮海戦役の勝利

は、人民大衆が手押し車で運んできてくれたものだ」と感慨深く語った。統計によると、淮海戦役の時に、華東、中原、冀魯豫（河北・山東・河南）、華中という四つの解放区から、前線支援に参加したボランティア農民工は543万人に達し、調達した前線支援手押し車は41万台にも達したそうだ。

军旗卫士钟银根

民权门位于天津东北面，战略地位非常重要，是攻打天津的重要突破口。16岁的战士钟银根担任旗手，他高举红旗引领着战友们冲锋在前，风驰电掣般冲上城头，将战前师首长授予该连"杀开民权门"的红旗插在了城头。

軍旗衛兵の鍾銀根

民権門は天津市の東北に位置し、戦略的地位がきわめて重要な所であり、天津攻略戦の重要な突破口である。16歳の兵士鍾銀根は部隊の旗手を務めていた。彼は赤旗を高く掲げて隊列の先頭に立ち、戦友たちと電光石火のように突き進み、戦いの前に師の首長から授与された「民権門を攻め落とす」と書いた赤旗を城壁のてっぺんに立てた。

这面火一般耀眼的红旗刺痛了敌人，他们集中火力向红旗射击，红旗被淹没在硝烟迷雾之中。在枪林弹雨中，钟银根失去双腿，身负重伤，但依然紧握红旗，倒了又插，连续4次。最后他用肩膀拼命地抵着旗杆，远远看去，他的身体就是旗杆。

この火のようにまばゆい赤旗は敵を強く刺激した。彼らは火力を集中して赤旗に向かって射撃し、赤旗は硝煙の霧に埋もれた。銃林弾雨の中で、鍾銀根は両足を失い、重傷を負った。それにしても、彼は依然として旗竿を握りしめ、倒れては立て、このように4回も繰り返した。最後になって、彼は肩で必死に旗竿に当たって、遠くから見れば、彼の体はまさに旗竿そのもののようだった。

年仅16岁的钟银根在战友们的厮杀呐喊声中，慢慢地闭上了眼睛。在

军旗卫士钟银根"四竖红旗"壮举的激励下,战友们连打退敌人20多次反扑,巩固了突破口,使后续部队顺利进入城内,为尽快解放天津创造了条件。

鍾銀根は、戦友たちの叫び声を浴びながら、ゆっくりと目を閉じた。僅か16歳の若さであった。軍旗衛兵鍾銀根の「赤旗を四回も立てる」という壮挙に激励され、戦友たちは敵の反撃を20数回も撃退し、天津攻略の突破口である民権門を固めた。これで後続部隊が順調に天津城内に入り、天津解放のために条件を整えた。

第三节 红色景点

第三節 紅色観光スポット

西柏坡中共中央旧址

　　西柏坡中共中央旧址坐落在河北省平山县。西柏坡,原是一个普通的小山村,距平山县城80余公里,位于太行山东麓,滹沱河北岸,有100多户人家,河两岸土地肥沃,稻麦两熟。早在抗日战争时期,这里就是老革命根据地之一。1948年,人民解放军开始了对国民党军队的战略进攻。当时距西柏坡仅90公里的华北重镇石家庄已被攻克,石家庄成为华北解放区的领导中心。

图7-1 周恩来同志在西柏坡的旧居

西柏坡中国共産党中央旧址

　西柏坡中国共産党中央旧址は河北省平山県に位置している。西柏坡は、もともとごく普通の小さな山村で、平山県城から80キロ余り離れていて、太行山の東麓、滹沱河の北岸に位置している。西柏坡には100軒ほどの民家があり、川の両岸に肥沃な土壌が広がり、稲と麦の二毛作が行われていた。早くも抗日戦争の時期に、西柏坡は古い革命根拠地の一つであった。1948年、人民解放軍は国民党軍に対して戦略的攻撃を始めた。当時、西柏坡からわずか90キロ離れた華北の要衝である石家荘はすでに攻略され、華北解放区の指導センターとなった。

　　在全国胜利即将来临之际，中共中央、人民解放军总部离开陕北，于5月26日到达西柏坡。中共中央"五大书记"毛泽东、朱德、刘少奇、周恩来、任弼时齐集于此。自1948年5月至1949年3月，西柏坡中共中央旧址为中共中央和中国人民解放军总部驻地。

　全国的勝利が間もなく到来するにあたり、中国共産党中央と、人民解放軍の総部は陝西省北部を離れ、5月26日に西柏坡に到着した。中国共産党中央の「五大書記」である毛沢東、朱徳、劉少奇、周恩来、任弼時は全部ここに集まった。1948年5月から1949年3月にかけて、ここは中国共産党中央と、中国人民解放軍総部の所在地であった。

　　1955年，因修建岗南水库，中共中央和解放军总部旧址及西柏坡村一起搬迁。1970年冬，在距原址北500米、海拔提高57米的地方开始对旧址进行复原建设。现在可以参观的中共中央旧址建筑面积2 760平方米，占地16 440平方米。主要有：毛泽东、朱德、刘少奇、周恩来、任弼时、董必武的旧居、中国共产党七届二中全会会址、中央军委作战室旧址、中央机关小学旧址等。复原基本保持了原貌，屋内陈设按原状进行了布置，展品主要是当年领袖们的办公和生活用品。

　1955年、岡南ダムの建設により、中国共産党中央旧址は人民解放軍総部旧址及び西柏坡村と一緒に移転した。1970年冬、旧址から北に500メ

ートル、海抜57メートルのところで旧址の復元作業が行われた。今日見学できる中国共産党中央旧址は建築面積が2 760平方メートルで、敷地面積が16 440平方メートルである。毛沢東、朱徳、劉少奇、周恩来、任弼時、董必武など党中央の指導者の旧居、中国共産党第七期中央委員会第二回全体会議（七期二中全会）の会址、中央軍事委員会作戦室旧跡、中央機関小学校旧跡などが再現された。復元作業は原状に忠実するルールを守り、室内の陳列は昔の様子をリアルに再現し、展示品は主に指導者たちが当時使った事務用品と生活用品である。

五大书记铜像

　　1945年6月19日，中国共产党召开了七届一中全会，选举出毛泽东、朱德、刘少奇、周恩来、任弼时五位同志为中央书记处书记，史称"五大书记"。会议还选举毛泽东为中央委员会主席、中央政治局主席、中央书记处主席。从此以后至新中国成立初期，中共中央"五大书记"成为中国共产党的最高领导层。2009年8月25日，在西柏坡纪念馆广场上，从左至右，矗立起周恩来、刘少奇、毛泽东、朱德、任弼时五位书记的铜像。铜像下，是用鲜花摆出的黄镇将军手写体"新中国从这里走来"几个大字。

图7-2　西柏坡纪念广场五大书记铜像

第七章　西柏坡：人民胜利　日出东方

五大書記の銅像

1945年6月19日、中国共産党は第七期第一回全体会議を開催した。会議では毛沢東、朱徳、劉少奇、周恩来、任弼時の5人が中央書記処書記に選出され、歴史上には「五大書記」と呼ばれている。また、この会議で毛沢東は中国共産党中央委員会主席、中央政治局主席、中央書記処主席に当選した。これより、中華人民共和国が成立した初期にかけて、「五大書記」は中国共産党の最高指導部であった。2009年8月25日、西柏坡記念館の広場には、左から右へと、周恩来、劉少奇、毛沢東、朱徳、任弼時の「五大書記」の銅像が立てられた。銅像の下には、黄鎮将軍が揮毫した「新中国従這里走来（新中国はここからやってきた）」という文字をモチーフした花が飾ってある。

西柏坡纪念馆

西柏坡纪念馆位于河北省石家庄市平山县内，是解放战争后期中国共产党中央和中国人民解放军总部所在地，是解放全中国的最后一个农村指挥所。1958年，因修建水库，革命遗址搬迁。1970年开始，西柏坡中共中央旧址进行复原建设，复原总面积为16 440平方米。1977年，新建西柏坡纪念馆，建筑面积为3 344平方米。1978年5月26日，中共中央旧址和纪念馆同时开放。

图7-3　西柏坡纪念馆

西柏坡記念館

西柏坡記念館は河北省石家荘市平山県にある。解放戦争の後期において、ここは中国共産党中央と中国人民解放軍総部の所在地であり、全中国を解放する最後の農村指揮所である。1958年、ダム工事の建設により、この革命旧跡は別のところに移転することになった。1970年から、西柏坡中国共産党中央旧跡の復元作業が開始され、復元総面積は16 440平方メートルにも達している。1977年、西柏坡記念館が新築され、建築面積は3 344平方メートルである。1978年5月26日、中国共産党中央旧跡と記念館は同時に一般公開された。

第一展室：中央工委在西柏坡（1）

1947年初,国民党军队全面进攻解放区失败后,改为重点进攻陕北和山东解放区。3月18日,中共中央主动撤离延安。在枣林沟,中共中央决定:毛泽东、周恩来、任弼时等组成中央前委,继续留在陕北,指挥全国的解放战争;刘少奇、朱德等组成中央工委向华北转移,进行中央委托的工作。西柏坡位于河北省平山县中部。平山县具有光荣的革命传统、优越的战略位置、得天独厚的地理条件和良好的群众基础。同年5月,中央工委进驻平山县西柏坡。

图7-4　西柏坡纪念馆第一展室

第一陳列室：中央工作委員会が西柏坡へ（1）

1947年初め、国民党軍隊は解放区に対する全面的攻撃が失敗した後、陝西省北部と山東省の解放区を重点的に攻撃するように方針を変えた。

第七章 西柏坡：人民胜利 日出东方

3月18日、中国共産党中央は自ら延安から撤退した。棗林溝において、中国共産党中央は次のことを決定した：毛沢東、周恩来、任弼時等が中央前敵委員会を組織し、引き続き陝西省北部に残り、全国の解放戦争を指揮する。一方、劉少奇、朱徳などが中央工作委員会を組織し、そして華北のほうに移転し、中央から委託された仕事を行う。西柏坡は河北省平山県中部に位置する。平山県が光栄な革命伝統、優れた戦略的位置、恵まれた地理条件と良好な民衆基礎を持っているところであるので、同年5月、中央工作委員会は平山県西柏坡に進駐した。

第二展室：中央工委在西柏坡（2）

中央工委在西柏坡召开全国土地会议，领导解放区的土地改革运动和整党工作，冲击了几千年来的封建土地制度，提高了党组织的战斗力，为解放战争的胜利奠定了基础。

图7-5 西柏坡纪念馆第二展室

第二陳列室：中央工作委員会が西柏坡へ（2）

中央工作委員会は西柏坡で全国土地会議を開き、解放区における土地改革運動と整党工作を指導した。これにより、数千年来の封建土地制度に衝撃を与え、党組織の戦闘力が高められ、解放戦争の勝利に基礎を築いた。

第三展室：决战前夕

在中央工委的指导下，晋察冀野战军先后取得了青沧战役、大清河北战役、保北战役、清风店战役、石家庄（石门）战役的胜利，扭转了晋察冀军事斗争的局面。特别是石家庄的解放，使晋察冀和晋冀鲁豫两大解放区连成一片，为中共中央移驻西柏坡创造了有利条件。

图7-6 西柏坡纪念馆第三展室

第三陳列室：決戦前夜

中央工作委員会の指導の下で、晋察冀（山西省・察哈爾省・河北省の略称で、現在の山西省、河北省、遼寧省、内モンゴル自治区にまたがる地域）野戦軍は相次いで青滄戦役、大清河北戦役、保北戦役、清風店戦役、石家荘（当時は「石門市」と呼んだ）戦役の勝利を勝ち取り、晋察冀における軍事闘争の局面を一変させた。特に石家荘市の解放は、晋察冀と晋冀魯豫（山西省・河北省・山東省・河南省）という二つの解放区を一つにさせ、中国共産党中央が西柏坡に進駐するために有利な条件を提供した。

第四展室：大决战（1）

重点介绍党中央、毛主席在西柏坡组织指挥辽沈、淮海、平津三大战役的情况。

图 7-7　西柏坡纪念馆第四展室

第四陳列室：大決戦（1）

ここでは主に中国共産党中央と毛沢東主席が西柏坡で遼沈戦役、淮海戦役、平津戦役という三大戦役を組織・指揮した状況を紹介している。

第五展室：大決戦（2）

重点介绍三大战役的战场情况。介绍了辽沈战役的三个阶段；介绍了由刘伯承、邓小平、陈毅、粟裕、谭震林五位同志组成的淮海战役总前委指挥的淮海战役；介绍了平津战役的三个阶段。

图 7-8　西柏坡纪念馆第五展室

第五陳列室：大決戦（2）

主に遼沈、淮海、平津という「三大戦役」の戦場の状況を紹介している。まず遼沈戦役の3つの段階を紹介した。そして、劉伯承、鄧小平、陳毅、粟裕、譚震林の5名の同志からなる淮海戦役の総前敵委員会が指揮した淮海戦役を紹介した。最後に平津戦役が辿った3つの段階を紹介した。

第六展室：大决战（3）

主要介绍解放区人民支前的情况。革命战争是群众的战争，三大战役的胜利是毛泽东人民战争思想的胜利。三大战役期间，解放区人民在"一切为了前线的胜利"的号召下，从各方面支援解放军作战。陈毅元帅曾满怀深情地说："淮海战役的胜利，是人民群众用小车推出来的！"三大战役的胜利，充分证明了毛泽东"兵民是胜利之本"的科学论断。

图7-9　西柏坡纪念馆第六展室

第六陳列室：大決戦（3）

主に解放区の人民がどのように前線の解放軍に協力、支援したかを紹介している。革命戦争は民衆の戦争であり、三大戦役の勝利は毛沢東の人民戦争に関する思想の勝利である。三大戦役の間、解放区の人民は「すべて前線の勝利のため」という呼びかけの下で、各方面から人民解放軍の作戦を支援した。陳毅元帥はかつて「淮海戦役の勝利は、人民大

衆が手押し車で運んできてくれたものだ」と感慨深く語った。三大戦役が勝利を収めたことは、毛沢東の「兵民は勝利の本である」という科学的な論断を見事に実証した。

第七展室：中国共产党七届二中全会

　　1949年3月5日至13日,中国共产党七届二中全会在西柏坡召开。全会确定了促进革命迅速取得全国胜利的各项方针;决定将党的工作重心由乡村转到城市;强调要加强党的思想建设,防止资产阶级思想的腐蚀,并向全党提出了"两个务必"的告诫,为新中国的建立做了政治上、思想上和组织上的准备。

图7-10　西柏坡纪念馆第七展室

第七陳列室：中国共産党第七期中央委員会第二回全体会議

　1949年3月5日から13日にかけて、中国共産党第七期中央委員会第二回全体会議が西柏坡で開催された。全会は革命の迅速な勝利を促し、全国的な勝利を収める方針を確定し、党の活動の重点を農村部から都市部へと移すことを決定した。さらに、党の思想教育を強化し、ブルジョワジー思想に対する腐敗防止を強調し、全党の同志に「謙虚で慎重な、おごらず、焦らない気風を引き続き保持させなければならないし、刻苦奮闘の作風を引き続き保持させなければならない。」という「二つの保持」の戒めを提出し、新中国の創立のために、政治上、思想上、理論上の準

・219・

備がなされた。

第八展室：新中国从这里走来

　　西柏坡时期,以毛泽东为代表的中国共产党人以马列主义基本原理为指导,结合中国实际,确立了新中国的国体、政体,构建了中国共产党领导的多党合作和政治协商基本政治制度,制订了新中国经济建设方针,提出了新中国外交工作基本原则,规划了新中国文化教育事业。1949年3月,中共中央、中国人民解放军总部离开西柏坡,迁往北平。

第八陳列室：新中国はここからやってきた

　西柏坡に駐留していた時期、毛沢東を代表とする中国共産党人はマルクス・レーニン主義の基本的原理を指導とし、中国の具体的な実際と結びつけ、新中国の国体、政体を確立し、中国共産党が指導する多党協力と政治協商の基本的政治制度を構築した。また、新中国の経済建設方針を制定し、外交活動の基本原則を提出し、新中国の文化教育事業を画策した。1949年3月、中国共産党中央、中国人民解放軍総部は西柏坡を離れ、北平に移転した。

第九展室：难忘的岁月

　　中共中央在西柏坡组织指挥三大战役,召开七届二中全会,筹建新中国,同时也留下了许多动人的故事。青青的西柏坡岭,蓝蓝的滹沱河水,简朴的农家小院,到处记载着革命先辈工作、生活的足迹。领袖们的音容笑貌,战友的欢歌笑语,将永远成为人们缅怀历史的美好回忆。

第九陳列室：忘れがたい歳月

　中国共産党中央は西柏坡で三大戦役を指揮し、共産党の第七期中央委員会第二回全体会議を開催し、新中国の青写真を描くと同時に、数々の感動的な物語を残した。緑豊かな西柏坡の嶺、青く澄み切った滹沱河の水、質素な農家の庭など、革命の先人たちの仕事、生活の足跡があちこちに残されている。指導者たちの声と笑顔、戦友たちの歓歌と笑いは、永遠に人々が歴史を偲ぶ美しい思い出になるだろう。

第十展室:历史不会忘记

　　重点介绍党和国家领导人以及社会各界、海内外知名人士到西柏坡的情况。历史的车轮,已经驶过了几十个春秋,毛泽东等老一辈无产阶级革命家在西柏坡描绘的新中国的蓝图已经变成现实。他们建树的丰功伟业和铸就的西柏坡精神,将激励人民为全面建设小康社会,加快推进社会主义现代化进程而不懈奋斗。

第十陳列室：忘れてはならない歴史

中国共産党と国家の指導者を始め、社会各界及び国内外の有名人が西柏坡を訪問する様子を紹介している。歴史の車輪はすでに数十年の春秋を通り過ぎた。毛沢東などの古参のプロレタリア革命家たちが西柏坡で描いた新中国の青写真はすでに現実になった。彼らが建てた偉大な功績と築き上げた西柏坡精神は小康社会を全面的に建設し、社会主義現代化のプロセスの推進を加速させるためにたゆまずに奮闘するように民衆を激励している。

专栏7：西柏坡精神

　　西柏坡精神是中国共产党人在革命时期铸就的伟大革命精神,党和人民的宝贵精神财富。在中国革命即将取得全国胜利的前夕,党中央在西柏坡召开具有伟大历史意义的七届二中全会,毛泽东同志告诫全党:"务必使同志们继续地保持谦虚、谨慎、不骄、不躁的作风,务必使同志们继续地保持艰苦奋斗的作风"。

　　2013年7月11日,习近平总书记在河北省调研指导党的群众路线教育实践活动时指出:全党同志要不断学习领会"两个务必"的深邃思想,始终做到谦虚谨慎、艰苦奋斗、实事求是、一心为民,继续把人民对我们党的"考试"、把我们党正在经受和将要经受各种考验的"考试"考好,使我们的党永远不变质、我们的红色江山永远不变色。

コラム7：西柏坡精神

　西柏坡精神は中国共産党人が革命時期において築き上げた偉大な革命精神で、党と人民の貴重な精神的財宝である。中国革命が全国的勝利を勝ち取る前夜、党中央が西柏坡で偉大な歴史的意義を持つ中国共産党第七期中央委員会第二回全体会議を開いた。毛沢東は全党に向けて、「同志たちに、謙虚で慎重な、驕らず、焦らない気風を引き続き保持させなければならないし、同志たちに、刻苦奮闘の気風を引き続き保持させなければならない」と訓示した。

　2013年7月11日、習近平総書記は河北省で党の大衆路線教育実践活動を視察した時にこう語った。全党の同志は「二つの保持」の奥深い思想を絶えず学習理解し、始終謙虚で慎み深い態度をとり、刻苦奮闘し、実事求是を堅持し、一心に人民に奉仕することを貫かなければならない。引き続き、人民がわが党に作成した「問題」によく答え、わが党が今受けている、そして将来受けようとしているすべての「試験」によく答えなければならない。わが党の性質が永遠に変わらぬことと、わが赤い江山が永遠に色褪せはしないことを保たなければならない。

参考文献

专著、译著：

1）本书编写组. 中国共产党简史[M].北京：人民出版社、中共党史出版社,2021.

2）马克思,恩格斯.共产党宣言[M]陈望道,译.社会主义研究社,1920.

3）方志敏. 可爱的中国[M]. 北京：人民文学出版社，1982.

4）光未然词,冼星海曲. 黄河大合唱[M]. 北京：人民音乐出版社，1975.

5）国务院侨务办公室、国家汉语国际推广领导小组办公室.中国历史常识（中日对照）[M].北京：外语教学与研究出版社,2009.

6）刘刚.踏上红色之旅[M].北京：中央编译出版社,2005.

7）《红色之旅》编写组. 红色之旅[M].郑州：中州古籍出版社,2005.

8）李大钊. 李大钊全集[M]. 石家庄：河北教育出版社，1999.

9）罗广斌,杨益言. 红岩[M]. 北京：中国青年出版社，1977.

10）毛泽东. 毛泽东诗词（中日对照）[M].北京：外文出版社,2006.

11）埃德加·斯诺.红星照耀中国[M].董乐山,译.北京：人民文学出版社,2018

12）习近平. 习近平谈治国理政：第1卷[M]. 北京：外文出版社, 2018.

13）习近平. 习近平谈治国理政：第2卷[M]. 北京：外文出版社, 2017.

14）习近平. 习近平谈治国理政：第3卷[M]. 北京：外文出版社, 2020.

15）习近平. 习近平谈治国理政：第1卷日文：第二版[M]. 北京：外文出版社, 2020.

16）习近平. 习近平谈治国理政：第2卷日文：第一版[M]. 北京：外文

出版社，2018.

17）习近平. 习近平谈治国理政:第 3 卷日文:第一版［M］. 北京:外文出版社，2021.

网络资源：

1）http://ijs.cssn.cn/xsyj/yanjiu/makesizhuyiwenzhang/202107/t20210708_5346193.shtml

2）http://news.cnr.cn/native/gd/20200622/t20200622_525139627.shtml

3）https://www.dswxyjy.org.cn/GB/434461/434467/434693/index.html

4）http://www.81-china.com/

5）https://news.sohu.com/20170928/n514965822.shtml

6）共产党员网（12371.cn）,https://www.12371.cn/

7）求是网(qstheory.cn),http://www.qstheory.cn/

8）人民中国（peoplechina.com.cn）,http://www.peoplechina.com.cn/

9）中国国际放送局（cri.cn）,http://japanese.cri.cn/

10）中工网,http://www.workercn.cn/

11）中华人民共和国教育部政府门户网站,http://www.moe.gov.cn

后 记

进入21世纪以来,随着中外人文交流、文明交流互鉴的不断扩大与深入,社会对外语学科的人才培养提出了崭新的要求。培养能够讲好中国故事,传播好中国声音,塑造可信、可爱、可敬之中国形象的国际传播人才成为重要目标,而外语人才所肩负的使命也由过去的"翻译世界"转为面向世界"翻译中国"、讲述中国。

2024年10月,我们迎来中华人民共和国成立75周年;2025年1月,我们又将迎来遵义会议90周年。在这个值得纪念的日子里,让广大青年学子进一步学好党史,用外语讲好中国共产党的峥嵘岁月和艰苦的奋斗历程,成为我们编写此书的初衷和目的。伟大的时代铸就了伟大的精神,而伟大的精神又指引着一代又一代共产党人不忘初心、顽强奋斗,构筑起了中国共产党人的精神谱系。

本书以新民主主义革命时期形成的伟大建党精神、井冈山精神、苏区精神、长征精神、遵义会议精神、延安精神、伟大抗战精神、红岩精神和西柏坡精神为纲,沿着历史发展的脉络,按照历史回眸、红色故事、红色景点、中国共产党精神谱系的体例进行编写。本书编写时重点参考了《中国共产党简史》和《习近平谈治国理政》(中文版、日文版)等书籍,以内容精确、观点正确、翻译准确为编写原则。然而,由于编者水平有限,书中难免存在错误与疏漏,恳请各位方家不吝赐教。

在本书的编写过程中,我们一次又一次为中国共产党"为中国人民谋幸福、为中华民族谋复兴"的艰苦卓绝的奋斗史所感动,为书中那一段段红色故事而热泪盈眶,更为中国共产党人的坚强意志和坚定信仰而震撼……先烈的事迹可歌可泣,先辈的精神必须薪火相传。衷心期盼本书读者亦能在

阅读中感悟先辈的精神动力,生出赓续红色基因、迈步红色征途的豪情。

  本书的编写得到南京大学出版社杨金荣老师、官欣欣老师的鼎力支持与帮助,贵州大学外国语学院党委书记龙汶也为本书的编写提出了宝贵意见和建议,在此深表感谢。另外,江西外语外贸职业学院的左巧玲老师、重庆交通大学的冉秀老师,贵州大学日语系研究生肖红、朱明贤,也在资料收集方面给予了协助,在此一并感谢。

编　者
2024年12月于花溪河畔